中国城市化之路

——经济支持与制度创新

叶裕民 著

商 务 印 书 馆

2010 年 · 北京

图书在版编目(CIP)数据

中国城市化之路:经济支持与制度创新/叶裕民著.
—北京:商务印书馆,2001
ISBN 978 – 7 – 100 – 03263 – 6

Ⅰ.中… Ⅱ.叶… Ⅲ.城市化 – 研究 – 中国
Ⅳ.C912.81

中国版本图书馆 CIP 数据核字(2000)第 87338 号

ZHŌNGGUÓ CHÉNGSHÌHUÀ ZHĪ LÙ
中 国 城 市 化 之 路
——经济支持与制度创新
叶裕民 著

商 务 印 书 馆 出 版
(北京王府井大街 36 号 邮政编码 100710)
商 务 印 书 馆 发 行
北京中科印刷有限公司印刷
ISBN 978 – 7 – 100 – 03263 – 6

2001 年 5 月第 1 版　　　开本 850×1168　1/32
2010 年 9 月北京第 4 次印刷　　印张 9 1/2　插页 1
定价:20.00 元

序

城市化是由传统的农业社会向现代城市社会发展的历史过程，是社会经济结构发生根本性变革并获得巨大发展的空间表现，是衡量一个国家发展水平的重要标志。促进城市化进程是 21 世纪实现中国伟大复兴的必由之路。世界银行在《2020 年的中国》中指出："当前的中国正经历两个转变，即从指令性经济向市场经济转变，和从农村、农业社会向城市、工业社会的转变。"[①] 在 2000 年 10 月 11 日党的十五届五中全会通过的《中共中央关于制定国民经济和社会发展第十个五年计划的建议》中，明确把"积极稳妥地推进城镇化"作为"十五"期间必须着重研究和解决的重大战略性、宏观性和政策性问题。

马克思指出："哲学家们只是用不同的方式解释世界，而问题在于改变世界。"[②] 叶裕民博士的《中国城市化之路》与当前有关城市化研究成果的最大区别，也即本书最大的突破就在于深入研究并构筑了一条将中国由传统的农村社会送达现代城市社会彼岸的路径。该路径由六大支持系统构成：即经济支持系统、制度支持系统、科技与人才支持系统、农村与农业支持系统、资源与环境支持系统以及城镇发展支持系统。这六大支持系统正是当前中国城

[①] 世界银行：《2020 年的中国》，中国财政经济出版社 1997 年版，第 1 页。

[②] 马克思：《关于费尔巴哈的提纲》，载于《马列著作选读》(哲学)，人民出版社 1988 年版，第 6 页。

市化赖以进行的经济社会环境和条件。从与城市化相互关系的角度看,六大支持系统可以分为两个层次,其中经济支持系统和制度支持系统是核心系统,它们构成中国城市化最直接、最关键的发展条件,其他系统的建设在一定程度上取决于该两大支持系统的建立与发展。因此本书主要对经济支持系统和制度支持系统进行了深入而具体的研究。

作者在本书中第一次建立了工业化与城市化相互关系的逻辑框架,提出在经济发展中推进城市化的四个经济前提:即工业化水平的不断提高、产业结构的递次升级、企业的规模化与专业化、大众广泛参与其中;提出在工业化过程中两次劳动力转移浪潮的实现是城市化的关键。作者对半个世纪以来中国的工业化与城市化相互关系进行了深入剖析,指出不同时期城市化运动轨迹的经济根源,创造性地提出提高工业化质量是城市化经济支持的核心,并以此为基础构建了未来时期中国工业化与城市化的互动机制。

作者对中国城市化的制度分析是全书的精华部分。该章提出影响城市化的制度框架,对半个世纪以来有关制度的演变轨迹及其对城市化的正反面影响进行了透彻的分析,构建了一个有利于中国城市化进程的制度框架,并且进一步对每一项具体制度的创新内容、实施步骤以及各项制度之间的协调作了详尽的论述,将我国城市化的制度研究推到了一个新的高度。

作者在书中对城市化理论有不少创新见解,比如关于城市化内涵的界定、关于城市化五阶段划分的理论、关于城市化预期时间表的分析,特别是城市化质量的研究,将中国城市化研究拓展到一个崭新的领域,丰富和充实了我国城市化问题的研究内容,对学科发展和规划决策都具有积极意义。

案例分析在我国城市化著作中尚不多见。叶裕民博士长期从事区域经济和城市经济方面的研究工作，经常有机会为地方政府作发展战略决策咨询工作。她在众多的研究中提炼出两个城市化发展的案例，可使读者对中国城市化的现实运行有一个更加深入的了解，也为地方政府研究城市化问题提供一个可供参考的研究框架。

本书是作者在博士学位论文的基础上修改写成的。我作为叶裕民同志的博士生导师，在指导其论文写作的过程中，感觉到她研究作风踏实严谨，理论基础宽广扎实，研究工作善于开拓创新。由我国著名经济学家、城市问题专家组成的答辩委员会给予该博士学位论文以很高的评价，一致认为作者对国情有深刻的了解，论文选题具有重要的理论意义和实践价值，研究框架和视角新颖，分析有相当广度与深度，资料翔实，主要论点有说服力和可信度，结论深思熟虑，论文有许多创新之处，是一篇优秀的博士论文。特别是在当前，中央和全国各地都在研究制定城市化的规划和政策措施，本书属于城市化问题的前沿性研究，所提出的许多政策建议具有很强的针对性和可操作性，可以为规划和政策制定者提供参考，具有较大的出版价值。特为之序。

张敦富

2000 年 12 月于中国人民大学

目　　录

8 目　录

导　　言

当前,一场波澜壮阔的历史性的社会结构变革正在中国大地展开,这就是中国的城市化。越来越多的农村人口进入城市,进行着较高效率的经济活动,享受着现代城市文明。进入新的世纪,我国的城市化将以更大的规模、向着更高的质量迈进。如何构筑一个能够将我国送达城市社会彼岸的支持系统,特别是创造推进城市化进程所需要的经济条件和体制环境,是新世纪我国改革和发展面临的重大课题。

一、城市化是中国跨世纪的战略选择

改革开放以来,我国的城市化稳步推进。我国的城市化水平,由 1978 年的 17.9% 提高到 1999 年的 30.9%。我国城镇人口增长规模占总人口增长的比重,由 1980 年的 55% 提高到 1988 年的 57%、1995 年的 69%,进而提高到 1998 年的 80%。90 年代中期以来,我国每年有 1000 万左右的农村人口进入城市,这样的城市化规模和速度不仅在中国历史上,而且在世界城市化的历史上也是空前的。

城市化是由传统的农村社会向现代城市社会转变的历史过程,是人口城市化和城市现代化的统一。从本质上说,城市化意味着更多的人由从事较低效率的农业劳动转变为从事较高效率的第

二、第三产业劳动,由传统的、保守的生产生活方式转变为积极的、富于开拓进取的生产生活方式,由低消费群体转变为高消费群体。1998年中国非农产业人均创造GDP为农业产业的4.3倍(分别是17437元/人和4022元/人),城镇居民消费水平是农村居民的3.4倍(分别是6528元/人和1945元/人)。如果中国的城市化水平由现在的30%提高到60%,城市人口将由现在的3.8亿增加到7.6亿,高于1997年世界所有高收入国家的城市人口(7.2亿)。那时,中国的创造力和市场潜力将是巨大的和无与伦比的。这正是城市化的魅力所在。

但是,中国的城市化水平还很低。1999年中国的城市化水平,比1997年世界平均水平低15个百分点,甚至比高低收入国家(平均人均GDP630美元)还低12个百分点。这表明,中国城市化仍然处于一个比较低的水平。与世界发展水平相当的国家相比,中国的城市化水平滞后于经济发展。也就是说,中国当前的经济发展水平应该能够孕育出更高的城市化水平。

中国城市化滞后带来了一系列的问题:导致产业结构调整困难,市场扩展能力弱;限制了乡镇企业素质的提高,从而限制了整个产业素质的提高;限制了农业规模化与现代化的进程;不利于我国教育、文化等社会事业的发展,限制了人的现代化进程;不利于中国的可持续发展。城市化滞后已经成为中国经济发展的严重限制性因素,促进城市化进程也成为中国跨世纪发展的重要突破口。

我国政府高度重视城市化问题。1997年以来,中共中央和国务院多次颁布了关于城市化问题的政策,对农民进入城镇就业及居住给予了越来越宽松的条件,引导和促进了城市化进程。2000年10月,党的十五届五中全会通过的《中共中央关于制定国民经济和社会发展第十个五年计划的建议》,将"积极稳妥地推进城镇化"作为一个专门的部分,认为:"提高城镇化水平,转移农村人口,可以为经济发展提供广阔的市场和持久的动力,是优化城乡经济结构,促进国民经济良性循环和社会协调发展的重大措施。"并提出:"随着农业生产力水平的提高和工业化进程的加快,我国推进城镇化条件已渐成熟,要不失时机地实施城镇化战略。"[①] 国务院将"十五"城市化战略规划作为"十五"规划的 10 项重点专项规划的第一项,正由国家计委牵头,组织有关部门进行编制。可以预计,随着"十五"计划的实施,我国将掀起新一轮持久的城市化浪潮。这对于扩大内需,促进我国经济的持续稳定发展,转变我国人民的生产生活方式,提高人民生活质量,都具有十分重大的意义。

二、研究视角的选择

近年来,中国城市化问题受到学术界的广泛关注,关于城市化的论著更是汗牛充栋。综观这些论著,研究的热点主要集中于中国城市化战略的选择,以大城市为主? 以小城镇为主? 或者以中等城市为主? 以及以此为核心所展开的研究。

对于这些问题,目前还没有达成共识。我认为,对于中国这么一个人口大国,城市的规模结构应该呈现出多样性。既不能认为大城市更重要,也不能认为小城镇更重要,关键在于要根据具体的区情市情来确定城市的合理规模。从总体上看,大城市主要是以提高和完善为主,要促进有条件的中等城市发展成为大城市,小城

---

① 参见 2000 年 10 月 19 日《人民日报》。

镇的发展要适度集中,限制数量,提高质量。研究中国现阶段的城市化问题,关键不在于要不要城市化,或者人口进入什么规模等级的城市的问题,而在于人口怎样进入城市,即如何实现城市化,如何选择实现城市化战略的有效路径的问题。

一些论著认为城市化就是一个人口进入城市的过程,因此,将放宽户籍制度作为城市化的最主要路径。最近几年,一些地方也规定农民只要在城镇有固定的住所和收入来源,就可以在城镇落户。于是,一大批较富裕的农民进入了小城镇。在我考察的过程中,曾见到不少城镇都在建设农民街,街道建设整齐划一,十分漂亮。但是,进城的农民缺乏谋生手段,就业选择机会少而单一。他们大部分都从事小商业,二层小楼,下层开店,上层住家。但是,产业经济学基本原理告诉我们:第三产业是繁衍于第二产业之上的产业,如果没有发达的第二产业,没有一批具有较高收入的人群,第三产业便没有市场,传统的商业更是如此。有不少这样的城镇,由于缺乏产业基础,第一批进城的农民经营商业尚有一定的市场,而第二批、第三批进城的农民,如果依然经商,就基本上没有市场空间了。一些农民进城盖了起楼房、拿到城镇户口以后,由于缺乏就业机会,又返回农村。由于不能够解决就业问题,以解放户口为动力的城市化进程也显得乏力。

这样,就产生了一个问题:中国的城市化到底靠什么来支撑?靠原来意义的乡镇企业不行,靠单纯的户籍制度的改革也不行。实际上,城市化是一个非常综合性的问题,它不仅仅是人口进入城市的问题,而是一个由传统的农村社会向现代城市社会转变的历史过程,是一个经济发展与社会进步相融合的过程,需要一系列社会经济条件与环境来支持。因此,要进一步深入研究城市化,不能够就城市化论城市化，必须跳出城市化来研究城市化，从城市化发展需要的条件出发，构筑一个庞大的支持系统，为城市化由现在的起点通达发展战略的目标铺平道路。而到目前为止，这方面的研究还很鲜见。本书正是循着这样的思路展开研究的，进行了一些初步探讨。

三、本书的逻辑框架

按照上述研究思路，本书共安排了五章。其逻辑结构是：

第一章通过对中外城市化历程的回顾与反思，提出要切实推进中国的城市化进程，必须首先创造中国城市化赖以进行的经济社会环境和条件，从而必须建立六大支持系统：即经济支持系统、制度支持系统、科技与人才支持系统、农村与农业支持系统、资源与环境支持系统、城镇发展支持系统。从与城市化相互关系的角度看，经济支持系统和制度支持系统更为重要，它们构成中国城市化最直接、最关键的发展条件，而城镇发展支持系统则体现了城市化路径与目的的统一。为了使本书的特色更鲜明和突出些，这里只是重点研究了经济支持系统、制度支持系统和城镇发展支持系统，而不得不舍弃农村与农业、科技与人才、资源与环境三大子系统的具体研究。

第二、第三和第四章分别以经济支持系统、制度支持系统和城镇发展支持系统为研究对象。第二章从建立工业化与城市化相互关系的理论模型入手，通过对中国半个世纪以来工业化与城市化道路的反思，提出中国对工业化模式选择不当以及工业化弱质是限制城市化进程的经济根源。最后以提高工业化质量为核心提出构建一个有利于城市化进程的经济支持系统的对策。第三章首先提出研究城市化制度安排的理论模型，然后依次剖析传统体制和改革开发以来中国的各种制度安排对城市化不同侧面的影响，提出渐进式的改革模式正是影响中国城市化轨迹和造成中国当前城市化问题的最主要原因。最后，构筑了一个有利于城市化进程的制度框架，提出了各项具体制度进一步改革的措施。在第四章，主要研究了三个问题：中国城市化的速率与城市化目标问题，中国城镇规模结构问题，以及中国城市化质量问题。对这些问题，目前学术界有的争议较多，有的研究甚少。

第五章介绍了浙江台州和广东开平两个地区正在进行中的城市化案例。这是以作者最近承担的两个有典型意义的城市发展战略的课题报告为基础写成的。期望能够将前几章的理论和宏观分析在这里得到具体化和深化，在理论与实践的结合上作一些尝试。

第一章 中国城市化：
一个战略性的课题

世界银行在《2020年的中国》中开宗明义："当前的中国正经历两个转变，即从指令性经济向市场经济转变，和从农村、农业社会向城市、工业社会的转变。"[①] 伴随着体制改革，实现由传统的农村社会向现代城市社会的转变，是中国在21世纪实现伟大复兴的必由之路。

为了加速这一历史性转变，除了需要研究城市化自身合理的规模结构以外，更重要的是要把城市化作为一个整体，探讨如何构筑一个全方位的经济社会支持系统，把中国送达现代城市社会的彼岸。本章通过对中外城市化进程的剖析，在学习总结前人研究成果的基础上，试图从社会经济发展的角度探寻影响城市化的各因素及其相互之间错综复杂的关系，提出从经济、制度、农业与农村、科技与人才、资源与环境以及城镇发展等六大方面来构建中国城市化的支持系统。

一、城市化的本质与内涵

城市化是由传统的农业社会向现代城市社会发展的自然历史

[①] 世界银行：《2020年的中国》，中国财政经济出版社1997年版，第1页。

过程。它表现为人口向城市的集中,城市数量的增加、规模的扩大以及城市现代化水平的提高,是社会经济结构发生根本性变革并获得巨大发展的空间表现。城市化具有如下五个方面的内涵:

第一,城市化是城市人口比重不断提高的过程。城市化首先表现为大批乡村人口进入城市,城市人口在总人口中的比重逐步提高。

第二,城市化是产业结构转变的过程。随着城市化的推进,使得原来从事传统低效的第一产业的劳动力转向从事现代高效的第二、三产业,产业结构逐步升级转换,国家创造财富的能力不断提高。

第三,城市化是居民消费水平不断提高的过程。城市是高消费群体集聚的所在。城市化使得大批低消费居民群体转变为高消费的居民群体,因此城市化过程又是一个市场不断扩张、对投资者吸引力不断增强的过程,也是越来越多的国民在发展中享受到实惠的过程,是一国中产阶级形成并占主体的过程。而后者正是现代社会结构的基本特征。

第四,城市化是一个城市文明不断发展并向广大农村渗透和传播的过程。城市化的过程也是农村和农民的生产方式和生活方式文明程度不断提高、不断现代化的过程,也就是城乡一体化的过程。因此城市化不能简单地理解为只是发展城市的问题,更不能狭隘地理解为只发展小城镇或者只发展大城市的问题。

第五,城市化过程是人的整体素质不断提高的过程。由于大部分国民从事着先进的产业活动,有着较高的生活质量,因此,人们的生活方式、价值观念将会发生重大变化,告别自给自足,摆脱小富即安,追求文明进步,崇尚开拓进取。社会将建立起根本区别于农业社会的城市社会新秩序,社会化、商品化、规范化、法制化将是城市社会秩序的基本特征。人们按照既定的游戏规则自由地进行丰富多彩的社会活动。自律、自尊、自强成为社会风尚。这是现代文明的灵魂,是城市社会的真正魅力之所在。

因此,城市化绝不仅仅是乡村人口进入城市,而是乡村人口城市化和城市现代化的统一,是经济发展和社会进步的综合体现。乡村人口城市化与城市经济现代化、基础结构现代化以及城乡一体化共同构成城市化的丰富内涵。如果说乡村人口城市化是城市化进程中量的增加的过程,是城市化的初级阶段,那么,城市现代化和城乡一体化则是城市化进程中质的提高的过程,是城市化的高级阶段。

二、世界城市化的进程及特征

世界城市化起步于 18 世纪中叶开始的工业革命。工业革命开辟了人类历史的新纪元。它实现了由工场手工业向大机器生产的飞跃,从此人类社会开始了由农业社会向工业社会,由农村时代向城市化时代的转变。到 20 世纪末,世界城市化水平达到 46%。纵观世界城市化历程,呈现出如下特征:

1. 随着工业化在世界范围内的不断推进,世界城市化水平呈现出不断提高的态势

在 1800 年时,世界城镇人口比重才仅仅为 5.1%,1850 年也仅为 6.3%。此后,随着进入工业化国家的增多及工业化进程的加速,世界城市化进程大大加快,1900 年全世界城镇人口的比重

为 13.3%,1950 年为 29%,1997 年为 46%。据世界银行预测,到
2010 年,世界城市化水平将达到 50%,2025 年将达到 60%。一个
城市化的世界正向我们走来。

2.世界城市化进程的地区差异很大,城市化的重点正在由发达国家向发展中国家转移

从总体上看,世界城市化水平的地区差异分为发达国家和发
展中国家两个部分。工业革命起源于英国,英国也是世界上实现
城市化最早的国家。早在 1850 年,英国的城镇人口比重就已经超
过 50%,开始初步进入城市社会。随着工业革命的传播,那些先
期接受工业革命并迅速实现工业化的国家就成为今天的发达国家
和地区,那些很迟才开始走上工业化道路的国家和地区就成为今
天的发展中国家。大部分发达国家的城市化道路是在 20 世纪上
半叶完成的。随着工业化的迅速推进,大批乡村人口进入城镇从
事非农产业,城市化水平提高很快。表 1.1 反映出,1900 年发达国
家城市化水平为 26.1%,处于城市化的起步阶段;到 1950 年城市
化水平就达到了 52.5%,已经初步进入了城市社会;1975 年已经
进入了成熟的城市社会。到了 20 世纪末,虽然发达国家城市的社
会经济技术水平日新月异,但是城市化水平提高的速度已经大大
减缓,说明发达国家城市化进程量的增加的过程已经基本完成,主
要表现为质的提高的过程。而这一过程则是无止境的。

表 1.1 表明,发展中国家的城市化进程在总体上约落后于发
达国家 75 年。发展中国家的工业化和城市化大都起步于第二次
世界大战以后。1950 年发展中国家的城市化水平为 16.7%,相当
于发达国家1875年的水平。1975年发达国家已经进入了成熟的

表 1.1　世界城市化进程及地区差异

	全世界			发达国家和地区		发展中国家和地区	
	总人口 （百万人）	城镇人口 （百万人）	城市化水平 （%）	城镇人口 （百万人）	城市化水平 （%）	城镇人口 （百万人）	城市化水平 （%）
1800	978	50	5.1	20	7.3	30	4.3
1825	1100	60	5.4	25	8.2	35	4.3
1850	1262	80	6.3	40	11.4	40	4.4
1875	1420	125	8.8	75	17.2	50	5.0
1900	1650	220	13.3	150	26.1	70	6.5
1925	1950	400	20.5	285	39.9	115	9.3
1950	2501	724	29.0	449	52.5	275	16.7
1975	4076	1564	38.4	753	68.6	811	27.2
1997	5829	2681	46.0	880	77.3	1801	38.4

资料来源：1.周一星：《城市地理学》，商务印书馆 1995 年版，第 78、81 页；2.世界银行：《1998/99 年世界发展报告》，中国财政经济出版社 1999 年版，第 190—193 页。

城市社会,而发展中国家则刚刚开始进入城市化高速发展阶段,世界城市化的重心开始由发达国家向发展中国家转移。到 20 世纪末,发展中国家的平均城市化水平仍然仅为 38.4%,比发达国家 1925 年 39.9%的城市化水平还要低 1.5 个百分点。发展中国家的城市化水平正处于量的扩张阶段。

3. 发展中国家城市化过程中城市发展质量提高缓慢

在工业革命之前,发展中国家的整体经济发展水平并不低于发达国家,经济总量甚至远远超过发达国家。1820 年,中国和印度的 GDP 分别占世界总量的 28.7%和 16.0%,而法国、英国、俄国、日本、美国、普鲁士六国之和仅占 22.1%。[①] 与这种经济格局

---

① 　麦迪森：《世界经济二百年回顾》,改革出版社 1997 年版,第 11 页。

相适应,发展中国家的城镇人口规模也较大。从图 1.1 可以看出,直至 1825 年,发展中国家的城镇人口还多于发达国家。此后的100 年里,工业化浪潮席卷发达国家,这些国家的城镇人口剧增。1850 年,发达国家的城镇人口追上了发展中国家;1925 年,发达国家城镇人口占世界城镇人口近 70%。此后,发展中国家逐步开始工业化过程,特别是第二次世界大战以后,工业化与城市化发展成为发展中国家发展的主旋律,随着工业化的迅速推进,城镇人口迅猛增长,到 20 世纪 70 年代初发展中国家的城镇人口总量已经超过发达国家,到 1997 年发展中国家的城镇人口更是发达国家的 2倍还多,占世界城镇人口的 67.2%。只是由于发展中国家乡村人口增长很快,因此城市化总水平仍然比较低。

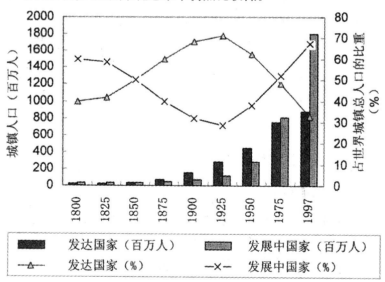

图 1.1　发达国家和发展中国家城镇人口
及其占世界城镇总人口比重的变迁

另一方面,发展中国家城镇人口的高速增长并没有带来经济的同步发展。1997年发展中国家城镇人口占世界城镇人口的67.2%,但是这些国家创造的GDP占世界的比重不足1/7。占世界人口20%的发达国家创造了拥有世界生产总值的86%和出口市场份额的82%。[①] 在许多发展中国家,城镇人口增加了,城市化水平提高了,创造财富的能力并没有相应幅度的提高。换言之,与发达国家相比,发展中国家城市化进程主要表现为量的增加,而城市发展质量还比较低。

4. 在世界城市化进程中,过度城市化与城市化不足并存

在世界城市化的进程中,发达国家和发展中国家,都曾经发生过过度城市化和城市化不足的问题。

所谓过度城市化,是指在城市化的过程中,城市化进程大大快于工业化进程。乡村人口过快地向城市迁移,超过城市经济发展的需要和城市基础设施的承载能力,以至于造成大量人口缺乏就业机会,造成城市住房紧张,交通拥挤,犯罪增加。过度城市化在许多发达国家城市化的过程中出现过。由于这些发达国家经济发展快,在不长的时间内就通过基础设施建设、产业结构升级以及郊区化等路径比较好地解决了过度城市化的问题。在许多发展中国家,如巴西、阿根廷、墨西哥等,至今仍然存在着过度城市化的问题。上述三国1997年城镇人口比重分别为80%、89%和74%,平

---

① 这是联合国贸发会议第十届大会公布的数据,转引自《人民日报》2000年2月22日第六版文章:《改革不合理国际规则》。

均水平超过美国和日本(城市化水平分别为 77％和 78％)，而同年这三个国家的人均 GDP 最高的阿根廷为 8570 美元，最低的墨西哥仅 3680 美元，后者仅及日本人均 GDP 的 9.7％。[①] 过度城市化的原因主要有两个方面：一是在城市化的过程中，人口无序流动，缺乏管理；二是经济发展滞后于城市化进程。在城市化的过程中忽视农村和农业的发展，城乡差距拉大，乡村人口大量涌入城市。而城市经济又没有得到足够的发展，不能够很好地为进入城市的乡村人口提供就业机会和生活条件，从而造成众多的社会问题。

　　所谓城市化不足，是指城市化进程大大滞后于工业化进程。在发达国家工业化的过程中，城市化滞后主要表现为城市非农产业的劳动力供给不足，从而限制了城市化进程，也进一步限制了经济的发展。发达国家城市化滞后通常通过劳务输入(德国、俄罗斯)，以及采取优惠政策鼓励农民进入城市(日本)等途径来解决。在前苏联、东欧和东南亚的许多发展中国家，也存在着城市化滞后问题。这些国家的城市化滞后主要由两类原因所致：一是人为的政策因素(东欧、前苏联等)，限制农民进城。二是工业过度分散，乡村人口就地非农化所致(东南亚一带)。比如泰国，1997 年人均 GDP2800 美元，比中等收入国家的平均水平高出 48％，但其城市化水平仅为 21％，远远低于中等收入国家 49％的平均水平。中国当前也具有城市化不足的特征。

　　5. 知识经济对世界城市化的挑战
　　第二次世界大战以后，以计算机技术为核心的高技术产业和

---

　　① 世界银行：《1998—1999 年世界发展报告》，中国财政经济出版社 1999 年版，第 190—191 页。

信息产业的大发展，终于在世纪之交把世界推进了一个新的时代——知识经济时代。知识经济由于具备如下特征而对世界范围内的城市化进程具有重大影响：

第一，知识经济是以智力资源为基础的经济。各国智力资源禀赋的差异将最终决定其在世界新一轮经济竞争中的地位。为了创造智力资源优势，各国都十分重视教育和人才的培养，创造与知识经济时代相适应的文明进步的环境。而城市正是现代文明的代表，各发展中国家都在努力加速城市化进程，使更多的国民有机会提高自身素质，并参与到知识经济发展的浪潮之中。另一方面，大批才华出众的有志之士也都集中到城市这一富有挑战性和创造性的环境之中，施展才华。因此，随着知识经济时代的到来，必然会伴随着新一轮世界范围内的城市化浪潮——城市的发展无论在数量上还是在质量上都会有空前的提高。知识经济特别为仍然以量的扩张为主的发展中国家推进城市化进程提供了良好的机遇。实际上，20世纪90年代以来，发展中国家城市化进程不断加速正是以此为背景展开的。

第二，知识经济是以高技术产业为主体的经济。因此，知识经济时代各国之间的竞争在产业上将主要表现为高技术产业的竞争。哪个国家能够成为世界最前沿领域技术和产品的研究与开发中心、生产中心和传播中心，那个国家在世界经济舞台上就居于主导地位。现代化的大城市人才济济，是高技术产业发育和发展的最好场所。最近20年里，世界各国又一次掀起大城市发展的浪潮，特别集中地表现在大城市人口又一次快速增长，以及产业结构的迅速升级，大城市的主导产业进一步由制造业向高技术产业、信息产业转换。因此，大城市超前发展，不仅是工业化中期规模经济时代的必然产物,也是知识经济时代城市化的重要特征。

第三,知识经济是以网络传输为主要通讯手段的经济。与传统的通讯工具不同,网络传输使得世界各个角落之间大量的信息交换在瞬间完成成为可能。网络大大缩短了世界各国各地区之间的距离,降低了相互交流的成本,为更大范围、更加细致的社会分工与协作创造了条件。网络将整个世界连为一体,世界各国之间的竞争更加激烈而不是相反。在网络时代,一方面尖端的高技术产业需要借助发达的现代化的大都市来发展;另一方面,更加大量的一般产业,包括传统的制造业和服务业在空间选择上的自由度更大。他们可以在远离大都市的中小城市发展,而同样可以通过网络及时了解世界市场信息和技术动态。因此,逆城市化(含郊区化)、中小城市化也是知识经济时代城市化进程中的另一种空间表现形态。实际上,技术越进步,社会越发达,提供给人类发展可选择的路径也就越多样化,各国各地区城市化具体路径的选择,要视具体国情区情而定,不能盲目效仿。

三、中国城市化的历程及特殊性

1952 年,中国 GDP 为 679 亿元,其中第一产业比重高达50.5%,人均 GDP 仅 119 元,城镇人口比重 12%,是一个几乎具备了一切落后特征的农业国家和农村社会。以此为基础,新政权开始了艰难的工业化过程,城市化也随之起步。半个世纪以来,中国的城市化历程可以从附表 1.1 及图 1.2 中明显地反映出来。

由于特殊的工业化道路,致使中国的城市化历程具有如下的特殊性:

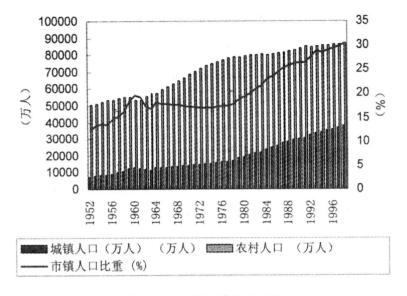

图 1.2 中国的城市化历程

1.中国的城市化历程具有明显的阶段性

以 1978 年改革开放为分界线,中国的城市化历程明显地分为前后两个不同的历史阶段:1978 年以前城市化的停滞和低速增长阶段、1978 年以后城市化的迅速推进阶段。

1978 年以前的城市化过程又可以分为三个时期:(1)1950—1957 年短暂的健康发展时期,城镇人口比重由 1950 年的 11.2%提高到 1957 年的 15.4%;(2)1958—1960 年的过度城市化时期,三年间城镇人口比重迅速提高到 19.8%;(3)1961—1978 年的城市化停滞阶段,1978 年城镇人口比重为 17.9%,低于 1960 年的水平。

从总体上看,1978 年以前中国城市化水平低,波动大,进程缓慢。主要原因是:第一,工业化道路的选择。新中国成立后选择了优先发展重工业的道路,该时期重工业的基本建设投资占全国基本建设总投资的比重高达 48.9%。长期过分倾斜于重工业的产业政策，致使技术装备水平较低、劳动密集型的轻工业，特别是第三产业发展缓慢，工业化过程中非农产业对农村劳动力的吸纳能力十分有限。第二，与重工业化道路相适应的一整套管理制度，特别是严格的户籍管理制度在城市与乡村之间形成了一条无形的鸿沟，把农村居民长期拒之于工业化进程之外，城市化进程也因此受到严重阻碍。

1978 年以后，随着中国改革开放的不断深入，社会经济进入了前所未有的高速发展时期，城市化也进入了一个崭新的发展阶段，城镇人口比重由 1978 年的 17.9%迅速提高到 1998 年的 30.4%，每年平均提高 0.63 个百分点，是改革开放前的近 3 倍。这一时期，中国城镇人口的增长速度居世界前列。1978—1997 年中国城市人口年平均增长率为 4.1%，而 1980—1993 年世界城市人口的年平均增长率仅为 2.6%，其中低收入国家为 3.9%，中等收入国家为 2.8%，高收入国家为 0.8%。

1998 年中国的城市化水平，比 1997 年 46%的世界平均水平低 15.6 个百分点，也远低于 38.4%的发展中国家城市化的平均水平，从总体上看仍然很低。

2. 自 1979 年起，中国城镇人口增长规模超过乡村人口，进入城市化快速增长时期

图 1.3 告诉我们：在 1978 年以前的绝大部分时间里，乡村人口的增长规模远远大于城镇人口。70 年代以后，虽然得益于计划生育政策，乡村人口的增长速度开始下降，但其增长的绝对量仍然高于城镇人口增长的绝对量。1979 年是中国具有历史性意义的

城乡人口增长格局互换的分界点。1979 年以后的绝大部分时间里,城镇人口增长的绝对规模高于乡村人口的增长,在总人口的增长中城镇人口增长所占比重大大提高(图 1.4)。1978 年该比重为44.8%,1985 年为 72.0%,1998 年达 80.5%。

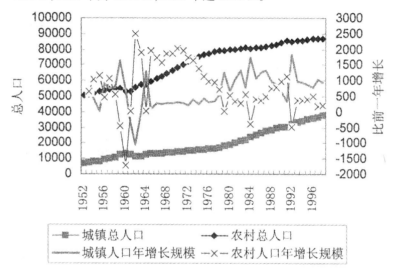

图 1.3　中国城乡人口的增长(万人)

这里需要对图 1.4 作些说明。1960 和 1961 年,我国人口增长格局出现了剧烈波动,总人口分别比上年下降了 1000 万和 348 万人。其中,1960 年城镇人口增长 702 万而乡村人口减少 1702 万人,1961 年城镇人口减少 366 万而乡村人口增长 18 万人。据此计算的城镇人口增长占总人口增长的比重,1960 和 1961 年分别为－70.2%和 105.2%。很显然,这一指标所反映的情况与实际正好相反:当 1960 年城镇人口快速增长时,由于总人口下降了 1000 万人,该指标值为负;当 1961 年城镇人口大幅度减少时,总人口也相应减少,该指标反而为超过 100%的正值。这表明,城镇人口增长

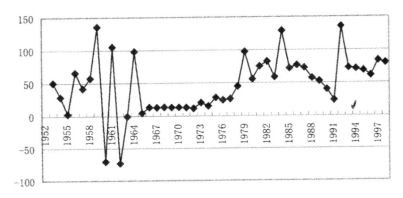

图 1.4   1952—1998 年中国城镇

人口增长占总人口增长的比重(%)

占总人口增长的比重这一指标,对特殊历史时期的反映具有一定的局限性。这是使用该指标和观察图 1.4 所需要注意的。

3.城镇人口增长的绝对规模呈现下降态势,城市化乏力

由于单一年份的资料容易受到许多特殊因素的影响,因此我们以 5 年为单位来进一步考察我国城镇人口的增长态势。

表 1.2   中国 1975—1998 年分时期城乡人口的增长(%)

	城镇人口 总增长率	乡村人口 总增长率	城镇人口增长占总 人口增长的比重	城镇人口增长 规模(万人/年)	乡村人口增长 规模(万人/年)
1976—1980	19.4	4.2	49.5	622.0	635.0
1981—1985	31.1	1.5	83.3	1190.8	238.4
1986—1990	20.3	4.2	60.1	1019.4	677.0
1991—1995	16.5	2.1	73.4	996.6	361.0
1996—1998	7.9	1.1	75.0	922.7	307.0

%   1976—1985 年,农村经济发展十分迅速,城镇户籍制度开始解冻,大批农民进入城镇,城镇人口增长迅速,特别是 1981—1985

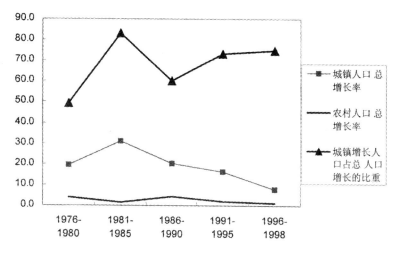

图 1.5　1975—1998 年分时期城乡人口的增长(%)

年,城镇人口年增长 1190.8 万。但是,此后城镇人口的增长规模出现下降态势,1986—1990 年城镇人口年平均增长 1019 万,1991—1995 年平均增长 997 万。进入 90 年代中期以后,城镇人口年增长仅 923 万,比前 5 年的平均数下降 74 万。这期间乡村人口也出现较低速的增长,而且比城镇人口增长低得多,因此,城镇人口增长占总人口增长的比重才表现出不断提高的态势。

　　城镇人口增长占总人口增长比重不断提高,说明我国城市化仍然处于良好的态势。但是,城镇人口增长规模不断下降,说明城镇人口增长乏力,上述城市化的良好态势正在削弱。中国的城市化存在着潜在危机。

　　4.　中国城市化滞后于工业化进程

　　城市化是经济发展的必然结果和空间表现形式。因此,在正常情况下,经济的发展必然带来城市化水平的提高。所谓城市化滞后,是指与经济发展已经达到的水平相比,城市化水平偏低,还没有达到应该达到的水平。或者说,现在的经济发展水平可以孕育出更高的城市化水平。那么中国的城市化水平是否滞后呢? 要回答这个问题,必须以世界相近发展水平国家的城市化水平作为参照系。1995 年世界不同发展水平的国家人均 GDP 与城市化水平的对应关系如表 1.3 所示:

表 1.3　1995 年世界不同发展水平的国家和地区的城市化水平

单位:美元/人、%

	低收入国家(不含中国)			中等收入国家		高收入国家	中国(1997)
	下低收入	中低收入	高低收入	下中等收入	上中等收入		
人均 GDP	217.6	362.2	630.3	1670	4260	24923	733
城市人口比重	22.7	38.2	42.3	56	73	75	29.9

注:根据世界银行《1997 年世界发展报告》,中国财政经济出版社 1997 年版,第 214、215、230、231、236、237 页的有关资料和国家统计局《中国统计摘要 1998》的有关资料整理计算。

从经济发展与城市化的国际比较看,1997 年中国人均 GDP 为 733 美元,高于 1995 年世界高低收入国家的平均水平,而中国城镇人口比重仅为 29.9%,与相应人均 GDP 水平的高低收入国家相比,城镇人口比重低 12.4 个百分点。这说明与世界发展水平相应的国家平均城市化水平相比,中国城市化水平严重滞后于经济发展水平和工业化水平。换言之,中国当前的工业化水平可以孕育出更高的城市化水平。

中国城市化水平低,并且严重滞后于工业化进程,这种滞后对经济社会发展产生一系列负面效应,必然严重限制中国的工业化和现代化进程。

四、城市化滞后的负面效应及其反思

（一）城市化滞后的负面效应

第一，城市化滞后直接限制了农业的现代化进程。在拥有12.6亿人口的国度，农业经济是国家经济安全的基础，农业现代化是国家经济现代化不可或缺的组成部分。中国的"三农"问题直接源于人地矛盾。而农业现代化的基本前提是农业的规模经营及农业基本素质的提高。改革开放以来，主要由于城市化滞后，进入乡镇企业的工人没有同时成为市民，他们并不放弃土地，致使农村土地的规模经营难以全面展开。实际上，中国的农业劳动力平均种植的耕地面积由1978年的5.26亩下降到1995年的4.02亩，下降了23.6%。[①] 小规模经营，加之土地报酬递减规律的作用，直接导致农民对经营土地缺乏热情，他们无意于为了几亩土地学习新的科学知识，掌握新技术。人地矛盾导致农民缺乏对现代化的追求，是中国农业现代化步履维艰的重要原因。此外，面对3.48亿农业劳动力，国家普及农业技术的成本是巨大的，我国目前的国情

---

① 根据1999年11月4日《人民日报》和《中国统计信息网》(http//：www.stats.gov.cn)报导，国土资源部、国家统计局和全国农业普查办公室在《关于土地利用现状调查主要成果的公报》中联合发布，1996年10月31日我国的耕地面积数据为19.51亿亩。根据这一新的统计结果，我国1996年农业劳动力平均种植的耕地面积为5.61亩。表面上看，这一数据比1978年的还要高，但这两个数据是不可比的。由于历史原因，我国耕地面积的统计数据一直是偏低的，直到1997年全国农业普查时才解决这个问题。实际上，1978—1995年，由于农业劳动力的大量增加(25.2%)和耕地面积有所减少(－4.4%)的双重原因，我国农业劳动力平均种植的耕地面积大幅度减少了。文中数据是根据《中国统计年鉴》计算的，基本上反映了这一趋势。

国力确实难以胜任。

第二,限制了乡镇企业产业素质的提高。小城镇建设落后,对周围企业缺乏吸引力,是加剧乡镇企业分散布局的重要因素。乡镇企业过度分散布局,缺乏外部规模经济效益。更为重要的是,过度分散布局的乡镇企业,其职工仍然是农民,他们白天做工,傍晚务农,没有时间、没有精力也没有条件去钻研技术,提高业务水平,企业职工素质难以提高,这正是乡镇企业整体产业素质不高的重要原因。90 年代中期以来,我国乡镇企业发展滞缓甚至倒退,问题的症结在于在激烈的市场竞争中,绝大部分乡镇企业对于技术进步和创新望尘莫及。乡镇企业是改革开放以来支持我国经济增长的主力军,乡镇企业的素质长期得不到提高,将直接影响中国产业的整体素质,降低整个国家在国际舞台上的经济竞争力。

第三,城市化滞后是我国产业结构调整困难、市场扩张能力弱的重要原因。产业结构调整分为两个方面,一是产业内部特别是制造业内部技术结构的升级;二是三大产业之间比重的转换,第二产业特别是第三产业比重逐步提高。在发达国家,制造业内部技术结构的升级通常是通过大城市将传统的或较低技术的生产扩散给中小城镇,从而为高技术产业的发展腾出空间,并实现一轮又一轮产业结构的升级。但是在中国,小城镇经济的发展"土"味浓:产业以农业产品加工为主,工厂在农村,职工是农民,小城镇的发展基本上还没有纳入城市现代产业发展的轨道,致使大中城市的产业扩散缺乏空间依托。

从三大产业结构的转换看,第三产业发育发展困难,其原因除了上述第二产业的弱质性外,另外一个很重要的原因在于缺乏市场需求。我国的市场需求从 80 年代的全面扩张到 90 年代中期的相对萎缩,是中国经济发展内在矛盾的必然体现。从市场结构看,可以分为生产资料市场、消费资料市场和服务业市场。生产资料市场需求来自企业,作为近20年经济增长主要动力的乡镇企业,由80年代的迅速增长到90年代中期的发展滞缓,是生产资料市场相对萎缩的主要原因;我国消费资料和服务业的市场需求则明显分为城乡两个集团,城市是比较高层次的消费需求集团,乡村是较低消费需求集团,城市化过程正是将低消费需求向高消费需求转化的过程,城市化滞后则限制了这一转化的规模和速度,从而限制了我国消费品和服务业的市场扩张,矛盾逐步积累,最终体现为消费品全面过剩,服务业发展缓慢。

第四,不利于我国教育、文化等社会事业的发展,限制了人的现代化进程。由于农村的分散性以及农民收入的低水平,致使农村教育水平与城市存在着一定的差距。此外,提高人的素质还有赖于很多因素:接近进步的人群,良好的公共秩序,享受先进的社会服务,等等。与教育相比,社会事业在农村普及更加困难,医疗保健、卫生事业、图书馆、博物馆、展览馆、音乐厅、动物园、现代体育设施等等,有些可以在大村庄或集镇小规模、低水平发展,更多的公共设施由于其起码的经济技术要求,不可能在农村地区发展。大部分农村居民没有机会切身感受现代社会的文明气息,更难以从中获得教益。城市化滞后,使得更多的国民远离现代化生产生活方式,严重限制了人的进步和社会发展。

第五,不利于实施中国可持续发展战略。中国的环境问题包括两个方面,一是生态环境,一是工业污染。1978年以来,伴随着中国城市化进程加快的是中国乡村人口总量仍然在增加。1997年的乡村人口比1978年净增7623万,同期耕地却由14.91亿亩减少到14.25亿亩,也就是说越来越多的乡村人口依赖于日趋减少的土地求生存,农民的生存空间在减少,其必然的后果是:为了生存,为了发展,农民不得不更高强度地开发利用资源,包括耕地过度施用化肥、农药,以及草原过牧,森林过伐,导致土地板结,地力下降,草原沙漠化,森林水源涵养力越来越低,洪涝灾害日趋频繁,生态环境日益恶化。1998年长江、松花江特大洪灾,唤醒了人们的环境意识,国务院有关部门郑重发布通知,禁止砍伐森林。但是,我们认为这不完全是行政命令所能解决的,根本的问题是要给至今依然依赖于脆弱生态环境生存的农民寻找更好的生存空间和发展机会,从根本上缓解环境压力。

在工业污染中,最难治理的是乡镇企业污染。乡镇企业由于规模小,布局分散,技术装备落后,环境意识淡薄,加上政府对乡镇企业的环境管理不如大中城市严格,致使发展中的乡镇企业逐步成为我国重要的环境污染源。1995年,乡镇工业二氧化硫(SO_2)排放量占当年全国工业二氧化硫排放总量的28.2%,烟尘排放量占54.2%,工业粉尘排放量占68.3%,这些比重都呈逐年上升趋势。1998年,我国工业固体废物的产生量为8亿吨,其中乡镇工业的产生量为1.6亿吨,占20%,所占比重并不高。但是,在7034万吨的工业固体废物排放量中,乡镇工业就排放了5212万吨,所占比重却高达74.1%。[①] 乡镇企业污染使中国的环境问题由城市向乡村扩散,大范围、区域性污染是当今中国最难治理的污染。

可见,城市化滞后的负面效应广泛而深刻,及时采取对策加速城市化进程,是我国跨世纪发展中无可回避的历史选择。

①　国家环境保护总局:《中国环境状况公报》,《中国环境报》1999年6月17日。

（二）城市化滞后是对传统工业化道路的否定

城市化是随着经济发展水平的提高、更多的人口由农村转入城市、由从事较低效率的农业转向从事较高效率的非农产业的过程,是一个由大部分国民积极参与并分享其成果的开放型的工业化过程。与传统、封闭型的工业化过程相比较,后者通过种种制度规定,割裂了农村与城市错综复杂的经济社会联系,工业化主要依赖于城市的少数人来进行,占人口绝大多数的农村居民长期被强行排斥于工业化进程之外。城市人口既是进行工业化的主体,也是工业化成果的主要享受群体,绝大部分农民不仅受益少,而且通过"剪刀差"实际上成为工业化过程中利益的牺牲者。因此,工业化过程不仅不能带动城市化进程,而且进一步扩大了城乡差距。显然,这种两极分化的二元结构与中国现代化道路的选择是完全相悖的。与此相比,城市化则是一个鼓励全民参与的、开放型的经济社会发展过程。随着工业化水平的提高,越来越多的农村居民参与到现代化经济发展的过程之中并分享其成果。这里特别需要指出的是,在开放型的工业化过程中,农村现代化将与工业化进程基本同步,即使那些仍然在农村从事农业的农民也完全不同于传统的农民,他们从事着优质、高产、高效的现代化农业,他们在农村中同样可以分享工业化的成果。实际上,农村现代化是工业化不可或缺的一个有机组成部分。因此城市化过程是一个在国家经济发展过程中大部分国民都能够享受到实惠的过程,民富将与城市化同步。

（三）建立发达的城市社会是中国 21 世纪实现伟大复兴的必由之路

　　一个国家是否强大,不仅要用经济总量来衡量,更重要的是以人均 GDP 来衡量。一个国家人均 GDP 的高低,取决于劳动者创造财富的能力。如果一个国家的大部分人口都从事低效率的劳动,那么即便是人口小国,也不可能达到高度富裕。拉美、非洲以及东南亚等诸多国家都是如此。相反,一个国家如果大部分民众都能够有机会从事着高效率的劳动,那么即便是人口大国,也能够达到高度发达和富裕。日本国土面积仅及美国的 4%,但是其人均 GDP 却比美国高出 9110 美元(1997 年)。中国是人口大国,在 21 世纪中叶要实现第三步战略目标——进入中等发达国家行列。21 世纪实现中国经济的伟大复兴在很大程度上依赖于从事高效率产业活动的人口的增加,依赖于城市化水平的提高!

　　可见,只有达到较高的城市化水平,才能够实现民富国强。2050 年前后,如果我国进入成熟的城市社会,城镇人口比重达到 65%左右,按届时中国人口 14.82 亿计算,我国的城镇人口是 9.6 亿,比 1997 年世界上所有高收入国家的总人口还多 0.4 亿。[①] 如我国能够达到较高的劳动效率,那么中国创造财富的能力将是巨大的,是任何国家都难以比拟的。高度的城市化是中华民族 21 世纪实现伟大复兴的必由之路。

---

　　① 李成勋:《1996—2050 年中国经济社会发展战略》,北京出版社 1997 年版,第 474、554 页。

五、当前中国城市化研究概述及评价

中国对城市化的研究主要是改革开放以后的事情。改革开放以前,由于特殊的工业化道路所决定,中国的城市化进程在很长时间内近乎停滞,对城市化的研究也非常薄弱。日本学者越泽明1978年在他的研究报告《中国的城市建设——非城市化的工业化道路》的前言中写道:"中国25年来的经济建设,也是实现快速工业化的过程。在近代社会中,城市化现象是工业化的必然结果。关于这一点中国的情况如何,几乎完全没有研究"[①]。党的十一届三中全会,拉开了改革开放的序幕,以联产承包责任制为核心的农村经济体制改革,大大解放了农村的生产力,提高了农业生产效率,农村的富余劳动力问题也日益明显地暴露出来。在逐步放开搞活的体制框架下,大批的农村富余劳动力开始进入城镇,在非农产业领域寻求新的就业机会和发展空间,从而掀起了中国城市化的浪潮,并已引起了中国社会经济结构的一系列重大变化,构成中国20世纪末社会经济发展的绚丽篇章。中国自下而上的城市化道路为学术界提供了丰富多彩的现实资料。80年代以来城市化问题受到学术界的广泛关注,可以说城市化的研究浪潮是一浪高过一浪。

综观20年来中国城市化的研究,初步归纳起来,主要在如下领域展开:

第一,关于中国城市化基本问题的探讨。包括怎样评价当前

---

① 越泽明:《中国的城市建设——非城市化的工业化道路》(油印本),1978年。

中国的城市化水平,中国是否要加速城市化进程,应该以怎样的速度来推进城市化,中国城市化的内容和含义是什么,中国城市化的动力是什么,等等。

第二,关于城市化战略选择的探讨。这是城市化研究领域备受关注的课题。主要研究中国的城市化应该选择什么样的战略,是以小城镇为主? 中等城市为主? 大城市为主? 或者是大中小城市综合发展的道路? 各种观点之间争论非常激烈。从总体上看,90 年代初期及以前,特别是 80 年代,以小城镇发展论为主导,主要的代表人物是费孝通先生。直至 90 年代后期,费老仍然认为,"14 亿人口是有足够的地区可以分散在星罗棋布的各地小城镇里的"。[①] 政界和新闻界也有不少人主张小城镇发展论。[②] 总体上看,小城镇发展论者的一个共同点就是,他们从解决农村富余劳动力的角度来研究和探讨中国的城市化问题,认为让乡村人口尽可能快、尽可能多地进入城镇,是中国城市化的主要任务。目前,小城镇发展论仍然是城市化战略的主要论点之一,论著十分丰富。90 年代以来,乡镇企业过分分散及小城镇无序发展的问题逐渐暴露,主张发展中等城市和大城市的学者越来越多。有学者认为,由于认识上的误导和战略上的偏差,我国的城市化道路基本上选择的是发展小城镇为主。实践证明,这条城市化道路难以从根本上解决问题。以大中城市为主导的大中小城市全面发展是我国城市

[①] 费孝通:《论中国小城镇的发展》,北京市农研中心《调研参考资料》1996 年第 3 期,第 29 页。

[②] 艾丰、刘福垣:《关于小城镇和城市化问题的对话》,《经济日报》1998 年 9 月 17、18 日。

化道路的必然选择。① 大城市论者通常侧重从城市化质量和中国现代化的角度来研究城市化问题。中等城市发展论者则是介于小城镇发展论和大城市发展论之间的一种观点,认为中等城市兼有小城镇和大城市的优点,又可以避免二者的缺点和问题,因此中等城市是中国城市化的最好选择。② 在讨论城市化战略的多种观点中,还有一种比较折中的提法是大中小城市综合发展。这种观点认为中国国土辽阔,人口众多,地区差异很大,城市化应该因地制宜,走多元化发展的道路。③ 大部分多元结构论者还从城市体系的角度,研究城市的规模结构和空间格局。与此相关联,许多学者对我国当前的城市发展方针提出异议,并展开了许多有益的探讨。④

　　第三,关于城市化的中外比较研究及一般规律的探讨。80 年代中期以后,随着中国城市化进程的加快以及城市化研究的深入,不少学者开始进行中外城市化的比较研究,旨在通过考察国外发达国家及发展中国家城市化的历史,总结其经验教训,探索城市化

---

　　① 廖丹清:《中国城市化道路与农村改革和发展》,北京市农村经济研究中心《调研参考资料》1996 年第 3 期,第 45 页。

　　② 刘纯彬:《中国城市化要以建设中等城市为重点》,《财经科学》1998 年第 7 期;王文元:《中等城市发展讨论会综述》,《光明日报》,1990 年 1 月。

　　③ 国家计委国土开发与地区经济研究所:《我国城市化进程和对策研究》,内部研究报告,1996 年 3 月;

　　王放:《论中国城市化》,中国人民大学博士论文,1999 年 5 月;

　　周一星:《城市地理学》,商务印书馆 1995 年版;

　　王春光:《中国城市化之路》,云南人民出版社 1997 年版。

　　④ 叶裕民:《关于中国城市化两个问题的探讨》,《城市开发》1999 年第 7 期;

　　张正河、谭向勇:《小城镇难当城市化主角》,《中国软科学》1998 年第 8 期。

的一般规律,并以此为镜鉴作为中国城市化研究的参照系。[①]

第四,关于城市化社会学的探讨。随着城市化的推进,一系列与之相关的社会问题开始暴露出来,于是有社会学家开始关注城市化问题,并进行了许多有益的探讨。城市化社会学探讨主要包括如下领域:流动人口对城市及农村发展的影响,农村中的"60、38、61"问题,城市中的贫民窟问题和农民歧视问题,社会收入差距拉大问题,城市与农村中的社区管理问题等。社会学家们还从社会学的角度对大中小城市及小城镇在中国城市化过程中的地位和作用进行了许多研究和探讨。

第五,关于城市化和工业化发展关系的研究。90年代中期以来,中国的经济体制改革进入攻坚阶段,一系列的复杂问题相互交织,导致中国经济增长速度放慢。于是一大批经济学家们在寻找中国新的经济增长点,提出扩大内需是刺激中国经济增长的主要措施,而城市化又是变农村低消费群体为高消费群体,从而是扩大内需的最有效路径。通过深入对城市化水平与人均GDP及城市化与产业结构相互关系的中外对比研究,经济学家们又提出中国的城市化滞后于工业化,因此,只要加速城市化进程,让更多的农民进入城镇,就可以扩大内需,从而拉动经济增长。有学者指出:全国城镇人口比重提高1个百分点,全社会消费品零售总额将相应上升1.4个百分点,可拉动GDP增长约0.5个百分点。实际上,这是1998年下半年以来新一轮城市化研究热点的导火线和主要

---

① 赵树枫:《世界乡村城市化与城乡一体化》,《城市问题》1997年增刊;
高珮义:《中外城市化比较研究》,南开大学出版社1991年版;
高珮义:《世界城市化的一般规律与中国城市化》,《中国社会科学》,1990年第5期。

内容。

第六,关于城市化的体制和政策的研究。城市化的体制和政策的研究一直是学者们关注的领域,在这一轮城市化研究的浪潮中表现得尤为突出。关于"城市化滞后于工业化"以及"加速城市化进程是促进中国经济增长的新增长点"的认识得到广泛认同以后,很多学者纷纷发表论著,研究城市化滞后的原因,提出应对之策。其中多数学者认为以户籍政策和土地制度为核心的体制与政策问题是导致城市化滞后的主要根源,因此改革户籍管理制度和加速建立土地流转制度,是促进城市化的主要对策。[①]

1998 年以来的这一轮城市化研究,突破了原来以地理学界和规划学界为主的研究格局,经济学家、社会学家和政府官员也广泛参与到城市化的讨论中来,使得近两年来的城市化研究广泛而深入。因此这里只能作一个十分粗略的回顾和概括。

学习和研究近些年来关于城市化的研究成果,笔者感到当前对中国城市化的研究存在如下三点不足:一是多数研究者多从各自领域来观察研究城市化进程及问题,各专业领域的研究成果多,而综合性的研究成果少。二是着眼于某一时段出现问题的应急性研究多,把城市化作为中国社会进步和经济发展的客观要求和必然态势,从中国历史发展的角度研究得少。比如 80 年代中期由于农村富余劳动力问题突出,引发的城市化讨论着眼点便在于重点

---

① 张红宇:《中国农村土地产权政策的持续创新》,《管理世界》,1998 年第 6 期;
刘燕平等:《市场经济体制下我国农村集体土地产权制度构建思路》,《中国土地科学》,1998 年第 4 期;
刘福垣:《扫除城市化的人为障碍》,《发展研究》,1999 年第 6 期。

发展小城镇,以便把更多的农民最快、最便捷地安置在非农领域,解决农民就业问题;90年代中后期由于扩大内需引发的城市化讨论,则着眼于放开户籍制度等为农民进城降低、消除体制门槛,而弱化了其它相应的研究。实际上城市化是一个历史的过程,在这一过程中会出现一系列问题,这些问题会在不同的环境和背景下爆发。但这些问题的解决则不能就事论事,而需要把它们放在历史的大背景下,尊重城市化发展的基本规律和客观要求,来研究城市化的道路与对策。否则这一时期城市化的对策很可能成为下一时期城市化过程中新问题的根源。三是多数研究是就城市化论城市化,对城市化战略构想多(如小城镇战略、大城市战略等等),而对如何实现城市化研究得少。即对应该怎样研究得多,而对如何去做研究得少。

笔者认为,城市化是一个非常复杂而巨大的社会经济动态系统,要研究这一巨系统,需要对其各子系统进行综合研究,明确各子系统在中国城市化进程中的功能和地位。换言之,要从地理、经济、体制、法制、政策、环境等多种角度对中国城市化进行"会诊",不仅要研究城市化战略,更要研究城市化的路径。即必须跳出城市化来研究城市化,从城市化发展需要的条件、环境支持来研究城市化,为城市化由现在的起点通达发展战略的目标铺设道路。到目前为止,这方面的研究尚不多见。

鉴于以上认识,本书把城市化看成是一个社会经济发展的巨系统,从系统动态发展的角度研究中国城市化的路径。

六、建立城市化支持系统,构筑
中国通往城市社会的桥梁

如上所述,城市化是一个由传统的农村社会向现代城市社会发展的自然历史过程,是经济发展和社会整体进步的客观要求和综合表现。因此,要促进中国的城市化进程,就不能仅仅简单地着眼于如何让农民进入城市,而需要深入研究城市化所需要的经济社会环境和一系列条件,构建一个庞大的支持系统。由于城市化的复杂性所决定,城市化支持系统涉及到社会经济发展的方方面面——从宏观到微观,从经济到社会,本书难以研究每一个细节。我们采取的方法是抽象掉城市化的宏观层面(国民经济的总体发展)和微观层面(如城市规划、社区发展),及众多的间接影响因素,而对城市化具有直接而关键性影响的中观因素进行研究。因为城市化与产业发展、区域经济一样也同属中观层次的问题。从中观发展的层次来看,经济、制度、农村与农业、科技与人才、资源与环境以及城镇发展就可以共同构成中国 21 世纪城市化的支持系统,缺一不可。

1. 经济支持系统

工业化是发展中国家经济发展的主线,也是城市化过程中最重要的决定性因素之一。从某种角度说,城市化是工业化的产物。工业化过程也即非农产业发展的过程,非农产业的有效发展客观上要求具有规模经济效益和聚集效益,而非农产业的规模化发展和集中发展的空间表现形式就是城市的形成与发展。应该说,企业家们将企业区位选择到城市并不是为了促进城市化,而是为了降低生产成本,提高企业利润。城市布局理论的开山鼻祖克里斯塔勒提出中心地理论的出发点,并不是为了形成城市而形成城市,而是为了使各类企业主都能够达到最大利润。因此,工业化是城市化的经济内容,城市化则是工业化的空间表现形式。要加速城市化进程,必须考虑如何根据工业化的客观规律去加速工业化进程。缺乏合理、高质的工业化,就难以有效地促进城市化进程。当然,城市化过程一旦启动,也对工业化产生吸引力和推进力,并且城市化和城市建设本身也具有一定的客观规律和内在要求,我们在尊重工业化规律的同时要尊重城市化规律,建立工业化与城市化的良性互动关系。

2. 制度支持系统

如果说工业化是影响城市化进程的客观因素的话,那么制度则是影响城市化的主观因素。由于制度作用于经济社会发展的方方面面,它不仅直接作用于城市化,还通过作用于工业化及其他方面间接地作用于城市化。因此,研究城市化的体制与政策,不仅要考虑与城市化直接相关的部分,还需要研究那些间接作用于城市化的体制与政策。通常人们常常与基础设施等硬件相比,将体制与政策因素称之为"软环境"。实际上,体制与政策虽然是人为因素,可以通过政府行为改变,但是,对于大部分一般性的经济行为主体(包括地方政府、企业家、城乡居民等等)而言,体制与政策的界限呈现刚性,难以逾越,反而在基础设施等"硬件"领域人们的作用空间更大。因此,对于一个国家来说,设置一整套促进经济社会健康发展的体制与政策至关重要。对于城市化来说，也是如此。实际上，当前的一系列体制与政策正是构成限制城市化健康发展的主要障碍，由于这些障碍难以逾越，因而其负面效应更加明显。建立和完善制度支持系统是中国 21 世纪城市化健康发展必不可少的条件。

3．农业与农村发展支持系统

城市化是由传统的农村社会向现代城市社会转变的自然历史过程，农业与农村的发展与城市化实际上是一个问题的两个方面。从量上看，城市化表现为农业比重下降、非农产业比重上升以及乡村人口比重下降、城镇人口比重上升的过程；从质上看，城市化则是农业现代化、工业现代化和城市现代化同步发展的过程。牺牲农业和农村的发展去推进城市化，是传统的封闭型城市化的特征，它必然导致城乡二元结构刚性，这与健康发展的城市化是不相容的。城市化绝不能意味着农业的萧条和农村的衰败，相反，只有农业与农村的现代化才能真正为城市化提供坚实的基础。特别是在中国这样一个人口大国和农村大国，应该走开放式的城市化道路，谋求农业、农村与城市化共同发展，最终达到城乡一体化，而城乡一体化正是城市化的最高境界。因此，21 世纪中国的城市化必须有农业和农村的健康发展来支持。

4．科技与人才支持系统

科技与人才是城市化的灵魂。20 世纪末，世界经济拉开了知识经济时代的序幕。在知识经济时代，科技是第一生产力，科技与人才的竞争是各国经济政治力量竞争的决定性因素。中国是后起的发展中国家,虽然我国才刚刚进入工业化的中期阶段,但是世界发展的形势不允许我们亦步亦趋,走完了工业化道路之后再进入知识经济时代。我们必须同时接受工业化和知识经济的双重挑战。为此,中国的城市化需要科技与人才的强有力支持,需要加强尖端科技的研究,努力发展高技术产业,加强新技术对传统产业的武装;需要培育一大批勇于创新的高技术人才和企业家队伍,以及具有现代化素养的劳动大军;需要完善教育体制,为基础教育、专业教育及各种兴趣教育的发展提供广阔天地,使终身教育成为时尚。只有这样,21 世纪的中国城市化方能有强有力的智力支持和人才保障。

5．资源与环境支持系统

追求"既满足当代人的需求又不危及后代人满足其需求的发展"[1] 的可持续发展是当今世界发展的共同指导思想,也是中国实现跨世纪发展的基本指导思想。在伴随世界发达国家工业化的城市化过程中,以及在中国 50 年来的城市化过程中,已经有太多的过分追求经济增长而忽视发展与资源、环境的协调所带来的惨痛教训。实际上忽视资源环境问题所产生的恶果不仅危及子孙后代,而且很快就危及当代人生存的基础。比如长江流域的森林过伐造成长江流域的连年洪灾,黄河上游森林草原的破坏导致黄河断流;乡镇企业发展使污染由点向面扩展,引起人们重新思考小城镇战略的可持续性;计划经济时代"先生产、后生活"、"先污染、后治理"的基本理念,导致大城市环境恶化,以致产生"严格限制大城

---

① 世界环境与发展委员会:《我们共同的未来》,1987 年。

市"这一违背城市发展基本规律的城市发展方针,等等。资源与环境是人类生存与发展的基础,更是城市社会谋求长期持续发展的基础。21世纪中国的城市化需要良好的资源环境的支持。

6．城镇发展支持系统

在城市化没有其他的经济社会障碍,能够得以正常发展的情况下,城镇的合理发展实际上就是城市化研究的主要内容。只是在当前,由于中国长期以来选择了一条特殊的工业化和城市化道路,使得城市化进程受到城市化之外的诸多经济社会因素的干扰和限制,我们不得不跳出城市化来研究城市化,从城市化所需要的社会经济环境和条件来研究城市化。当我们理清了这些问题之后,必须还要回到城市化自身,来研究适合中国国情的城镇发展道路,即回答当城市化具备了相应的经济社会条件之后,中国未来时期城市化的速度、城市的规模结构及城市化质量问题。只有这样,才能将中国的城市化研究落到实处。另一方面,从与城市化相互关系的角度看,六大支持系统与城市化的关系是不同的,其中经济和制度支持系统更为重要,它们构成中国城市化最直接、最关键的发展条件,没有健康的工业化进程及不断完善的制度支持,中国的城市化将寸步难行,或者不可避免地要走很大的弯路,要付出巨大的社会成本。其他四个子系统虽然也极为重要,但是与城市化的关系要间接一些,或者作用要弱一些,并且这四个子系统的发展和变化在相当程度上也取决于经济发展及制度创新的影响。如果从各子系统与城市化密切关系的角度来看待六大子系统,那么它们与城市化之间的关系可以表现为图1.6:

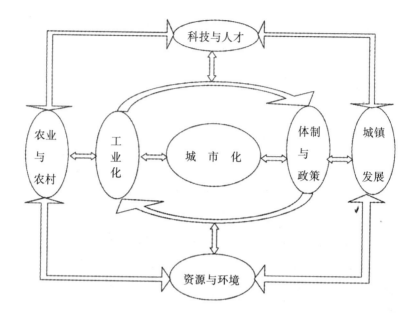

图 1.6　中国城市化各支持系统的相互关系

第二章 经济支持系统：建立
工业化与城市化的互动机制

工业化是城市化的基本动力。在中国近半个世纪的发展中，由于选择了特殊的工业化道路，导致中国的工业化与城市化相脱节。更为严重的是，这些具有中国特色的工业化在中华大地仍然蓬蓬勃勃地推进着，它们将导致下一轮工业化与城市化的进一步脱节。中国的城市化滞后有其自身的经济根源，即工业化水平低和工业化弱质。要加速中国的城市化进程，首先需要重新考虑中国的工业化战略，理性选择 21 世纪中国的工业化道路，关键是在扩大工业化规模的同时提升工业化的质量。如果没有工业化质的提高与量的增长同步进行，中国的城市化便如无源之水、无本之木。

一、工业化与城市化相互关系
的理论模型

（一）世界工业化的特征与中国的选择

工业化是指从以传统的农业和手工业为基础的经济体系向以现代工业为基础的经济体系转变的历史过程。工业化是近代和现

代世界经济发展的基本历史轨迹,是一个国家和地区由不发达
走向发达的客观要求和必然选择。正如台湾经济界强人赵耀东在
其《平凡的勇者》一书中所指出的:"世界各国中除了资源特别丰
富的沙特阿拉伯等国以外,没有任何高收入国家不是靠'工业化'
的,……没有工业就没有前途。"[①]

　　纵观世界各国近现代工业化历程,以现代工业为基础的工业
化具备如下特征:

　　第一,以大机器生产为特征的生产方式广为普及。改变世界
发展历史的工业革命,其精髓就在于用大机器生产替代手工劳动,
使得工业生产规模和生产效率得以大幅度提高。直至20世纪下
半叶,电子计算机技术的飞速发展和广泛运用,大机器生产进而发
展成为自动控制机操纵下的生产。大机器生产的全面自动化是当
代工业化的基本特征。

　　第二,规模经济与专业化是主要的产业组织方式。大机器生
产导致普遍的社会分工。一方面,分工使社会生产越来越细地被
分解,一个企业甚至一个城市主要只生产一种产品或者一个产品
的一个部分。分工和专业化使得社会生产中的每一个产品都有一
部分人专门进行研究和生产,从而以最好的质量推向市场。另一
方面,分工必然导致同类生产的集中。在一定的技术经济条件下,
专业化生产存在着最优经济规模,实现集中化、规模化生产使得在
专业化条件下诞生的最好的产品能以最高的效率和最低的成本生
产出来,这就是现代工业企业竞争力的奥秘。到工业化后期阶段,

---

　　①　转引自金碚:《中国工业化经济分析》,中国人民大学出版社1994年版,第19
页。

由于社会需求的多样化,以及柔性生产技术的发展,在部分消费品的生产领域集中化程度有所下降,并转化为精密化和产品高级化。但是大部分基础产业以及中间品和资本品的生产仍然是以规模化为基本特征的。在发展中国家,利用发达国家的先进技术,直接在规模经济的起点上组织生产是"后发优势"的重要体现,利用这种后发优势正是发展中国家加快工业化进程、实现经济赶超的必要条件。因此,在工业化阶段,特别是处于工业化中前期的国家和地区,任何放弃专业化和规模化的工业化模式都是与现代工业化的客观经济技术要求相悖的。历史经验证明,没有哪一个国家可以绕过社会生产的集中化阶段而实现工业化。

第三,结构转换是推进工业化向纵深发展的基本路径。如果说大机器生产条件下的专业化和规模经营是现代工业化过程中企业发展的必然选择,那么产业结构的升级与转换则是一个国家和地区推进工业化进程、提高产业整体竞争力无可回避的路径。产业结构的升级与转换主要包括:一是产品结构的升级转换,以更高质量的产品替代较低质量的产品,以新的产品种类替代旧的产品种类;二是技术结构的升级与转换,即以更先进、更具效率的机器设备来更新替代传统的技术设备;三是产业结构的升级与转换,这是一个新兴产业不断地诞生和发展,传统产业不断被压缩、扩散和淘汰的过程,包括三次产业之间的升级与转换和各产业内部行业结构之间的升级与转换。一个国家和地区经济社会发展所处的阶段和水平,就是由其产业结构、产品结构及实现这些产业、产品生产的技术结构所决定的。近现代工业化的历史,也就是一部结构升级与转换的历史。

第四,效率是工业化的灵魂与核心。高效率地积累资金和财富是工业化价值体系中永恒的主题。所谓效率,是指用更少的投入生产出更多更好的产品,创造更多的财富。在宏观层面上,效率可以用人均 GDP 和人均工业销售收入来衡量;在微观层面上,效率可以用单位产品成本和劳动生产率来衡量。人均 GDP 不仅是一国富裕发达程度的标志,更是一国创造财富能力的标志。因此,人均 GDP 被当作人们判断一个国家和地区发展水平的基本指标。

综上所述,大机器生产、规模经济与专业化、结构转换与升级、效率共同构成工业化价值体系的基本内容,也是衡量一国工业化水平和质量的主要标志。

世纪之交,知识经济迅速崛起,猛烈地冲击着工业化国家的工业化过程,使之呈现出更加丰富的内涵和多变的特征。突出地表现在如下三个方面:一是以知识、信息的生产、传递为核心的新兴第三产业迅速崛起,成为许多国家富有生命力的新经济增长点;二是社会生活的多样化和个性化,导致最终产品的多样化、小型化;三是国际互联网的发展,使散布于世界各地的经济活动主体瞬间完成信息交换,因而使经济呈现出新的分散化态势。

有一种观点认为,知识经济的崛起使工业化变得不重要,知识经济意味着工业化的衰退,认为应该跨过工业化阶段直接发展知识经济,应该把第三产业作为经济发展的核心领域。

我们认为,如果论及知识经济与工业化的关系,那么应该说,知识经济是对工业化的发展和提升,而不是对工业化的简单否定。事实上,80 年代以来,世界范围内工业化进程在进一步加深,即使发达国家也同样如此。

首先,世界范围内的制造业规模在不断扩大,并且发达国家是制造业增长的主要动力源。1980—1995 年世界制造业规模的变化见表 2.1。

表 2.1　1980—1995 年世界制造业增加值规模的变化

	1980 年（亿美元）	1995 年（亿美元）	1995 比 1980 年增长（%）	占总增长的（%）
全世界	24702	53209	115.4	100
高收入国家	18914	40033	111.7	74.1
中低收入国家	5788	13176	127.6	25.9
美国	5930	11262	89.9	21.0
日本	3097	12683	309.5	37.8
法国	1608	2961	84.1	5.3
英国	1258	1856	47.5	2.4
中国	818	2627	221.1	7.1
巴西	711	1402	97.2	2.7
印度	274	579	111.3	1.2

注:根据世界银行编辑的《世界发展指标 1998》(中国财政经济出版社 1998 年版,第 194—196 页)的资料计算整理。在原资料中,1980 年和 1995 年全世界制造业的增加值分别为 24475 亿美元和 49836 亿美元,与高收入国家和中低收入国家之和不等。为了计算上的方便,我们将 1980 年和 1995 年全世界制造业的增加值分别调整为高收入国家和中低收入国家的增加值之和。

表 2.1 的资料表明,[①] 尽管高收入国家制造业增加值的增长速度比中低收入国家(中等收入国家和低收入国家)要低 15.9 个百分点,但由于其绝对规模巨大,在 20 世纪 80 年代以来世界制造业的增长中仍然占近 3/4 的份额。可见,知识经济发达的经济大国同时也是世界制造业发展的主要贡献者。在知识经济时代,虽然发达国家本身的制造业相对份额有所下降(这种份额的下降是由于两个原因所致:一是新兴第三产业以更快的速度发展;二是那

---

① 1980 和 1995 年各国制造业的增加值是按照汇率法折成美元计算的。日本的制造业增长了 3.1 倍,主要是由于日元升值所致;中国的制造业实际增长了 4.5 倍,但表中只反映出增长 2.2 倍,也是由于人民币贬值所致。

些不具备比较优势的低技术制造业向发展中国家扩散),但是无论是其绝对规模还是发展质量都在不断提高。知识经济使工业化得到进一步的发展和提升,而不是相反。

其次,在知识经济时代,工业化的基本特征和规律仍然发挥作用。比如说,大机器生产、规模化和专业化。知识经济时代的小型化和多样化生产主要体现在一部分消费品的生产领域,大量的资本品和中间品的生产,以及部分消费品的生产仍然追求大机器生产,追求规模化和专业化。比如钢铁、建材、化工、机械制造,以及消费品生产领域的汽车、家电等。即便是典型的知识经济产品——网上信息咨询业,其发展也有着起码的经济规模要求,只有当该网站的访问者达到一定的规模,该信息网站才会具有效益,才能得以发展。网站的兼并和收购正是网络信息服务业追求规模经济的典型举措。知识经济时代的到来,只是由于新兴产业的兴起,这些产业与传统制造业相比,需要投入的资本量、劳动量及实物产品的产量相对减少,但是各产业自身也仍然有一定的经济规模要求,知识经济时代的传统产业的生产更是如此。因此知识经济是对规模化、专业化的否定的说法是欠科学的。

中国作为刚刚进入工业化中期的发展中大国,首先需要做的是尊重工业化规律,创造条件,踏踏实实地推进工业化进程。其次,不能因循守旧、亦步亦趋地追寻发达国家的工业化足迹,要尽可能利用知识经济来武装、改造我们的传统产业,加速传统产业的现代化进程。这是未来时期中国工业化发展的重要内容,也是在21世纪把中国建成世界制造业基地的主要路径。第三,在发达的地区,努力发展知识经济并争取在若干高技术领域达到世界领先水平,为中国21世纪在世界新兴产业的发展中争得一席之地。

（二）工业化与城市化相互关系的逻辑框架

狭义地理解工业化与城市化的相互关系,可以表述为:工业化是城市化的经济内涵,城市化是工业化的空间表现形式;工业化是因,城市化是果。如果没有体制、政策等方面的强制约束,工业化必然带来城市化。广义地理解工业化与城市化的相互关系,则可以表述为:工业化是近现代经济发展的主旋律,城市化则是近现代社会发展的主旋律,二者相互促进,共同决定着经济社会历史演进的节拍。城市化不仅是工业化的消极反映,人口及先进生产要素的积聚本身就能够产生出巨大的创造力,这种创造力不仅构成工业化新的推动力,而且还带来人们的思想观念、生活方式及社会结构的巨大变革,使之适应新的工业化时代生产组织的要求。如果说工业化意味着经济技术的不断创新和发展,那么城市化则意味着更深层次的社会进步。正因为如此,城市化问题才有进行深入研究的历史意义和现实意义。

现在需要进一步研究的是,工业化是怎样带动城市化进程的,它是一个怎样的过程? 受哪些因素的影响与制约? 我们认为从经济支持系统的角度看,要推进城市化进程,必须使工业化具备如下条件:

条件一:工业化水平的不断提高。工业化与城市化相互关系的基本理论及世界城市化历程都告诉我们,工业化是城市化的基本动力,只有高度发达的工业化国家才能真正进入成熟的现代城市社会。在工业化水平还较低的发展中国家,推进工业化进程本身就成为推进城市化进程的重要举措。

条件二:产业结构的递次演进。从吸纳劳动力的角度看,在工业化过程中,产业结构的演进遵循着轻工业——重工业——第三产业的轨迹。由于轻工业具有以农产品为原材料、投资少、见效快、吸纳劳动力多等特征,大部分国家的工业化过程都起步于轻工业。轻工业的大规模发展使得城市的劳动力供不应求,收入的差异吸引着农业劳动力大量向轻工业转移,从而形成工业化过程中劳动力转移的第一次浪潮。随着轻工业发展水平的提高以及来自竞争的压力,要求重工业为其提供更加先进的技术装备。同时,轻工业的发展使得人们在满足了衣食需求后,基本需求结构转向家电等重工业产品,重工业的迅速发展就成为历史的必然。重工业的高投资、高效率、高积累特征,决定了重工业化过程是一个国家财富积累的关键阶段。正因为如此,重工业的发展超过轻工业是一个国家进入工业化中期阶段的重要标志。但是,重工业的资金密集型特征及规模化发展的要求,决定了它吸纳劳动力的能力并不十分强大。随着重工业化进程的推进以及整个制造业技术装备水平的不断提高,工业吸纳劳动力的空间有下降的态势,只有当拓展出新的制造业生产领域或新的市场时,才会吸纳新的劳动力。整个制造业对劳动力的需求状况就取决于这二者力量的对比。一旦由于技术装备水平的提高对劳动力需求量的减少,大于新生产领域或新的市场拓展所增加的劳动力需求量,那么工业对劳动力的需求就会下降,这就是发达国家第二产业劳动力就业比重达到一定水平之后会表现出下降态势的根本原因。

那么,为什么在第二产业就业的相对量甚至绝对量都下降的情况下,城市化水平依然能够不断提高呢?答案在第三产业。第三产业的大规模发展是重工业化发展的产物。规模化、专业化几乎是重工业化的同义语。重工业化过程中企业的规模化与专业化发展,客观上导致企业发展对外部环境及社会服务的依赖性不断增加,生产性服务业因此而赢得了广泛的发展空间,如充分发育的市场体系,发达的金融体系,完善的能源供应网络,便捷的运输体系,方便的通讯服务系统,以及多样化的人才培养体系等等。另一方面,富有效率的重工业化使更多的人进入中高档消费阶层,他们的生活质量得以大幅度提高,对社会服务的高档化、个性化需求不断增加,生活性服务成为最富活力的产业。因此,当重工业发展到一定水平,第三产业的迅速崛起并成为支持经济发展的主要动力是历史的必然。与第二产业不同,第三产业的"服务"特性决定了它具有劳动密集型的特点。当第二产业由于技术装备水平的提高而相对减少对劳动力的需求时,第三产业迅速发展,提供了大规模的就业机会,从而保证在工业化过程加深的情况下,非农产业就业比重仍不断提高。因此,如果说轻工业的大规模发展是工业化过程吸纳劳动力的第一次浪潮的话,那么伴随着重工业化的第三产业的迅速发展则掀起了非农产业吸纳劳动力的第二次浪潮。

从以上分析可以看出,轻工业和第三产业是工业化过程中吸纳农村劳动力转移的主要空间。那么,是否可以认为重工业在城市化过程中的作用就不重要了呢?完全不是。一方面,重工业自身从无到有、从小到大的发展,能够吸纳一定量的劳动力;另一方面,重工业化是第三产业迅速发展的基础和前提,只有重工业化才能够造就一大批需要广泛社会服务的现代化企业,以及进入中高档消费阶层的民众。对于一个发展中大国而言,没有高质量的重工业化过程,发展第三产业如同空中楼阁,城市化同样也缺乏根基。

当前,在讨论工业化发展与城市化的关系问题时,存在着这样两种观点:一种观点认为,中国重工业化过程的继续深化要求提高工业的技术密集度,这将减少工业化过程对劳动力的需求,从而不利于城市化进程;另一种观点认为,现在已经到了知识经济时代,不一定要发展大规模的制造业,可以直接大力发展第三产业,从而促进城市化进程。显然,对城市化的这两种观点都是肤浅的和欠科学的。

条件三:规模化与专业化的充分发展。规模化和专业化是工业化的重要特征,是工业社会经济组织的基本形式,也是提高工业化质量的必然选择。工业化过程中的规模化与专业化有两个层面的含义:一是在微观层面上,表现为企业的内部规模化和专业化,追求内部规模经济效益和专业化生产是现代化企业与传统的手工作坊相区别的本质所在。二是在中观层面上,表现为企业在城市的集聚和城市经济发展专业化。集聚是企业追求外部规模经济效益的客观结果,相关产业的集聚必然导致地区和城市生产的专业化。企业集聚的过程就是城市的产生与发展的过程,也就是城市化的过程。或者反过来说,没有企业的集聚就没有城市化。不仅如此,企业集聚不仅仅意味着生产过程的集聚,还带来大量人口的集聚,生活服务需求的集聚,第三产业市场的集聚。因此,企业集聚又是第三产业发展的主要动力,第三产业的发展无疑又提高了城市化进程的速度。城市生产专业化意味着城市经济形象以及在区域劳动地域分工中地位的确立。城市生产专业化与区际经济联系,几乎是不同层面的同义语。实现了生产专业化的城市,必然与其它城市有着密切的经济联系,要求有发达的交通通讯网络,充分发育的各种生产要素市场及服务业市场。因此,城市生产专业化本身就可以开辟大量的第三产业发展空间,进而促进城市化的发展。

可见,工业化过程中规模化和专业化的发展是实现城市化的前提条件。在微观层面和中观层面的规模化与专业化的关系中,企业的规模化和专业化经营又是城市集聚与专业化发展的前提条件。如果企业小,技术装备水平低,就缺乏集聚的要求,分散布局可能更经济。当一个企业放弃内部规模经济时,外部规模经济也就变得不重要了。因此,在城市化过程中,企业的规模化与专业化发展十分重要。在发展中国家,要努力促进城市化进程,就必须培养和造就一大批富有效率的企业,他们遵循市场准则,追求规模经济效益。实际上,这也是一个国家实现经济增长与发展的重要前提条件。

条件四:鼓励更多的人参与其中。综观发达国家工业化的历史,就是一部广大民众以高度的热情追求新生事物(新产业、新产品、新技术、新市场、新生活……)的历史,是人们积累财富的历史。人们操纵着越来越多的财富在激烈的市场竞争中体味着搏击的乐趣。民众财富积累的过程就是一个国家发展的过程。当一个国家的大部分国民都成了中产阶级,那么这个国家也就无疑成为发达国家了。从城市化的角度来看,大部分人参与工业化过程,意味着他们或者作为资本家、小业主,或者作为雇员,无论是什么身份,他们都将随同企业的发展集聚在城市之中,构成城市化的元素。因此,只有大部分国民参与其中的工业化才有可能带来城市化。不能设想,在传统体制下将几亿农民束缚在农村的工业化能够将中国带入城市社会。

根据上面的分析,我们将工业化与城市化的逻辑关系用框图表示如下:

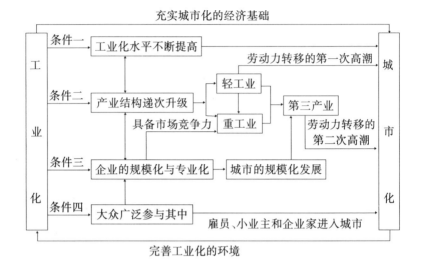

图 2.1 工业化与城市化的逻辑框架

二、中国半个世纪以来工业化
与城市化道路的反思

中国半个世纪以来工业化和城市化的发展,明显地分为改革开放前后两个完全不同的阶段。传统体制下工业化与城市化相分离,与工业化水平提高相伴随的不是城市化水平的提高,而是城乡二元结构日益呈现刚性。改革开放以来在市场与政府的双重作用下,工业化与城市化开始走上相互促进、相互融合的良性轨道。但是与一般市场经济国家和地区相比,处于转轨时期的中国工业化与城市化的融合具有特定的历史局限性,从而带来了一系列新的城市化问题。20世纪末中国的城市化问题正是半个世纪以来的工业化与城市化问题的积淀,从而显得复杂而深刻。

(一)传统体制下中国工业化与城市化的分离

1．传统体制下工业化道路的选择及其实现

建国初期,中国是一个落后的农业社会,经济发展水平很低。1952年中国人均GDP仅为119元;在GDP中,第一产业比重高达50.5%,第二、三产业比重分别为20.9%和28.6%。根据工业化的一般规律,建国以后中国应该首先发展轻工业,增加就业,进行资本积累,逐步由轻工业发展到重工业,促使工业化进程不断深化。但是,中国政府选择了优先发展重工业的工业化道路。从图2.2和图2.3可以看出,1978年以前三次产业结构演变的过程基本上表现为第二产业比重上升、第一产业和第三产业比重下降,以及第二产业中重工业比重上升、轻工业比重下降的过程,重工业的增长远远快于国民经济其它各产业的增长。

建国以后,中国选择重工业优先发展的道路是由当时国际国内环境所决定的。一是由当时的国际政治经济环境所决定的。新中国成立后,以美国为代表的西方国家对中国持敌视态度,政治上孤立,经济上封锁。中国要获得真正的独立,必须加快发展国民经济,建立独立完整的国民经济体系。二是由当时世界经济所处发展阶段所决定的。二战后,发达国家的经济发展正处于工业化中期阶段,以电子为代表的一系列新兴产业尚未得到迅速发展,重工业的规模和水平仍然是衡量国民经济发展水平的重要标志。力图富强的新中国也企图跨越轻工业发展阶段,直接发展重工业,通过建立重工业体系实现强国富民,在世界经济体系中自立自强。

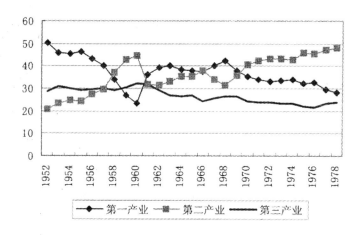

图 2.2 中国传统体制下三次产业结构的变化(%)

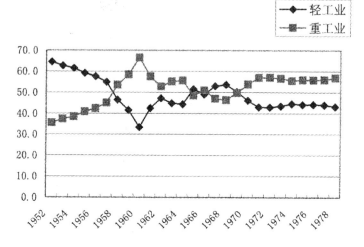

图 2.3 中国传统体制下轻重工业结构的变化(%)

既然重工业超前发展违背了工业化的一般规律,为什么还能够在中国这么一个庞大的国家中持续进行近 30 年呢? 这是因为中国政府制定了一系列扭曲的宏观经济政策,人为地构造了一个重工业超前发展的外部环境和经济运行机制。

重工业发展的基本条件是要求有大规模的资金投入和较高的资本积累,以便进行扩大再生产。传统体制下我国政府的政策框架,就是以降低重工业投入、提高其产出为核心来构建的。这些政策主要包括:

第一,扭曲的低工资政策。劳动力费用是工业成本的重要组成部分,为了降低劳动力成本,政府长期采取低工资政策,1952—1978年人均GDP增长了1.8倍,而工资率仅增长10.3%。[①] 为了防止劳动力市场上工资上涨,政府取消劳动力市场,将所有的私人企业国有化,实行了以国有制为主导和基本上单一的公有制经济。

第二,低利率与低汇率政策,降低重工业投入的资金成本。重工业大部分是资金密集型产业,降低资本价格对降低重工业成本具有重大意义。为此,政府采取了长期低利率的政策,1950年5月份工业信用贷款利率月息为3.0%,到1951年被下调到1.5%—1.6%,1954年进一步下调到0.456%,1971年8月又被调低为0.42%。[②] 降低汇率是为了减少重工业进口设备所支付的成本,人民币对美元汇率每100美元兑人民币由1949年3月的420元逐步调到1951年5月的223元,1978年7月又调到172元[③]。

第三,低基础产业产品价格和高制造业产品价格政策。基础产业是指工业中的上游产业,包括能源、原材料工业,这是重工业发展的物质基础。降低能源原材料价格,能够降低重工业物质投

---

①　国家统计局综合司:《各省、自治区、直辖市历史统计资料汇编》(1949—1989),中国统计出版社1990年版。

②　林毅夫:《中国的奇迹:发展战略与经济改革》,上海三联书店和上海人民出版社1994年版,第30页。

③　同②,第31页。

入的成本。提高制造业产品的价格可以增加工业企业利润,为重工业企业增加积累能力提供条件。

第四,低农产品价格和各种服务价格。低工资政策使城镇居民缺乏支付购买生活必需品及服务的能力,为了维持劳动力再生产,政府相应制定了一系列的低生活必需品的价格。包括农产品价格,医疗、教育、住房以及其它生活必需品(以轻工业产品为主)价格等等。低农产品价格、低基础产业价格与高制成品价格之差就称之为剪刀差,政府通过剪刀差把大量由农业、轻工业、服务业创造的利润转移到重工业,实现了重工业的高速增长。

第五,高度集中的企业管理制度和物资分配制度。上述一系列政策为重工业企业实现低投入、高产出提供了条件,为了保证企业利润用于扩大再生产,政府剥夺了企业的经营自主权,生产任务由国家统一下达,所需物资由国家统一分配,所有利润全部上缴,亏损则由国家补贴,企业的人、财、物全部由国家统一管理。这一套高度集中的计划管理体制保证了企业积累的资金能够用于重工业的扩大再生产,也保证了缺乏自主权的企业能够正常运行。

可见,在传统体制下,中国政府制定了一系列扭曲的宏观经济政策,并且使之制度化,人为地创造了重工业优先发展的环境。由于这些宏观经济政策与市场机制有着极大的冲突,为了保证政策的实施,人为地取消了任何形式的市场,包括农村集贸市场。单一的、高度集中的计划管理体制为非常规的工业化道路提供了制度保障。

在这套严格的制度规定下,中国的重工业得到迅速发展,很快建立了重工业体系,中国国力也得到大幅度增强。1953—1978 年,中国国内生产总值年均增长 6.1%。以 1952 年中国 GDP 为 100,

1978 年 GDP 指数为 471.4,这一时期中国的经济增长速度在世界上名列前茅。与此同时,中国的工业化水平也得到大幅度提高,农业在 GDP 中的比重由 50.5% 降至 28.1%,非农产业比重则由 49.5% 上升到 71.9%,其中特别是第二产业的比重由 20.9% 上升到 48.2%,第三产业则由 28.6% 降到 23.7%。

但是,由于重工业超前发展的工业化道路有悖于经济发展的一般规律,不可避免地带来了一系列问题,其中之一就是工业化与城市化的严重分离。

2. 传统体制下工业化与城市化的背离

重工业超前发展的工业化道路具备如下特征,从根本上扼制了城市化的基本条件:

第一,扭曲的产业结构。轻工业和第三产业都具有劳动密集型特征,是工业化过程中吸纳劳动力能力最强的产业。重工业超前发展的工业化模式,严格限制轻工业和第三产业的发展,片面发展重工业,使得城镇非农产业就业机会极其有限,仅仅依靠城镇人口的自然增长,一般就能够满足工业化对劳动力增加的需求。在这种情况下,由于轻工业和第三产业广泛发展所引起的劳动力由农业向非农产业转移的浪潮不可能发生,城市人口比重难以增加,在工业化不断推进的同时城市化却止步不前。

第二,就业制度和社会福利制度。既然重工业只有能力为城镇居民提供就业机会,我国政府就制定了相应的统包统分的就业分配制度,所有非农产业的就业需求全部由政府统一分配,而分配的对象只是城镇居民,这样就把农村居民完全拒之于工业化进程之外。同时,为了降低城镇劳动力再生产成本,政府制定了一整套只面向城镇居民的福利政策(包括粮食等农副产品供应、住房和医疗补贴等等),以维持低工资城镇居民的基本生活。这样,在消费品市场很不健全的情况下,农村居民即便进入城镇,也没有就业机会和生存条件。

第三,城乡分割的户籍管理制度。传统体制下,中国政府将公民划分为"农业户口"和"非农业户口",实行严格的户籍管理制度,属于"农业户口"的农村居民除了考上大学、当兵提干(义务兵转业后依然是农村户口)以及偏远工矿企业正式招工等少数特殊情况以外,其农业户口不得转为非农业户口。而农业户口的人不得在城镇就业和享受国家的社会福利。户籍管理从制度上规定了中国公民对特定地域的依附关系,限制了人口的区际流动,乡村人口进入城市工作和生活几乎是不可能的。

可见,重工业超前发展的工业化道路,不仅破坏了城市化的经济基础,也决定了限制城市化进程的种种制度框架,从制度上决定了城市化和工业化的背离。从 1952—1978 年,中国非农产业增加值比重由 49.5%增加到 71.9%,平均每年增长 0.86 个百分点;非农产业就业比重由 16.5%增加到 29.5%,平均每年增长 0.50 个百分点;而城镇人口比重由 12.5%增加到 17.9%,平均每年只增长 0.21 个百分点,城市化与工业化严重地分离。

(二) 中国新工业化与城市化的初步结合

为了区别于传统体制下的工业化道路,人们通常将改革开放以来的工业化称之为新工业化。新工业化最大的特征是引入了市场机制,初步实现了由计划经济体制向市场机制的过渡。市场作为经济社会的重要调节手段开始发挥越来越显著的作用,促进了工业化与城市化的初步融合。

1．市场诱导下的产业结构演变轨迹

传统体制下人为地创造环境,强制实行重工业超前发展的工业化道路,积累了大量的矛盾与问题,使国民经济发展难以为继,人们不得不重新思考中国的工业化道路。改革开放适应了历史潮流。所谓改革开放,就是要变高度集中的计划经济体制为市场经济体制,使市场对资源配置起基础性作用;变自给自足的封闭式经济为积极参与世界交流与竞争的开放型经济,使中国成为一个与世界一道前进的大国。消费市场的需求及其结构是市场经济体制下生产的指挥棒。改革开放以来,中国消费市场的变化先后经历了以生活必需品为主的大规模扩张阶段和以非生活必需品为主的消费结构升级阶段。

改革伊始,中国城乡居民受到长期限制的生活必需品的需求急剧扩张,成为拉动中国经济增长的主要动力。与此相适应的是农业和轻工业的大规模发展,其产品结构以农副产品、纺织品、日用轻工业品以及传统的三大件(手表、自行车、缝纫机)为主。这一轮需求扩张由 1979 年农村改革起步,1984 年城市改革进一步推进,1988 年达到高潮。1988—1991 年的经济大调整(治理整顿)正是适应了消费结构和市场结构的转变。90 年代以后,中国的消费市场逐步转向以非生活必需品为主的阶段,包括起步于 80 年代、90 年代前半期达到高潮的新三大件(彩电、冰箱、洗衣机),以及 90 年代中期开始启动的高档耐用消费品(包括电话、空调、计算机、汽车、住宅等)的市场,而对于生活必需品的需求则由量的扩张转向质的提高。

80 年代作为大调整的 10 年,我国的产业结构发生了重大变动。从三次产业结构看,第一产业的比重先增后降,总体上下降了 3 个百分点;第二产业比重基本上呈下降趋势,共下降了 7 个百分点;第三产业的比重迅速上升,共上升了 10 个百分点。70 年代末 80 年代初,农村改革拉开了中国改革的序幕,农村中解放出来的生产力成为拉动中国经济增长的第一个轮子。第一产业比重由 1978 年的 28.1% 提高到 1982 年的 33.3%。此后,随着工业化水平的提高,该比重持续下降。1984 年开始的城市经济体制改革,首先解决的就是城市建设中长期由于"先生产、后生活"所积累和遗留的住房、交通、通讯以及其它服务业严重不足的问题,因此城市改革首先启动的是第三产业庞大而多样化的市场。城市大规模的土建工程吸引了数千万农民进入城市,而庞大的流动人口又进一步促进了第三产业的发展,使第三产业成为 80 年代拉动经济增长的重要力量,第三产业增加值在 GDP 中的比重由 1980 年的 21.4%,1983 年城市改革前缓慢提高到 22.4%,进而到 1989 年迅速提高到 32%。但是进入 90 年代中期以后第三产业处于徘徊状态。第三产业的补足性增长基本完成,产业结构的变化重新归位于处于进入工业化中期阶段应有的特征,即第二产业作为增长主体(其中又主要是重工业)的作用得以发挥。90 年代以来,拉动经济增长的主要是第二产业,其增加值比重由 1990 年的 41.6% 增加到 1998 年的 48.7%(1997 年为 50%,见附表 2.1)。80 年代,三大产业对 GDP 增长的贡献率分别为 26.1%、39.4% 和 34.5%;而 90 年代,三大产业对经济增长的贡献率则分别为 15.7%、50.9% 和 33.3%。三次产业结构的演变轨迹见图 2.4。

从制造业结构来看,80 年代的基本生活必需品主要以轻工业

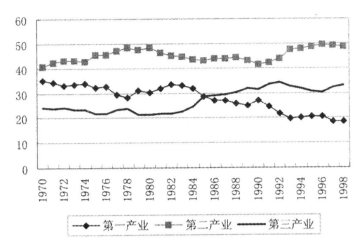

图 2.4　中国 1970—1998 年三次产业结构的变化(%)

品为主,表现为轻工业比重的上升并在 80 年代保持在较高的水平。进入 90 年代,轻工业的补足性增长基本结束,非生活必需品的增长开始占主体。非必需品的生产主要发生在重工业领域,而且这些产品的中间品的生产也在重工业领域。非生活必需品与必需品相比,一大消费特征是对外部配套条件依赖性强。非必需品消费时代的到来要求大规模的基础设施建设(如能源、给排水、道路、通讯等),这些都与重工业的发展密切相关。新一轮产业结构的升级,使我国开始了新一轮的重工业化过程。图 2.5 明显反映出 90 年代以来重工业比重的又一次提高。

2.分权化渐进式改革中产业组织结构的演变轨迹

中国改革走了一条分权化渐进式改革的道路。分权化是指中央政府将原来高度集中的经济管理权逐步下放到地方政府和企业,后者逐步成为经济发展的首要主体。渐进式是指各种改革不

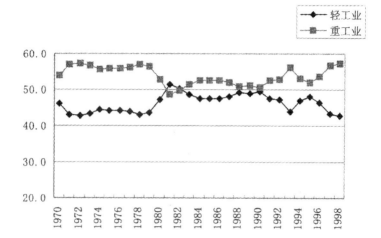

图2.5 中国1970—1998年轻重工业结构的变化(%)

是一步到位,而是由国民经济发展的边缘层次向核心层次逐步展开。主要表现为由农村到城市、由沿海到内地、由流通领域到生产领域再到社会保障体系,有步骤地进行改革。因此,中国沿海地区的农村就成为改革开放的先锋力量,乡镇企业及其它形式的非国有制企业的发展成为经济增长的主要动力。表2.2反映出中国乡镇企业的发展轨迹及其对国民经济发展的贡献。

表 2.2 中国乡镇企业的发展轨迹及对国民经济发展的贡献

	个数 (万个)	就业人数 (万人)	工业总产值 (亿元)	结构一 (%)	结构二 (%)
1978	152	2827		23.9	
1979	148	2909	423.5	23.5	9.0
1980	142	3000	509.4	22.7	9.9
1981	134	2970	579.3	21.3	10.7
1982	136	3113	646.0	21.6	11.1
1983	135	3235	757.1	21.2	11.7

（续表）

	个数 （万个）	就业人数 （万人）	工业总产值 （亿元）	结构一 （%）	结构二 （%）
1984	606	5208	1245.4	30.1	16.3
1985	1222	6979	1827.2	37.2	18.8
1986	1515	7937	2413.4	39.6	21.6
1987	1750	8805	3243.9	41.7	23.5
1988	1888	9945	4529.4	45.0	24.9
1989	1869	9367	5244.1	42.4	23.8
1990	1850	9265	6050.3	36.4	25.3
1991	1909	9609	8708.6	36.8	30.8
1992	2079	10581	13635.4	38.9	36.8
1993	2453	12345	23446.6	42.7	44.5
1994	2495	12018	32336.1	39.1	42.0
1995	2203	12862	51259.2	39.6	55.8
1996	2336	13508		39.6	
1997	2015	13050		37.4	
1998	2004	12537		35.7	

注:1.结构一是指乡镇企业就业人数占全国非农产业就业人数的比重,结构二是指乡镇工业产值占全国工业总产值的比重。资料来源:《中国统计年鉴》1981、1990—1998年各期,中国统计出版社出版。2.1978、1996—1998年乡镇工业总产值缺资料。

1978—1998年,乡镇企业吸收非农产业就业9710万人,占同期中国非农产业新增就业量的41.7%。乡镇企业吸纳劳动力占全国非农产业劳动力的比重,最高的1988年达到45%。从产业结构看,乡镇企业以第二产业特别是工业为主,1998年乡镇企业增加值中第二产业占78.0%,其中工业为70.0%,分别比全国GDP相应的比重高出29.3和27.9个百分点。1998年乡镇工业增加值占全国工业增加值的比重达40.1%。乡镇企业不仅对推进农村的工业化,而且对推进全国的工业化进程,都具有重要的历史意义。

另一方面,中国乡镇企业的发展是特殊历史时期的产物,其大规模发展的历史条件是改革带来的巨大的卖方市场,企业发展面临的竞争压力很小。其大规模发展的主观条件是长期处于贫困状态的农民,特别是具有浓厚商品经济意识的沿海农民们,摆脱贫困、追求富裕的强烈冲动及其吃苦耐劳精神。正因为如此,也决定了乡镇企业特定的历史局限性:起点低、布局分散、技术水平低、发展质量差。特别需要指出的是,90 年代中期以来,随着城市非国有企业的发展以及国有企业改革的深化,乡镇企业发展质量低、缺乏市场竞争力的弱势日益暴露出来,导致乡镇企业的发展进入低谷,无论是就业还是增加值占全国的比重都呈下降态势。

90 年代以来,中国工业化的另一支强劲的力量是城镇非国有企业的发展。随着改革开放的深化,市场经济浪潮由农村向城镇推进。90 年代前期在中国城市普遍兴起"经商热",一大批大学教授、科研人员和政府官员投身到经济发展的第一线,发展二、三产业,特别是新兴的第三产业,大大提高了中国企业家队伍的素质,也有力地促进了中国城市市场经济的发展。同时,1992 年以来,国外资本大规模进入中国,我国连续多年成为外资净流入最多的国家。这些迅猛发展的民营企业、外资企业涉及的领域几乎涵盖中国所有的先进产业和传统产业中的先进生产方式。这大大促进了中国企业的创新进程,推动了中国产业结构的升级,使中国在90 年代中期顺利进入工业化中期阶段。与乡镇企业相比,城镇非国有企业的发展由于起点高、素质好,又享受到城市的外部规模经济效益,具有更加强劲的市场竞争力和持续发展的后劲(见图2.6)。

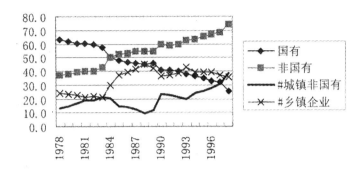

图 2.6　中国 1978—1998 年非农产业就业结构的变化(%)

图 2.6 明显反映出,自 80 年代末以来,乡镇企业吸纳就业比重增长乏力,城镇非国有企业则成为经济增长和吸纳新增就业的主要场所,城镇非国有企业吸纳非农产业劳动力的比重由 1993 年的 19.6%上升到 1998 年的 38.5%。

3. 中国的国有企业在工业化进程中起着特殊的作用

1998 年中国全部国有单位数是 44.2 万个,占全国法人单位的 16.8%,从业人员 9058 万。国有单位前 3 大部门是制造业 1883 万人,教育文化艺术和广播电视业 1408 万人,国家机关政党机关和社会团体 1079 万人,该三大产业占国有单位职工人数的 48.2%。图 2.7 告诉我们,在大部分竞争性行业,国有单位从业人员比重都在 1/3 以下,在公益事业、公共服务业及基础设施产业、金融保险和房地产业则仍然处于绝对的主体地位。

制造业是国有企业在竞争性产业中数量庞大、比重较高的产业。通常说的国有企业改革主要是指制造业领域的国有企业改革。国有企业改革滞后正是中国当前改革中的最大课题。从中国新工业化历程的角度考察,国有企业改革滞后有其历史必然性及特殊的历史作用。

首先,纵观世界发展的历史,历次巨大变革的最主要动力都来自旧的社会结构中受利益较小的社会群体,这些社会边缘阶层期待着新的变革会给他们带来多一些利益。而原社会结构中核心阶层由于是受益群体,惧怕变革会损失他们的既得利益,因此对改革持消极甚至是抵制的态度。中国的渐进式改革也遵循着同样的社会规律,从农村开始,为非国有企业开辟了自由发展的空间,国有企业作为传统体制的宠儿历史地成为改革的大后方。

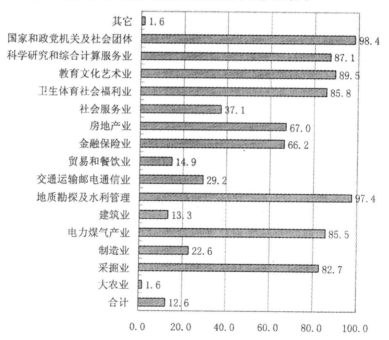

图 2.7   国有分行业职工占全社会就业人数的比重(%)

其次,国有企业改革滞后对于为非国有企业腾出足够的市场空间,减少后者的竞争压力使其更快地积累资本、发展壮大具有十分重要的意义。国有企业是我国先进生产力最集中的所在,如果在放开非国有企业发展的同时,同步进行大规模的国有企业改革,中国大量的乡镇企业及其他非国有企业在国有企业强大的竞争压力下,势必发展缓慢,造成国有企业及国有控股企业长期垄断经济的局面,不利于推进我国的改革进程。

第三,国企改革滞后客观上为由计划体制向市场体制的平稳过渡提供了调节空间。传统的国有企业是"大而全"的,国有企业解决了职工及其家属几乎所有的社会后勤服务。如果在一系列新的社会保障制度没有完全建立的情况下大刀阔斧地推进国有企业改革,很可能造成巨大的社会动荡,甚至影响数亿人的正常生活,改革也难以成功。

因此,国有企业改革滞后是历史的必然,在客观上对改革的成功有着重要的保障作用,可以看作是中国顺利推进新工业化付出的代价。另一方面,20世纪末,中国的市场经济体制框架已基本形成,国有企业改革如果仍然停滞不前,必然给新工业化带来许多新的问题:

第一,影响新工业化的进程。90年代中期,中国已经进入工业化中期阶段,重工业化进程的加深要求制造业的发展走向规模化、专业化和深加工化。在我国当前的制造业存量中,虽然国有企业占的份额不高,且处于下降态势,但是通过"抓大放小"的国有企业改革,现有的大部分国有企业都是规模较大、技术装备比较好的企业。表2.3显示,国有及国有控股企业占全国规模以上企业个数和增加值的比重分别为39.2%和57%,而总资本和实现税金(增值税和产品销售税及附加)所占的比重更高达68.8%和70%,

国有企业仍然是制造业中的主体部分。中国重工业化进程的推进要求充分发挥国有企业所拥有的物质基础,消极放弃国有企业的做法不仅造成国有资产的严重流失和国民经济的巨大浪费,而且单纯等待非国有企业的逐步积累和发展去实现规模化、专业化经营,必然阻碍新工业化进程。积极推进国有企业走向市场,是新工业化发展的迫切需求。

表 2.3　1997 年全部国有及规模以上工业企业结构

	企业个数 (个)	总产值 (亿元)	企业平均规模 (万元/个)	产值比重 (%)
国有及国有控股企业	64737	33621	5193	49.5
集体企业	47745	13180	2760	19.4
其它企业	30562	21092	6901	31.1

注:1.其它包括外资企业、港澳台投资企业和股份有限公司;2.根据《中国统计年鉴1998》的资料计算整理。

　　第二,限制市场经济体制的进一步完善。市场经济体制的进一步完善要求在竞争性领域能够实现充分竞争,要求各种生产要素市场的建立和健全。但是占制造业 1/4 强的国有企业如果不能充分走向市场,制造业领域公平竞争和规范发展的环境就不可能形成,与市场机制相悖的寻租行为就不可避免。另一方面,国有企业的生产要素不充分走向市场,中国生产要素市场,特别是金融市场就难以真正建立。当前受政府庇护的国有企业接受了我国大部分的金融支持。表 2.4 反映出 1980—1998 年在银行的各项贷款中国有企业所占的比重。改革开放以来我国最为稀缺的资金资源源源不断地廉价地流入低效的国有企业,而在市场中拼搏抗争的相对高效的其它所有制形式的企业,要得到银行的支持却十分困难。这就大大降低了我国的资金利用效率,同时也是造成银行不良资产比重高的主要原因。"银企困境"作为国有企业改革滞缓的综合症日益严重。加速国有企业改革无疑成为推进中国新工业化进程中最为艰巨的任务。

表 2.4　银行贷款中国有企业所占份额

单位:亿元、%

年份	银行贷款总额	其中:国有企业贷款	所占比重
1980	2414	2160	90
1985	5906	5197	88
1990	15166	13346	88
1994	31603(39976)	26547(33421)	84(84)
1995	39393(50544)	33090(42021)	84(83)
1996	61157	50401	82
1997	74914	56953	76
1998	86524	65470	76

注:表中括号内的数据是按 1996 年新统计口径调整后的资料。
资料来源:1.王全斌:《从改革的全局看国有企业改革》,《管理世界》1999 年第 4 期,第124 页;2.根据《中国统计年鉴 1999》资料整理。

4．中国新工业化有力地促进了城市化进程

新工业化由于具有如下特征而有力地促进了城市化进程:一是改革开放赋予了全民参与工业化发展的机会和权力,大大调动了城乡人民的积极性,非国有企业迅速发展,非农产业就业比重大幅度提高,从而促进了城市化水平的提高;二是产业结构在市场诱导下的重新调整,轻工业和第三产业作为劳动密集型产业迅速发展,有力地促进城市化进程。从 1978 年到 1998 年,城市化水平由17.9%提高到 30.4%,年平均提高 0.625 个百分点,远高于传统体

制下城市化水平每年提高 0.21 个百分点的速度,是同时期世界人口大国中城市化进程最快的国家。新工业化水平的提高是改革开放以来城市化水平提高的根本动力。21 世纪中国城市化水平的提高在很大程度上仍然要依赖于工业化提供的经济支持。

但是,另一方面,中国的新工业化并没有带来城市化水平的持续提高。图 2.8 明显地反映出 80 年代中后期以来,特别是 1995 年以来中国的城市化进程滞缓,增长乏力,这与进入工业化中期以后城市化进入高速增长阶段的城市化规律不相吻合。问题的症结在哪里呢? 中国新工业化过程中的问题与不足是城市化增长乏力的经济根源。

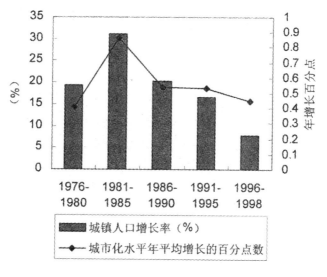

图 2.8　中国城市化水平提高滞缓

（三）中国新工业化对城市化的负面影响

由于中国前 30 年遗留下来的问题十分复杂,赋予了中国新工业化时期以一系列特征,在有效地促进城市化进程的同时,也产生了许多中国独特的问题。正是新工业化过程中的种种问题,成为城市化滞后的经济根源。

1. 乡镇企业弱质是导致城市化滞后的首要原因

乡镇企业是改革开放以来影响中国城市化的主要因素之一。从表2.2可以看出,乡镇企业是1978年以来吸纳非农产业就业的重要场所,从而成为促进中国城市化的主力军。从乡镇企业发展与城市化的关系看,进入城镇的乡镇企业主要分布在城镇体系的最低规模层次——建制镇中。1978年到1998年中国建制镇由2660个增加到19060个,增长了6.2倍;建制镇人口由5316万人增长到11722万人。[①] 建制镇是各级城市规模结构中增长最快的规模等级,乡镇企业正是主要通过建制镇的发展来促进城市化进程的。另一方面,也正因为如此,乡镇企业的发展方式、空间格局与增长态势,对城市化有着重要的影响。

首先,乡镇企业布局过分分散是导致中国城市化滞后的重要原因。据建设部统计,当前全国的乡镇企业80%分布在自然村落或行政村,12%分布在乡政府所在地发展,只有7%分布在建制镇发展,1%分布在县城或小城市发展。[②]

"温州模式"在中国乡镇企业发展中有着广泛的影响,用温州

[①] 1978年建制镇的人口数据来源于《中国人口统计年鉴1990》,1998年建制镇的人口数据根据《中国人口统计年鉴1999》的有关资料推算。

[②] 转引自国家计委规划司研究报告:《实施积极的城市化战略,带动国民经济持续快速发展》,1999年12月17日。

市农村工业① 占全部工业的比重来反映乡镇企业中城镇以上及乡镇以下的分布,具有典型的代表意义。表 2.5 反映出 1998 年温州市工业的空间分布格局。

表 2.5　1998 年温州市工业的空间分布格局

单位:个、万元、人、%

	全市合计	#农村工业	#城镇工业	农村比重	城镇比重
全部工业					
企业个数(个)	127980	111188	16792	86.9	13.1
工业总产值(万元)	13845968	9681213	4164755	69.9	30.1
从业人数(人)	1183850	886242	297608	74.9	25.1
#国有及规模以上工业					
企业个数(个)	1799	997	802	55.4	44.6
工业总产值(万元)	4251390	2176742	2074648	51.2	48.8
从业人数(人)	290980	150416	140564	51.7	48.3
#规模以下工业					
企业个数(个)	126181	110191	15990	87.3	12.7
工业总产值(万元)	9594578	7504490	2090088	78.2	21.8
从业人数(人)	892870	735826	157044	82.4	17.6

注:1.农村工业指乡(不含建制镇)办工业、村办工业及村以下办工业,包括个体工业、股份合作制工业及其它。下同;2.本表根据《温州市统计年鉴 1999》,中国统计出版社 1999 年版的资料整理。

　　在温州 1998 年的全部工业中,工业企业数的 86.9%、从业人员的 74.9%、工业总产值的 69.9%分布在乡及乡以下集镇及自然村落。这些企业作为中国非农产业发展的载体,构成中国新工业化的重要组成部分。但是,在空间上它们并没有集中到城镇,因而

————————

　　① 　农村工业指乡(不含建制镇)办、村办、联户办和个人办企业,俗称"四个轮子一起转"。

没有融入城市化发展的轨道。占乡镇企业 2/3 以上的企业和从业人员从产业结构上看已经工业化了,但是从空间格局上看并没有城市化,从而造成中国工业化与城市化相分离。这就是中国城市化滞后于工业化的主要表现形式。

其次,90 年代以来乡镇企业发展滞缓是城市化滞缓的主要原因。如前所述,乡镇企业是在 80 年代卖方市场环境下成长起来的。中国经过 80 年代产业结构的补足性调整,开始告别短缺经济,卖方市场开始向买方市场转换。买方市场是竞争性的市场,它遵循着优胜劣汰的市场规律,给弱质企业以巨大的压力。与城市经济发展中的各类企业相比,乡镇企业在整体上呈现出弱质性特征,从而在 90 年代以来越来越激烈的市场竞争中,发展滞缓。作为小城镇经济主体的乡镇企业发展滞缓,必然导致小城镇发展的滞缓。图 2.9 十分明显地显示出 1978—1998 年乡镇企业就业人数年增长率与建制镇人口年增长率的相关关系。从图中可以看出,二者之间呈现出高度正相关,乡镇企业发展滞缓是导致 90 年代以来中国城市化滞缓的重要因素。

第三,乡镇企业在下一轮城市化过程中的作用将会下降。表 2.2 告诉我们,中国的乡镇企业个数由 1994 年的 2495 万个下降到 1998 年的 2004 万个,4 年间减少了 491 万个。乡镇企业个数的减少具有历史必然性。90 年代中期,中国开始进入重工业化时代,规模化和深加工化是重工业化过程的主流。在激烈的市场竞争中,乡镇企业将会走向两极分化,其中一部分具有较强市场竞争力的企业开始集聚于城镇,逐步走上规范化的发展轨道;另一部分缺乏市场竞争力的企业将走向消亡,这也正是 90 年代中期以来中国乡镇企业个数迅速下降的主要原因。当前乡镇企业正进行着艰难

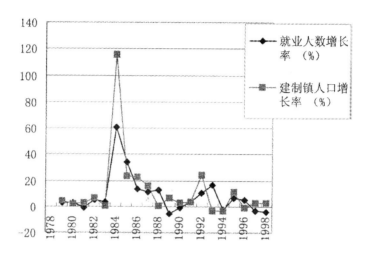

图 2.9　1978—1998 年乡镇企业就业人数
与建制镇人口年增长率的比较

的二次创业,虽然企业个数及从业人员有所下降,但是企业装备水平和发展质量在不断提高。1998 年与 1995 年相比,乡镇企业人均占有固定资产净值由 5551 元提高到 7590 元,劳动生产率由 24989 元提高到 30538 元。减少数量,提高质量,在整合中发展将是乡镇企业的发展态势。因此,在 21 世纪初,乡镇企业不再可能拥有像 80 年代那样走急剧膨胀的外延式扩张的发展空间,也不再可能像 80 年代那样快速地推进城市化进程。21 世纪初中国的重化工业发展,以及由粗放型向集约型增长方式的转变,都必然导致中国经济增长的重心由分散趋于集中,由乡镇转入城市,由量的扩张逐步转向质的提高,它对城市化的经济支持也由急速扩张转向稳步、持续的推动。另一方面,乡镇企业这一中国特定历史时期的产物,随着其发展空间的转移以及企业制度的改革,将分化成个人独资企业、股份合作企业、有限责任公司等形式,乡镇企业这一特定历史阶段的产物将逐步退出历史舞台。

2. 中国新工业化的结构性弱质是城市化滞缓的重要经济根源

在区域经济发展中,工业化和城市化相互关系的一般规律表现为如下的过程:随着区域工业化水平的提高,非农产业就业比重相应提高,非农产业就业人口及其家属向城市迁移并引起城市人口比重的提高,工业化进程诱导城市化进程;城市规模的扩大,为工业发展提供良好的外部环境,吸引工业企业进一步集中,城市化反过来又促进工业化进程。但是,在中国由于特殊的发展历史,致使中国非农业产业就业比重的提高速度滞后于工业化水平的提高速度,同时城镇人口比重的提高速度又滞后于非农产业就业比重的提高速度,这双重滞后终于导致中国的城市化进程滞后于工业化。表2.6可以明显地反映出日本经济发展过程中工业化与非农产业就业比重及城市化水平的相互关系,同时也反映出我国城市化过程中的双重滞后性。

表 2.6 日本 1965 年工业化、城市化水平及与中国的比较

	第二产业增加值比重(%)	非农产业就业比重(%)	其中:第三产业就业比重(%)	城市化水平(%)
日本	47.9	75.3	43.8	68.1
中国	48.7	50.2(25.1)	26.7(17.1)	30.4(37.7)

注:1.日本为1965年、中国为1998年的资料,括号内数据表示该指标中国与日本的差距;

2.资料来源:①《日本的统计1997》,〔日〕总务厅统计局1997年版;②《中国统计年鉴1999》,中国统计出版社1999年版。

中国1998年第二产业增加值比重为48.7%,与日本1965年相当,可以认为中国90年代中期的工业化水平与日本60年代中

期基本相当。但是,中国非农产业就业比重比后者低 25.1 个百分点,城市人口比重更滞后 37.7 个百分点。

非农产业就业比重滞后,包括第二产业就业比重滞后和第三产业就业比重滞后。第二产业就业比重滞后源于中国工业的结构性弱质。在世界各国工业化的过程中,轻重工业起着不同的作用:轻工业是劳动密集型行业,是第二产业中吸收劳动力的主要场所;重工业则是技术密集型行业,为整个国民经济发展提供先进的技术装备。但是,在我国工业化的过程中,轻重工业的这种特性没有得到充分发挥。从表 2.7 可以看出,我国轻工业的比较劳动生产率[①] 甚至高于重工业,这是一种有悖于经济发展常理的现象。

日本不论是在重工业化时期,还是工业化后期,轻工业的比较劳动生产率始终比较低,吸纳了工业化过程中大量从第一产业转移的就业人数,而重工业则始终保持高技术密集型特性,比较劳动生产率高,技术进步快,从而产业的整体素质高。

表 2.7　中日轻重工业比较劳动生产率的比较

	中国	日本	
	1997 年	1970 年	1988 年
轻工业	1.55	0.76	0.74
重工业	0.92	1.15	1.13

资料来源:1.《日本统计年鉴1991》,〔日〕总务厅统计局1991年版;2.《中国工业统计年鉴1998》,中国统计出版社1998年版。

我国轻重工业技术结构不合理的主要原因是:①我国轻工业的大规模发展是在改革开放以后,这时我国的重工业发展已经达

---

①　比较劳动生产率等于某产业销售收入占工业总销售收入的比重与该产业就业人数占工业就业总人数比重的比值。

到相当的水平,可以为轻工业提供比较先进的技术装备;②80年代,我国引进外资的规模迅速增加,但是缺乏科学具体的产业政策引导,这些外资大部分都流入投资少、见效快的轻工业,大大提高了我国轻工业的技术装备水平,同时降低了其吸收劳动力的能力;③与轻工业相反,我国重工业起步于50年代,大发展于传统计划经济时期,当时的国情决定了重工业的技术装备水平较低,改革开放以来我国的技术进步又表现为轻工业快于重工业,致使重工业不具备技术密集型特性。

我国轻重工业技术结构不合理的必然结果是:应该实现快速技术进步的重工业没有相应地实现技术进步,劳动生产率低,国际市场竞争力弱;应该大规模吸纳劳动力的轻工业技术进步快,吸纳劳动力能力有限。由于一个国家工业化的技术水平主要取决于重工业,重工业的低技术密集型特性决定了重工业难以为我国的工业化提供先进的技术装备,从而导致我国工业整体技术结构的弱质性;另一方面,轻工业劳动密集型特性不能得到充分发挥又限制了工业化过程中劳动力的吸收,并进而严重限制了中国的城市化进程。

另一方面,我国第三产业就业滞后则直接与企业的弱质性相联系。这一问题将在后面论述。

非农产业就业比重的提高是城市化水平提高的前提,中国第二、第三产业就业均滞后于工业化水平,必然导致中国城市化水平的滞后。

此外,中国的城市化水平还因为城镇人口比重又滞后于非农产业的就业比重而显得更加滞后。如前所述,我国乡镇企业"离土不离乡","进厂不进城"的发展模式,致使乡镇企业的职工职业非农化了,居民身份并没有城市化,致使城镇人口比重的提高滞后于非农产业人口比重的提高。1978—1997年,中国非农产业就业人数年均增长5.8%,同期城镇人口的年增长率仅为4.1%,城市化水平每年滞后1.7个百分点。

我国城市化过程中的双重滞后在经济发达,特别是乡镇企业发达的江苏省以及个体企业发达的浙江省台州市表现得最为突出。众所周知,江苏省是我国经济最发达的省份之一,1997年人均GDP9344元,比全国平均水平高54%。但是,同年江苏省非农产业就业比重为58.4%,仅比全国平均水平高17%;城市化水平为27.3%,甚至比全国平均水平还低9%。台州市与温州毗邻,是浙江省也是全国个体独资企业最活跃、最发达的城市之一。但是,由于这些民营企业规模更小,布局更加分散,因此城市化滞后的问题也更加突出。1998年台州市人均GDP10314元/人,比江苏省同年的水平(10021元/人)还多出293元;第二产业增加值比重为55.9%,高于江苏省的水平,更高于全国平均水平;但是其非农产业就业比重仅为55%,低于江苏省;城市化水平27.9%,甚至低于全国水平。江苏省及台州市城市化过程中的这种双重滞后可以在图2.10中比较明显地反映出来。

3. 中国工业化的微观主体企业弱质导致重工业化进程受阻

90年代中国开始进入工业化中期阶段,根据工业化过程中产业结构的演变规律,下一个时期将是中国重工业化不断深化的过程,表现在轻工业稳步发展的基础上,重工业比重大幅度上升,重工业内部深加工化程度迅速提高,以及由此引致的第三产业大规模发展和城市化的快速推进。但是事实上,图2.11显示出90年代中期以来,中国的重工业过程严重受阻。1993—1998年期间,我国人均GDP、工业增加值和第三产业增加值对上一年的增长率无不呈现出下降的态势。这与重工业化时期经济呈快速增长的态势完全相悖。重工业化过程受阻无疑使中国城市化滞缓的态势雪上加霜。

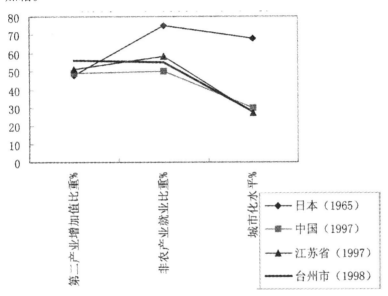

图 2.10 日本、中国及江苏省、
台州市工业化与城市化进程的比较

那么中国重工业化过程为什么难以顺利进行呢? 这要考察中国重工业化进程的基本条件是否成熟。我们可以将重工业化的条件分为两类:一类是从宏观看,国民经济是否具备相应的发展条件,主要包括国民经济的总体实力、人均GDP水平、三大产业结构是否协调;一类是从微观看,企业是否具备相应的技术经济条件,

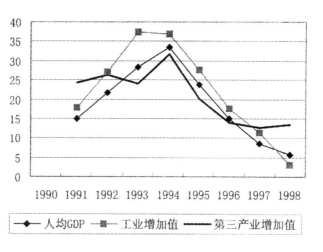

图 2.11　1990—1998 年中国若干主要
经济指标对上一年的增长(%)

主要包括企业的规模化、专业化经营状况及技术装备状况。从国
民经济条件看,一般认为当人均 GDP 达到 800—1000 美元左右,并
且三大产业结构基本合理,重工业有着比轻工业更大的需求弹性,
那么就具备了进入重工业化时期的基本条件。从前面的分析可以
看出,中国已经具备了重工业化的国民经济条件。那么,我们是否
具备工业化的微观基础条件呢? 从微观技术经济的角度看,推进
重工业化进程需要企业的规模化、专业化经营,需要广泛、持续的
技术进步以及由此带来的生产效率的不断提高,最终实现技术结
构和产业结构的升级。当前,中国推进重工业化的微观经济技术
条件还比较薄弱。

首先,中国的企业还不能达到重工业化规模经营的基本要求。
从中国企业与世界级大企业的距离看,1998 年中国共有大型工业
企业 7558 个,实现销售收入 28144 亿元,相当于 3399 亿美元;利润

总额 860.29 亿元,相当于 103.9 亿美元。而 1997 年世界第一大企业美国通用汽车公司实现销售额 1781.44 亿美元,利润 66.98 亿美元,分别相当于我国 7558 个大型企业总和的 52.4% 和 64.5%。表 2.8 反映出中国若干重要产业的总规模与世界大企业的对比情况。

表 2.8 世界大企业与中国同类产业国有及规模以上企业总规模的比较

	销售额(亿美元)	利润额(亿美元)
美国通用汽车(1)	1781.44	67.0
中国交通运输设备制造业(6779)	484.48	10.84
中国全行业为国外大企业的(%)	30.0	36.7
美国埃克森石油(8)	1006.97	63.7
中国石油开采和加工业(1128)	485.44	17.50
中国全行业为国外大企业的(%)	48.2	27.5
美国通用电器(9)	1004.69	92.96
中国电器机械制造业(7544)	396.88	10.28
中国全行业为国外大企业的(%)	39.5	11.1
瑞士雀巢(36)	495.04	29.61
中国饮料制造业(3817)	179.94	8.36
中国全行业为国外大企业的(%)	36.3	28.2
美国惠普(41)	470.61	29.45
中国电子及通信设备制造业(4166)	543.38	26.19
中国全行业为国外大企业的(%)	115.5	88.9
日本新日本制铁(166)	215.88	0.9
中国黑色金属冶炼及压延业(3260)	467.18	3.65
中国全行业为国外大企业的(%)	216.4	405.8
日本烟草公司(271)	150.09	5.84
中国烟草加工业(352)	160.46	14.33
中国全行业为国外大企业的(%)	106.9	245.4

注:1.资料来源:《国际统计年鉴 1999》和《中国统计年鉴 1999》,中国统计出版社 1999 年版;《中美汽车生产与消费的比较》,《国际经济信息》1999 年第 7 期。2.国外大公司后面( )中的数据是其在按营业额排序的世界最大的 500 家企业中的位次,中国行业后面( )中的数据是本行业全部国有及年销售收入在 500 万元以上的非国有企业的单位数。

中国企业规模不经济的状况几乎存在于所有的行业之中。下面以汽车这一规模经济效益最为显著的产业为例,1997 年中美最大的三家汽车公司生产规模与效率的比较见表 2.9。

表 2.9　1997 年中美最大的三家汽车公司生产规模及效率比较

	生产规模				生产效率		
	汽车产量 (万辆)	销售额 (亿美元)	利润额 (亿美元)	雇佣人数 (万人)	人均生产汽车(辆)	人均销售额 (万美元)	人均实现利润 (万美元)
美国							
通用	429.7	1781.4	67	60.8	7.07	29.30	1.10
福特	351.9	1536.3	69.2	36.4	9.67	42.21	1.90
克莱斯勒	170.6	611.5	28.1	12.1	14.10	50.54	2.32
中国							
一汽	26.9	27.6	0.3	17.2	1.56	1.60	0.02
东风	17.2	11.6	0.8	13.8	1.25	0.84	0.06
上海	23.2	79.2	8.0	6.1	3.80	2.64	1.31

资料来源:《中美汽车生产与消费的比较》,《国际经济信息》,1999 年第 7 期;《中国汽车工业年鉴 1997》,机械工业部汽车工业司、中国汽车技术研究中心编辑出版。

表 2.9 明显反映出中国与美国制造业企业规模与效率的差异。应该指出的是,汽车产业是在中国制造业中改革走在最前列的产业之一,化工、钢铁、煤炭等一系列传统产业情况还要糟糕得多。上述三家属于中国最好的制造业企业尚且如此,中国制造业规模和效率与世界先进水平的差异比表 2.9 所反映出来的要大得多。在美国,不存在产量在 30 万辆经济规模以下的轿车生产企业;而在中国,则没有一家达到经济规模的轿车生产企业。在 1997 年 116 家生产整车的汽车企业中,年产 5 万辆以上、初具规模的仅 12 家,而年产 1000 辆以下的竟达 48 家之多。

大量缺乏规模经营的企业在激烈的市场竞争中成本高、效益低、亏损严重,限制了中国重工业化的进程。1997 年中国最大的制造业企业上海汽车工业(集团)总公司销售额 733 亿元,相当于88.4 亿美元,低于同年世界 500 强中最后一位的美国太阳公司(SUN,销售额为 89.7 亿美元)。

其次,工业增长仍然以粗放型为主,生产能力在低水平上扩张,企业的技术水平低,装备差。受传统的思维方式及投资体制、财政体制的约束与影响,我国普遍形成重上新项目、铺新摊子,而忽略对原有项目的更新改造。加上许多企业自有资金不足,对银行贷款依赖严重,企业债务利息负担很重,形成"技改找死,不技改等死"的状况,造成我国企业技术改造投资严重不足。90 年代以来,这一问题更加严重。我国企业更新改造投资占基本建设投资的比重,"七五"以前有所上升,"七五"以后则呈下降态势:"五五"期间为 36.0%,"六五"期间为 43.8%,最高的"七五"期间达到54.1%,"八五"期间下降到 46.2%,"九五"期间进一步下降到39.6%。其中 1998 年为 37.9%,降到十多年来的最低点。

以粗放型为主的工业化特征,使得我国从统计资料上反映出来的是工业高速增长,而实际上大量存在着低水平的重复建设、技术装备水平低的低效增长甚至是无效增长,经济增长的质量差。表 2.10 反映出我国制造业的技术装备状况。

表 2.10 全部独立核算大中型工业企业主要生产设备技术状况(%)

	合计	国际水平	国内先进水平	国内一般水平	国内落后水平
工业锅炉设备	100	6.8	15.1	66.4	11.7
金属切削机床	100	17.7	18.6	37.9	25.8
电力设备	100	20.3	27.3	39.8	12.7
电炉	100	0.0	0.0	75.4	24.6
型钢轧机	100	0.0	0.0	38.1	61.9

(续表)

	合计	国际水平	国内先进水平	国内一般水平	国内落后水平
炼油设备	100	0.5	41.0	42.9	15.6
化工生产设备	100	52.5	23.9	14.8	10.5
彩色电视机装配生产线	100	4.3	77.7	17.8	0.2
电力机车	100	0.0	0.0	99.8	0.2
棉纺织及印染设备	100	19.7	13.0	67.2	0.1
造纸加工设备	100	31.0	22.0	37.6	9.4

注:1.本表根据《中国1995年第三次全国工业普查资料汇编(综合·行业卷)》中国统计出版社1997年版,第338—353页的资料计算整理;2.国际水平指达到80年代末90年代初发达国家同类设备技术水平的设备;国内先进水平指达到国内同行业同类设备先进水平的设备;国内一般水平指设备的主要技术经济参数可以适应当前生产需要的设备;国内落后设备指设备的主要技术经济参数不适应生产的需要,应该淘汰的设备。

从表中可以看出,我国大中型工业企业技术装备水平不高,除了少数行业国际水平及国内先进水平的生产设备占较大比重外,大部分行业国内一般水平占很大比重。反映机械工业装备水平的金属切削机床需要淘汰的设备占1/4强,各类型钢轧机需要淘汰的设备更达61.9%,生产我国大宗出口产品的纺织品及印染设备过得去的国内一般水平的机器占67.2%,先进设备不足1/3。还有许多行业如炼钢电炉、电力机车、型钢轧机先进水平的机器比重竟为零。需要指出的是,这里反映的是独立核算的大中型工业企业的技术装备状况,而其它大量的小型企业的技术状况还要差得多。比如表2.10中反映出技术装备较好的电力设备,1995年有30万千瓦以上的大型汽轮发电机组119台,其中国产设备和进口设备分别为78台和41台,分别占65.5%和34.5%。进口设备中80年代以后出厂的设备有38台,占总台数的32.0%。国产设备中70年代以前的设备仅4台,占总台数的3.3%。应该说我国大型汽轮发电机组技术装备状况良好。与此不同的是,5万千瓦以

下的小汽轮发电机组共 1126 台,其中国产设备和进口设备分别是
1008 台和 118 台,分别占 89.5% 和 10.5%。进口设备中 80 年代以
后出厂的仅 8 台,占总台数的 0.7%;而国产设备中 70 年代以前的
老设备多达 335 台,占总台数的 29.8%。这就是中国大企业和小
企业技术装备的差异。

　由于大量的企业技术装备落后,导致产品质量差,市场竞争力
弱,经济效益低,积累能力低,从而严重影响重工业化的进程。表
2.11 反映了中国与世界主要国家制造业规模与效率的比较。从
表中可以看出,中国制造业的总规模并不小,总产值和增加值仅低
于美国和日本(在世界上位于美、日、德之后居第 4 位。德国因缺
资料而未在表中列出),高于其它国家。但是,增加值率(增加值与
总产值的比率)及人均创造增加值却仅高于印度而低于表中所列
的所有发达国家和其它发展中国家。

表 2.11　中国与世界主要国家制造业规模及效益的比较

	工业产值 (亿美元)	工业增加值 (亿美元)	从业人员 (万人)	增加值率 (%)	人均创造增加值 (美元/人)
美国(1995)	35726	17036	1734	47.7	98246.8
日本(1993)	27746	11334	1088.5	40.8	104124.9
法国(1995)	8020.8	3016.3	383.9	37.6	78569.9
意大利(1991)	3740.8	1144.4	275.1	30.6	41599.4
印度(1993)	1191.5	237.2	782.6	19.9	3030.9
韩国(1994)	3791.8	1641.8	284.7	43.3	57667.7
墨西哥(1995)	499.2	355.2	74.7	71.2	47550.2
菲律宾(1993)	286.4	108	90	37.7	12000.0
中国(1998)	14377.8	4037.4	4753	28.1	8494.4

注:1.中国统计口径是工业,其它国家是制造业;2.根据如下资料整理计算:《国际统计
年鉴1999》,中国统计出版社 1999 年版;《中国工业经济统计年鉴1998》,中国统计出
版社 1998 年版;《中国统计年鉴1999》,中国统计出版社 1999 年版。

　　制造业效率低、竞争力弱,限制了市场开拓能力。众所周知,90 年代以来中国进入结构性过剩的买方市场。所谓结构性过剩指市场需求与市场供给不对称。一方面是市场供应的商品或者由于质量低,或者由于价格高,或者是商品结构不合理,造成大量积压;另一方面是市场需求得不到满足。我们以汽车这一工业化中期的代表性产业为例。我国的汽车产业是改革开放以来增长最快的产业之一,1985—1990 年汽车年产量由 22.2 万辆增加到 51.4 万辆,年平均增长 5.8 万辆;1995 年又增长到 145.3 万辆,5 年中年平均增长 18.8 万辆。但是 1996—1998 年 3 年平均仅增长 5.9 万辆。汽车产量增长速度的下降反映出汽车产业的不景气。另一方面,中国的汽车市场又显示出巨大的潜在需求。1998 年中国民用汽车拥有量仅 1319.3 万辆,其中私人小汽车 205 万辆,每百人拥有汽车仅 1.06 辆,其中私人小汽车 0.16 辆。而 1996 年世界每百人拥有汽车 12 辆,其中小汽车 8 辆。美国平均每百人拥有汽车 78 辆,其中小汽车 49 辆。汽车研究专家认为,每百人拥有乘用小汽车 2 辆为普及汽车的临界点,当每百人拥有乘用小汽车 20 辆时,则可以认为基本普及。可见,当前中国汽车市场还有巨大的空间。在世界工业化进程中,汽车产业是一个富有生命力的产业,它能够从工业化中期到工业化后期持续地成为支撑国民经济增长的主要力量。中国刚刚进入工业化中期阶段,汽车产业就增长乏力,其重要原因就在于如前所述的汽车产业生产的弱质性,汽车的质量低、价格高。1928 年美国汽车刚刚开始进入普及期时,当时的福特 T 型车的价格相当于一般工人年工资的 2.25 倍。为了降低生产成本,福特大幅度扩大生产规模,到 1980 年一辆普通福特车的价格远远低于一般工人一年的工资。[①] 而中国当前较便宜的家用车奥拓身价也达5万多元,相当于1998年全国职工平均工资7478元的7倍。这就是为什么一方面中国存在有巨大的汽车市场潜在需求,另一方面却又造成大量的积压。问题的关键在于企业缺乏规模效益,产品的成本过高,价格过高,市场难以拓展。汽车如此,其它许多产品市场也是如此;开拓国内市场如此,开拓国际市场更是艰难得多。

中国是世界第四工业大国,1997年制造业增加值占世界制造业增加值的4.8%,但是中国制造业产品的出口却居世界第10位,占世界制造业出口总额的2.8%。中国工业化的弱质不仅导致难以在世界市场上占有相应的份额,而且随着中国加入WTO,中国的进口关税税率将大幅度下调,外国产品将大规模进入中国,挤占中国市场。那时,中国弱质企业的生存空间何在？中国大量的弱质制造业企业是中国重工业化进程的深层次危机,也是中国城市化滞后的深层次原因。

4．中日经济增长质量的比较及对我们的启示

回顾中、日两国近半个世纪以来的发展历史,可以看出经济发展重速度与重质量的差异。1952—1997年中、日两国经济增长的主要数据见表2.12。观察和分析表2.12,可以看出:

第一,增长的起点。我们以1952年作为观察和研究的起点。此时,中国的国民经济恢复工作即将完成,统计资料也比较完备;日本经过战后多年的恢复重建,经济情况已大为好转。中国以当

---

① 国家统计局国际统计信息中心:《国际经济信息》1998年第13期,第12页。

年价计算的 GDP 为 203.9 亿美元,而日本为 173.9 亿美元,日本的 GDP 仅相当于中国的 85.3%。从经济总规模上看,中国的起点高于日本。

第二,经济增长的速度。图 2.12 和附表 2.2 明显地反映出,中国的经济增长波动大,但是大部分年份属于高增长;日本的增长曲线波动小,增长相对稳定,但绝大部分年份的增长速度都低于中国。1953—1997 年,中国 GDP 的年平均实际增长速度为 7.7%,而日本为 6.0%,中国比日本高 1.7 个百分点。

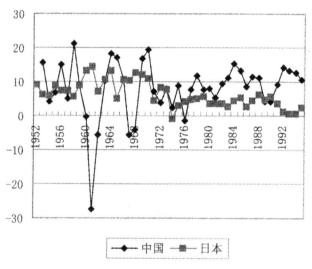

图 2.12　中日 GDP 对上一年增长速度的比较(%)

表 2.12　中日两国经济增长速度的比较

		名义 GDP（亿本币）	实际 GDP（亿本币）	平减指数（%）	汇率 1 美元合本币	实际 GDP（亿美元）
日本	1952 年	62610	339170	100.0	360	174
	1997 年	·5069800	4585640	598.9	120.99	41903
	总速度(倍)	81.0	13.5		0.34	240.9
	年均增速(%)	10.3	6.0	4.1		13.0

（续表）

		名义 GDP （亿本币）	实际 GDP （亿本币）	平减指数 （%）	汇率 1 美元合本币	实际 GDP （亿美元）
	1952 年	679	986	100.0	3.33	204
中	1997 年	74463	27513	393.0	8.29	8982
国	总速度(倍)	109.7	27.9		2.49	44.0
	年均增速(%)	11.0	7.7	3.1		8.8

资料来源:1.国家统计局:《中国统计年鉴1999》,中国统计出版社1999年版;2.国家统计局国民经济核算司:《中国国内生产总值核算历史资料》,东北财经大学出版社1997年版;3.〔日〕总务厅统计局:《日本统计年鉴1991》;4.刘洪:《国际统计年鉴1999》,中国统计出版社1999年版。

第三,增长的结果。1997 年以美元表示的 GDP 总量,中国为8982 亿美元,日本则高达 41903 亿美元,日本的 GDP 总量是中国的 4.67 倍。也就是说,中国从高起点出发,通过 45 年快于日本的增长,但结果反而比起点低、增长速度也慢的日本经济规模要小得很多,问题究竟何在呢?

第四,问题的实质在于经济增长质量的差异。从统计学上分析,以美元计算的报告期经济总规模,取决于基期的经济总规模、经济增长速度、汇率、价格变动等因素。[①] 1952—1997 年的 45 年

---

① 除这四个因素外,还有统计方法上的差异问题以及统计数据质量问题。比如我国计算工业发展速度用不变价格法,日本用生产指数法,而不变价格法往往容易高估发展速度。经济合作与发展组织首席经济学家安格斯·麦迪森根据有关资料对我国的 GDP 数据进行了调整。根据他调整后的数据计算,1953—1992 年的 40 年间,中国的年平均经济增长速度为 5.5%(参见麦迪森:《世界经济二百年回顾》,改革出版社 1997年版,第 109—111 页),而根据《中国统计年鉴 1999》(国家统计局编,中国统计出版社1999 年版)和《中国国内生产总值核算历史资料》(国家统计局国民经济核算司编,东北财经大学出版社 1997 年版)中的数据计算,这一增长速度为 7.3%。而同一时期,日本的经济增长速度为 6.5%,比麦迪森调整后的我国经济增长速度高 1 个百分点。当然,麦迪森的观点也只是一家之言,根据也不一定很充分。由于统计数据的调整问题极其复杂,这里存而不论。

中,中国以 1985 年价格计算的实际 GDP 从 986 亿元增长到
27513.4 亿元,增长了 26.9 倍。而同期日本只增长了 12.5 倍。但
是,一方面,由于日本的 GDP 平减指数比中国高 1 个百分点。这
微不足道的差异,却在 45 年间使中国和日本的价格总指数产生了
很大的差异:中国的价格总水平上升了 2.94 倍,而日本的价格总
水平上升了 4.99 倍。另一方面,这一时期人民币对美元汇率处于
下降的走势,而日元对美元汇率则是处于上升的走势。1952—
1997 年人民币对美元的汇率下降了 59.8%,而日元对美元汇率则
上升 1.98 倍。从表 2.14 可以计算出,从 1952—1997 年的 45 年
间,中国和日本的实际经济增长总速度的比值为2:1,价格总变动
的比值为1:1.5,汇率总变动的比值则为 1:7.4,而价格与汇率双重
变动的比值则为1:11.3。也就是说,从 1952—1997 年的 45 年间,
中国的实际经济增长比日本快一倍,但由于日本的汇率和价格相
对于中国上升了 10 倍,日本以美元表示的经济总规模就大大高于
中国。

从总体上看,价格和汇率是在国际市场上形成的,在相当程度
上是对一国商品和服务需求及质量的真实评价。也就是说,日本
商品和服务的高价格(高汇率也要反映到高价格中去),是在激烈
竞争的国际市场中形成的,是得到国际消费者承认的。一般情况
下,货币升值不利于出口。但日本在日元不断升值的情况下出口
规模仍然日益扩大(如表 2.13),而中国在货币不断贬值的情况
下,出口的增长速度仍然远远低于日本经济高速增长时期。究其
根源,关键在于日本的工业化质量高,商品和服务的技术含量高、
竞争力强。工业化质量是全部秘密的关键所在,是工业化生命的
源泉,是支撑城市化的栋梁。

表 2.13　中日两国出口及占世界贸易份额的变化

	出口(亿美元,当年价)		占世界出口的份额(%)	
	中国	日本	中国	日本
1950		8		
1960		41		6.4
1970		194		6.7
1980	181	1304	0.95	6.87
1990	621	2877	1.81	8.38
1998	1838	3882	3.44	7.27

资料来源:1.日本经济新闻社:《日本经济入门》,日本经济新闻社 1993 年第 8 版,第 280 页;2.刘洪:《国际统计年鉴 1999》,中国统计出版社 1999 年版,第 470 页。

三、提高工业化质量,建立 21 世纪中国工业化与城市化的互动机制

(一) 当前提高中国工业化质量的核心环节

世纪之交,中国经济发展面临的形势是,中国已经进入工业化中期阶段,工业化质量的提高明显地表现为产业结构、技术结构及产品结构的升级;中国即将踏入 WTO(世界贸易组织)的门槛,必须面对激烈的国际市场竞争;中国还有 9 亿人口在农村,工业化必须为他们提供广泛参与的机会。中国的工业总规模巨大,但是构成工业总规模的每一个细胞——企业却很弱小。中国工业化的难度和复杂程度是举世无双的,促进工业化进程,提高工业化质量,既要遵循工业化的一般规律,又要充分考虑中国国情,体现中国特色。

1. 培育富有竞争力的企业,优化工业化的细胞

产业结构的调整与升级是提高工业化质量的基本路径。但是,中国当前的产业结构调整与80年代甚至90年代初的结构调整有很大的不同。当时主要是针对传统体制下长期形成的扭曲的产业结构,侧重于纠正产业之间的比例失衡,国家通过宏观调控,重点支持短缺产业。这一效应在80年代末90年代初基础产业的发展中表现得较为明显。但是到20世纪末,各产业之间的比例基本协调,产业结构的问题主要表现为更深层次的产业内部产品结构和技术结构的调整与升级,这需要依赖于千百万个企业通过技术进步和产品的更新换代来实现。而在工业化中期阶段,产品日趋多样化和复杂化,产品的生命周期也不断缩短,各企业只有通过市场信息来不断调整自己的资源配置,追求技术进步和产品更新。在这种情况下,企业自身的素质至关重要。而在中国工业化过程中,最为稀缺的正是高素质的企业。因此提高中国工业化的质量,要从优化每一个微观细胞——企业做起。

在发达国家,市场竞争犹如大浪淘沙,能在竞争中生存和发展的企业一般都是在大浪中能够沉淀的具有较高含金量的金砂,他们自身具有顽强的生命力、市场开拓力和活力。与发达国家的企业不同,中国当前的企业大体上可分为两类:一类是传统体制下诞生的,近20年来改革滞后仍然依靠"父爱"才能够生存、发展的国有企业,另一类是在卖方市场条件下大批成长起来的乡镇企业和私人企业,以及在改革开放以来十分优惠的政策环境中成长起来的外商投资企业。在它们中间,也不乏在市场竞争中善于开拓、勇于发展的佼佼者。但是从总体上看,如前所述,中国企业素质仍然

是亟待提高的。

从经济技术的角度看,提高企业素质的关键又在于实现企业的规模经营和技术进步。在具有规模效益的产业中,扩大规模可以降低成本,减少不确定性的干扰,并更容易实现技术创新,从而成为提高企业竞争力的重要措施。在我国,企业的规模经营对于不同的企业有不同的含义。

第一,对于大型企业的规模经营,其目标是达到国际同行业技术经济规模,努力发展成为跨地区、跨行业、甚至跨国的大型企业集团。中国只有在各主要产业都培育一大批富有国际竞争力的大型企业集团,中国的产业素质才能够得到根本性的提高。如前所述,国有企业在国有及规模以上企业中占有相当大的份额,因此国有企业的改革与发展是中国大型企业集团发育发展的重要决定因素。随着国有企业的改革和走向市场,市场机制是否成熟,特别是证券市场和产权市场是否成熟,便成为企业间能否进行高效的、合乎市场经济规律的联合兼并、扩大规模发展的先决条件。可喜的是,我国近年来国企改革在加快步伐,并获得突破性进展。同时在深化金融体制改革、健全金融证券市场方面,也取得了很大的进步。

第二,是针对众多的中小型企业特别是乡镇企业而言的规模经营。这些中小型企业有许多是在卖方市场环境中成长起来的,规模一般都很小,有的甚至可以说是手工作坊,产品质量差,在激烈的市场竞争中,要扩大规模困难重重。问题的关键,是缺乏扩大规模的可行途径:自身积累很慢,投资能力低,因而提高产品质量的能力也低;由于资信不够好,获得银行的金融支持也比较困难;通过市场兼并又无市场依托,中国当前还缺乏企业产权交易市场;

同时,还由于产品质量不高,市场难以扩大,因受市场的制约而缺乏扩大规模的动力。中国的工业化面对数亿民众,他们的资本积累极为薄弱。近20年来一批勇于开拓的人通过多年努力开始拥有自己的产业,并且形成了中国民营经济的主要部分。中国未来的工业化道路还需要有更多的民营经济发展壮大。但是,在这些民营企业中,任何单一企业的积累和扩大规模的过程都是缓慢而艰难的。要扩大中小企业的经营规模,一条可供选择的出路是培育庞大的中小企业股权交易市场,在股权市场上实现企业资产的优化组合,为中小企业提供进入、退出的市场空间,也为中小企业兼并和扩大经营规模提供一个规范的操作场所。考虑到中国幅员辽阔、中小企业众多,中小企业股权交易市场可先从地方开始建立,省、市、县都可以有区域性的中小企业股权交易市场,主要为当地的企业服务,但完全是开放型的,地区之间的交易应被允许并受到鼓励。只有这样,才能够为我国的中小企业尽快实现适度规模经营提供可行的路径。

从技术进步的角度看,也有两个基本的路径,一是增加研发(R&D)投入,一是进行设备更新和技术改造。从总体上说,不断增加研发投入是市场经济条件下企业的必然选择。中国的企业研发投入少与市场不健全直接相关,增加研发投入是企业求生存图发展的自发行为,而且由于投入总规模有限,企业自身完全可以承受。另一方面,技术改造是我国大部分企业面对的共同课题。从表2.10中可以看出,我国大部分企业的技术设备落后,但是技术改造需要投入大量资金。如果过分依赖于贷款,银行难以提供。因此技术改造需要政府的支持与调节,而不能仅仅依靠市场完成。大企业如此,中小企业也是如此。中国需要建立规模庞大的技术改造基金,用于支持企业对技术改造的广泛需求。只有这样,才能改变"不技改等死、技改找死"的状况,为企业广泛实现技术进步提供基本条件。

2. 加快技术装备产业的发展,为中国企业进行技术改造提供物质基础

加速中国企业技术进步的另一个难点在于,中国的机器设备制造业比较落后,导致中国企业在设备更新过程中,所需较好的设备大量依赖进口,大幅度增加了企业设备更新改造的成本,加大了技术进步的难度。

中国长期以来产业结构调整的重点主要是产业大类,如三大产业之间、轻重工业之间、重工业内部基础产业与加工工业之间等比例关系,对加工工业内部的结构研究较少。而对于进入工业化中期阶段的国家而言,加工工业的内部结构十分重要。

加工工业内部结构可以分为中间品的生产和消费品的生产。中间品的生产产业主要为各行业提供机器设备和原材料;消费品的生产产业,其产品直接进入最终消费领域。

中国的工业规模不断扩大,但是各种机器设备生产的份额却在下降。1993—1998年,我国普通机械和专用设备制造业的增加值占工业增加值的比重由8.28%下降到6.17%,只相当于发达国家的一半左右(1995年美国为11%,日本为12.8%,德国为13.8%[1])。这种情况,导致中国工业中的各种机器、机械器具等机

---

① 国家统计局国际统计信息中心:《国际统计年鉴1999》,中国统计出版社1999年版。

电设备产品的国内市场占有率不断下降。据统计,我国企业生产该类产品的在国内市场上的占有率由 1992 年的 73.2% 下降到 1995 年的 61.2%[①],中国工业化过程中所需的机电设备越来越依赖于进口,特别是较先进的机器设备普遍依赖进口。

虽然我国近年来机电产品的出口额也在不断扩大,比重也不断提高,但是相对而言,我国出口的机电产品大多为较低技术层次、低附加值的,而进口的机器设备则多属于技术先进、附加值高的产品,我国机电类产品的出口价格远远低于进口价格。1995 年,主要机器产品出口价格与进口价格之比为:金属切削机床:0.12;钻床:0.01;内燃发动机:0.05;金属磨光精加工机床:0.01。[②]

先进的机器设备普遍依赖进口的直接结果是:第一,提高了中国企业技术改造(当然也包括投资)的成本。第二,大量的企业由于缺乏外汇和资金不得不放弃技术改造,或者更新为技术不太先进的设备,其结果都会阻碍中国企业的技术进步。第三,机器设备产业是一个庞大的深加工工业,关联效应大,机器设备产业的发展能够带动一系列相关产业的发展。由于我国机器设备产业的弱质而无法充分发挥这种带动效应,从而制约着产业发展空间的拓展。

因此,在下一个时期,为了加速中国的工业化进程,并且普遍降低企业技术进步成本,必须大规模地发展各种机器设备制造业。为此,需要政府制定相应的产业政策,实行适度倾斜。

---

①　金碚:《中国工业国际竞争力》,经济管理出版社 1997 年版,第 153 页。
②　同上,第 166、167 页。

（二）建立工业化与城市化的互动机制,促进 21 世纪城市化进程

工业化与城市化的良性互动机制,是以促进工业化进程、提高工业化质量为前提的。如果 21 世纪初提高中国工业化质量的上述两个核心问题得到解决,那么中国的重工业化过程将会加速,城市化将会得到强有力的经济支持。这时,如果适当加速城市建设,解决城市化过程中的制度障碍,那么城市化过程又会反过来为工业化提供良好的外部环境,从而形成工业化与城市化的良性循环。

1．不断提高工业化质量,形成城市化的雄厚物质基础

如前所述,中国城市化滞后的经济原因,是由于工业化弱质所引起的重工业化受阻。而工业化的微观主体企业弱质又是中国工业化弱质的关键。在未来的工业化过程中,如果能够如上所述解决企业普遍弱质的问题,那么就能够通过如下途径促进城市化进程。

第一,乡村小企业普遍实现适度规模经营,必然产生集聚的内在要求,从而促进城市化进程。我们总听到抱怨乡村小企业布局分散,限制了城市化进程。之所以如此,是因为企业规模太小,质量不高,对外部基础设施要求很少,不需要城镇提供的集聚效应。相反,如果进入城镇发展,还会由于租赁土地、购建房屋而增加投资、提高成本,这是小企业难以承担的。只有使小企业达到适度规模经营,才有改善投资环境的需求,也才能具备更大的投资能力,

并通过规模经营取得更多的效益。因此,乡村小企业的适度规模经营是解决城市化滞后于工业化的必由之路。

第二,城市大中型企业通过技术进步和规模经营,大幅度提高市场竞争力,产品在国内外的市场占有率提高,制造业的绝对规模扩大,吸纳劳动力增加,促进城市化进程。

第三,企业素质普遍提高,它们的进一步发展对交通、电信、金融、广告、信息咨询等一系列生产服务业的需求迅速增加,拉动生产性第三产业的发展,增加第三产业就业,促进工业化进程。

第四,企业的高效率运转,劳动者收入普遍提高,消费品市场不断扩张,进一步促进制造业本身的发展。同时,对生活服务需求迅速扩大,拉动城市和小城镇生活性服务业的迅速发展,增加城市和小城镇第三产业吸纳劳动力的能力,从而促进城市化进程。

第五,生产性和生活性服务业扩张所吸纳的大量第三产业就业人员,自身也形成庞大的对消费品和服务的市场需求,这样既形成推动工业化的重要动力,又拉动了第三产业的发展,从而反过来又促进城市化进程。

因此,企业素质的提高可以通过市场扩张拉动制造业的增长,形成庞大的第三产业市场,增加非农产业就业,从而为城市化提供物质基础和人口基础。因此,在中国当前的工业化过程中,只有以提高企业素质为起点和核心(而不是直接从第三产业入手),方能达到提高城市化水平的彼岸。因为如果没有企业素质的提高,也就不能有制造业规模的扩张和质量的提高,第三产业发展就无所依托,城市化也就成为空中楼阁。

2. 加速城市化和城市现代化进程,为工业化和工业现代化创造外部条件

工业化是城市化的经济基础,城市化则是工业化特别是工业现代化必须具备的前提条件。近几年来,中国城市化讨论的热点之一就是通过加速城市化进程来扩张市场,从而拉动经济增长。尽管呼声很高,政府对于企业和乡村人口进入城镇的政策也比以往任何时候都宽松,但是这一轮自上而下的城市化进程显然比 80 年代甚至 90 年代初都显得缓慢,根本的原因在于城市化缺乏工业化的内在推力。但是,一旦随着市场经济体制的建立,中国工业化进程将不仅追求量的扩张,更重要的是追求质的提高,在这样的条件下,工业化过程客观上就存在着集聚的强烈要求,并且对所在城市的现代化进程有着很大的依赖性。因此,适应工业化进程,加速城市化进程,为工业化及工业现代化创造良好的外部环境,是建立工业化与城市化互动机制的重要内容。

(1)加速城市化进程,促进市场扩张,拉动工业化。适应工业化水平的提高,加速城市化进程,促进企业和人口的集聚,能在如下方面形成新的市场张力,从而进一步拉动工业化进程。

第一,企业和人口的集聚,形成对第三产业发展的规模化需求。当这种需求量达到和超过第三产业发展的门槛要求时,就成为第三产业发展的拉力,带动第三产业的迅速发展。

第二,从事非农产业的人口随着企业的集聚而集聚在城镇。在中国当前的经济技术条件下,非农产业的效率高于农业,因而城镇居民收入要远高于农村居民收入。[①] 这就意味着从事非农产业

[①]　根据国家统计局《1999 年国民经济和社会发展统计公报》公布,1999 年我国城镇居民人均可支配收入 5854 元,农村居民人均纯收入 2210 元,前者比后者多 1.65 倍。参见 2000 年 2 月 29 日《人民日报》。

的人口集聚在城镇,城市化进程能够扩张工业品市场,从而成为拉动工业化的重要力量。但从长远来看,城市化对工业化的拉动有一定的局限性,它的作用前提是不同产业间生产效率的差异,一旦随着工业化水平的提高及农业现代化进程的加速,农业和非农产业生产效率趋同,城乡居民收入差距小到可以被人们忽略的程度,城市化水平提高对工业品市场需求的拉动作用也就逐渐减弱。中国距离这样的发展程度还相当遥远,因此促进企业和人口集中仍然是拉动工业化的重要力量。

第三,完善城市耐用消费品使用条件,是城市化拉动工业化的另一个重要路径。消费品包括生活必需品和非必需品。生活必需品用于满足人们基本生活的需要,其市场与人口数量密切相关。而非必需品则是当基本生活需要得到满足后为了进一步提高生活质量而消费的产品,诸如各种家电、文化用品、汽车、旅游用品等等。一般而言,当一个国家或地区的恩格尔系数下降到 0.5 以下,大部分民众生活实现由温饱向小康的过渡时,非生活必需品的市场会迅速扩张。与生活必需品不同,非生活必需品的消费有赖于外部环境:洗衣机的使用依赖于良好的供排水系统、各种家电的使用都依赖于稳定而大容量的供电系统,汽车的使用依赖于道路系统,等等。1998 年中国城镇居民的恩格尔系数为 0.525,已逐步进入非生活必需品的迅速扩张阶段,不断完善各项城市基础设施,为非生活必需品提供良好的使用条件,是扩张非生活必需品市场的重要条件。对于已有的大中城市而言,主要是电网、交通通讯网质量的提高。比如,在一些城市特别是老生活区,电压负荷低,以致无法使用空调,因此需要提高电压负荷能力。对于新建的城镇或新开发的城区,需要用新的生活消费标准去装备城市,提高基础设施建设的技术起点。只有这样,才能随着城市化水平的不断提高,形成对工业非生活必需品的有效市场需求。非生活必需品是重工业化的重要产业,它的发展是进入工业化中期的国家加速促进工业化进程的重要条件。

(2)加速城市基础设施的现代化,为工业现代化提供良好的外部环境。前文言及,城市基础设施现代化是城镇居民提高生活质量,并进一步扩张非生活必需品消费的重要条件。另一方面,城市基础设施现代化也是工业现代化的前提条件。

从工业现代化所需外部环境支持的角度看,城市基础设施建设内容更为广泛,它包括经济基础设施和社会基础设施,具体而言可分为如下五大部分:交通基础设施(如铁路、公路、水道、管道、航空系统)、公用事业设施(如供排水、供电、管道煤气、绿化、环境保护等)、文化教育及科学研究系统(如基础教育、专业教育、基础研究、应用研究、技术开发及推广等)、信息产业基础设施(如电讯、咨询、广告等)以及市场体系(如人才和劳动力市场、金融市场、资本市场、房地产市场、技术市场等)。如果说交通基础设施和公用事业设施现代化是传统工业化条件下产业现代化赖以生存的基础,那么文教科研系统、信息产业基础设施以及市场体系的建立与完善,则是知识经济条件下产业现代化所必需的条件。中国当前在世界进入知识经济的时代背景下为推进工业化而努力,要在中国建立与国际大型企业集团相抗争的企业,就必须为之创造相应的外部环境。而这一外部环境包括两个方面,一方面是构建与国际接轨的市场机制和游戏规则,另一方面则是建设现代化的基础设施(包括联通城市之间和城乡之间的区域性基础设施)。从城市化和城市建设的角度来说,则侧重于后者。

与其它产业相比,大部分基础设施具有投资规模大、回收期长、效益低的特点。根据中国的国情,在未来一段时间内,在大部分城市基础设施领域,政府直接或间接地进行调控并给予资金支持起着重要的作用。投资于基础设施正是市场经济条件下政府的重要职能。

从基础设施的产业属性看,大部分属于第三产业,一部分属于第二产业。因此,基础设施现代化的过程也是产业现代化的过程,也即广义的工业现代化的过程。从这里可以看出,城市现代化和工业现代化是一个问题的两个方面,它们殊途同归,互相依托,是现代经济发展的统一体。也只有这样,工业化和城市化才能够真正形成良性的互动机制。

第三章 制度支持系统：
构筑城市化的体制框架

一个国家的城市化进程，在根本上受到两个因素的制约，即工业化和制度。如果说工业化是通过非农产业就业人口的集聚而促进城市化的话，那么制度则是通过对各种经济社会运行规则的制定和执行来影响城市化的。工业化对城市化的影响具有一定的张力和韧性，而制度对城市化的影响则具有刚性。一个国家的制度一经形成，该制度对社会经济生活的影响（正面的或负面的）都是强制的和持久的；如果一个国家正处于制度的变革之中，那么制度变革本身就会作为一种最为重要和最为强烈的要素，影响着社会经济的发展。近20年来，中国正在经历着一场重大的制度变革，对中国经济社会的影响巨大而深刻，也构成影响城市化最主要的因素。特别重要的是，当前这场历史性变革仍然在进行之中，一系列新的具体制度有待于建立和完善，许多旧的制度安排也需要进一步摈弃和淘汰。研究和探寻在这一历史巨变中有关城市化的制度障碍，构建新制度的内容及路径，是一个十分重要的课题。

一、制度安排与城市化的理论模型

城市化与工业化、制度之间的关系如同这样的比喻：如果说制度是江河之床，工业化如奔腾不息的河水，那么城市化则如水上之舟。工业化的洪流依托制度这一河床将城市化之舟送达彼岸。这里,河床的作用是基础性的,河床的宽窄曲直,通过河水影响着行船的速度和自由度;河床上礁石险滩的多寡则直接决定着船只运行的安全性和可通达性。如果河床本身就曲折狭窄,且多险滩礁石,那么行船必多险情,难以抵达彼岸。另一方面,河水是必要的,当河床宽广,且无险滩和明暗礁时,河水的多寡就是影响行船的主要因素。一条宽广平直却干涸的河床是不可能行船的,少量的水只能载小小的船。河床规定着河水及行船的方向,河床与河水共同规定着船只的规模和速度。当然还有船的质量和舵手的水平问题,也即城市化的质量和城市管理问题,这里忽略不论。

制度对城市化的影响包括两个方面,一是直接对城市化的作用和影响,二是通过对工业化的作用而间接地对城市化发生作用和影响。

(一)直接作用于城市化的具体制度

城市化是企业与人口在空间上集聚的过程。因此,一切涉及经济要素和人口流动与集聚的制度安排都影响着城市化进程。从大的制度类型看,市场经济体制较之计划经济体制更有利于城市化进程。因为在市场经济体制下,市场根据自然准则和经济规律配置生产要素,各种经济要素和人口通过比较利益的选择无障碍地在空间上自由流动和聚散,进行有效组合,促进着经济的规模化和高级化,也促进着城市化。因此,实现有利于城市化的制度安排,实际上就是要建立一个有效的市场机制,也就是要促使中国尽快地实现由计划经济体制向市场经济体制的转变。

但是,市场机制是一个总的制度安排,而总体制度作用于城市化是通过许多不同的具体制度来实现的。在中国的体制转轨时期,各种制度转变的轨迹和进程千差万别。因此,需要深入而具体地研究不同的具体制度对城市化的作用范围和作用特点。从中国当前的制度特征看,直接影响城市化的制度安排包括:

第一,户籍制度。户籍制度是中国特有的制度安排,它是一种按居住地进行户口登记和管理的一套系统,居民在户口登记的居住地可以享受相对低廉的社会服务(比如就学)和一些特殊待遇(比如就业),在非户口登记居住地则无权享受这些待遇。而户口的异地迁移又要付出较大的成本,在许多情况下甚至是不可能的。因此户籍管理制度是一种限制人口流动的制度,从总体上看不利于城市化进程。

第二,就业制度。就业制度是指企业吸纳劳动力就业的有关制度安排。如果就业活动主要接受市场调节,那么劳动者和企业双方可以根据比较利益原则在充分发育的劳动力市场上达成协议。如果这一过程受阻,企业在接受劳动力就业时必须考虑效率之外的制度安排(比如户口问题等),劳动力寻找就业也受到一系列的制度限制,那么这样的制度就不利于劳动力流动,不利于城市化进程。

第三,土地制度。土地作为一种特殊的生产要素,虽然其自身不能在地区间流动,但是其使用权(中国的土地归国家或集体所有,所有权是不能随意变更的)的可流动性对依附于土地之上的生产要素的流动具有重要的影响。城市中土地使用权的转让可以使在土地上建设的相关固定资产进入资本市场,促进资本的有效利用;农村土地使用权的流动则可以使得农民通过土地使用权的转让摆脱对土地的依附关系,进入城市成为真正的市民,从而促进城市化进程。

第四,社会保障制度。社会保障制度是政府或社会为居民提供基本生活保障的制度,如果全社会的所有成员在任何地区都能无差别地享受到政府或社会的基本生活保障,那么这就是一种健全的社会保障制度,有利于促进人口流动。相反,如果政府和社会是为部分人(比如城镇居民)提供保障,那么不受保障的另一部分人流动(比如城乡流动)就有障碍;或者人们的基本社会保障依赖于所在的企业和单位,那么就不利于劳动力在企事业单位之间的流动,更不利于地区之间的流动,不利于城市化进程。

第五,行政管理制度。行政管理制度是指一个国家或地区对各级政府官员政绩的考核制度以及政府的管理权限和管理方式。前者决定着政府行为的宗旨和行为准则,后者决定着政府控制生产要素的多寡及控制方式。如果政府政绩的考核注重社会绩效,而非某个经济指标,政府控制的主要是社会资源(政策、财政性资金等)而非具体的企业,那么政府就会利用手中的社会资源去促进社会的全面进步和发展,而不是利用手中控制的企业去追求单个经济指标的增长;就会力求去建立一个开放进步的社会,而不是筑起行政壁垒去限制生产要素的流动。当前中国各地区之间(各省之间、各市县之间甚至各乡镇之间)存在严重的行政分割、低水平的重复建设以及企业与人口的集聚十分困难,在很大程度上都可以归因于中国的封闭性行政管理体制。

第六,城镇建设的投融资体制。传统的计划经济条件下城镇建设主要是依靠财政性拨款,投资渠道的单一性严重限制了城镇建设的进程。市场经济条件下城镇建设的投融资是多渠道进行的,包括财政性资金、银行信贷资金、企业资本和私人资本、国外资本等等,各种资本的不同运作特点可以使它们在不同的城镇建设领域发挥着作用。当前,中国正处于体制转轨时期,城镇建设的投融资渠道日趋多元化,有利于中国城市化的迅速发展。但是另一方面,投融资渠道日趋多元化也为建设管理提出了新的课题,即如何管理城市的建设项目,提高建设质量。因此,拓宽城镇建设的投融资渠道,加强建设项目的法制化管理,是中国城市化进程中需要建立和完善的新的制度。

第七,市镇设置的有关法律制度。市镇设置标准直接决定了在其它因素不变的条件下城市化水平的高低以及城镇建设的质量。如果城镇设置标准过低,容易造成城镇过于分散以及降低城镇质量(比如2000人的建制镇与大村庄并无太大差别,而缺乏真正的城镇内涵);如果设置标准太高,那么又加大了城市化的难度,并且使很多村发展为镇、镇发展为市的目标十分遥远,很多经济达到较大规模的镇由于缺乏市的建制而难以建设相应的基础设施,限制了城市化进程以及城市发展质量的提高。中国当前设市标准过高,设镇标准则过低,都从不同方面不利于推进城市化进程。

(二) 通过工业化作用于城市化的具体制度

从理论上看,工业化是城市化的经济基础,一切作用于工业化的具体制度都会通过工业化而间接地作用于城市化。这些具体制度主要包括:

第一,民间资本积累与投资的激励机制。市场经济条件下,民间资本是工业化资本的重要来源,民间资本活跃高效地运作是工业化顺利推进的重要条件。在一个国家,如果在民间形成崇尚积累而非追求过度消费(除了生活必需品消费和必要的奢侈性消费以外)的风气,并且疏通各种可选择的投资渠道,那么无疑会加速民间资本的积累与投资。

第二,企业制度。只有形成富有效率的企业制度,才有可能培育出富有市场竞争力的企业。当前,中国亟待解决的问题是推进国有企业改革,只有在数以十万计的国有企业完成向现代企业制度的转换,建设成为真正的市场竞争主体,中国的市场机制才有可能得到确立,才能够为其它所有制企业的公平竞争创造外部条件。另一方面,中国的乡镇企业、私人企业的企业制度也有待于进一步完善。

第三,投融资体制。良好的投融资体制可以提高资本的利用效率,为企业投资提供良好的外部环境。当前中国的金融市场体系还不成熟,企业融资以间接融资为主,直接融资比例低,而以银行为主要中介的间接融资又受到银行改革进程的限制,致使企业的投融资渠道不畅,特别是民营中小企业几乎不可能参与直接融资,从银行贷款又受到各种歧视性待遇。加快金融体制改革,拓宽企业的融资渠道,是中国未来时期工业化发展的重要条件。

第四,财税制度。财税制度是一个国家工业化和城市化的重要客观环境。当前,中国企业的税费负担重,特别是名目繁多且不规范的收费大大增加了企业的成本,因此需要加快始于1998年的"费改税"的步伐,切实优化企业的运行环境。另一方面,需要加快建立规范的财政转移支付制度,为各地方政府提供相对公平的财政能力,从而提供相对均衡的公共服务,使各地区企业都能享受到相对良好的投资环境。这一点对于中西部地区提高社会发展水平、优化投资环境具有重要的意义。

根据上述分析,我们可以根据影响城市化的主要具体制度及它们之间的相互关系,勾画出体制与城市化关系的理论模型(图3.1)。

在本章的论述中,限于篇幅,主要研究直接作用于城市化的具体制度安排,梳理出这些制度的变迁过程及对城市化的正面作用和负面影响,提出每一项具体制度的创新对策,构筑符合市场经济体制基本要求的、有利于城市化的制度框架。

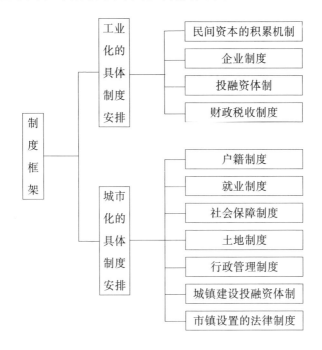

图 3.1 影响城市化的制度框架

二、传统体制下的制度安排与城市化

影响中国传统体制下城市化的关键因素有两个:一是重工业

化战略的选择与实施,二是高度集中的计划经济体制。而高度集中的计划经济体制又是服务于重工业化战略的,是为了实现重工业化战略而进行的特殊制度安排。高度集中的计划经济体制是传统体制下所有具体制度安排的基础框架和基本准则,影响城市化的各种具体制度也都是以此为基础衍生出来的。可以认为,传统体制下城市化的制度安排是由工业化的制度安排所决定的。

我们从以下几个方面考虑传统体制下各种主要制度安排及其对城市化的影响。

(一) 计划经济体制把城市化限制在非常狭窄的 渠道之中

纵观发达国家的工业化进程,无一不是广大民众追求新生事物、追求财富积累、追求个人价值实现的过程。广大国民对工业化的无限热情是国民经济发展的根本动力。欧洲学者布卢姆在考察美国 19 世纪初工业革命时写到:"在这儿,一切新事物很快被引进,对旧方式无所留恋;美国人一听到发明这个词儿,马上就竖起他的耳朵。"[①] 1888 年,恩格斯在题为《美国旅行印象》的一文中,对美国的创新精神作了生动的描述和深刻的分析:"美国是一个新世界,新不仅是就发现它的时间而言,而且是就它的一切制度而言;这个新世界由于藐视一切继承的和传统的东西而远远超过了我们这些旧式的、沉睡的欧洲人;这个新世界是由现代的人们根据现代的、实际的、合理的原则在处女地上重新建立起来的。美国人也总是竭力使我们相信这种看法。他们瞧不起我们,认为我们是

---

① 李庆余等:《美国现代化道路》,人民出版社 1994 年版,第 28 页。

迟疑的、带有各种陈腐偏见的、害怕一切新事物的不切实际的人；而他们这个前进最快的民族(the most go ahead nation)，对于每一个新的改进方案，会纯粹从它的实际利益出发马上进行试验，这个方案一旦被认为是好的，差不多第二天就会立即付诸实行。在美国，一切都应该是新的，一切都应该是合理的，一切都应该是实际的，因此，一切都跟我们不同。"[①]

　　但是，在中国传统体制下，高度集中的计划经济体制决定了中央政府垄断了国家资源配置的所有权力和机会，全部国民都只能在国家的安排下参与相应的经济活动，没有任何寻求新的发展空间的权利和机会。同时，由于国家的经济资源主要被用于发展重工业，因此，勤劳的国民即使非常努力地劳动，所能够得到的报酬也是非常低的，甚至仅仅能够维持自身的简单再生产。这样，高度集中的计划经济体制剥夺了广大人民积累财富的权力，决定了城市化之舟只能在狭窄的航道中艰难地航行，即便是幸运地被安排乘上城市化之舟的城镇居民们，也由于缺乏激励而失去持久的热情，进而从根本上决定了工业化和城市化的低效率。

（二）城镇基础设施严重滞后，城镇的人口承载　能力低下

　　城镇是城市化的载体，城镇建设是企业和人口在城镇得以生存发展的基础条件。在传统体制下，城镇建设与所有的非重工业经济领域一样，被认为是不重要的领域；在非常少量的城镇基础设施及住宅建设投资中，又本着"先生产、后生活"的原则，致使城镇

---

① 《马克思恩格斯全集》第21卷，人民出版社1965年版，第534页。

生活设施十分短缺,城镇居民的生活条件差,生活质量低。

"一五"时期,比较重视城镇建设,围绕着重点工业项目和重点工业城市为中心进行了较大规模的城市建设,新建了包头(新区)、富拉尔基、珠洲等 6 个城市,大规模扩建了北京、上海等 20 个城市,还有 74 个城市得到了一般性的扩建。但是由于在建设中有一些地方过分追求漂亮的装饰,提高了建筑造价,于是 1955 年下半年,中共中央、国务院发出了关于城市建设要厉行节约的指示,[①]主要措施是将城市建设中大部分三、四层住宅降为一层,将部分干道缩窄宽度,降低市政设施标准。城市住宅的平均造价由 1953 年的 93.4 元/m²,降至 1957 年的 65 元/m²。[②] "大跃进"时期,建工部[③] 提出"用城市建设的大跃进来适应工业建设的大跃进",城市规模大幅度扩张,在城市的各个角落都建起了小高炉,居住区内到处都是街道工厂。[④] 工业建筑大量挤占住宅和商业用房,"骨头"与"肉"的关系严重失调,城市建设投资占全国基建总投资的比重,由 1952 年的 3.76% 下降到 1958 年的 2.1%,1961 年进一步下降到 0.7%,城市环境开始恶化。三年调整时期,在全国范围内压缩城市人口,调整市镇建制,城市个数由 208 个减少到 169 个,城镇人口由 1960 年的 13073 万人减少到 1963 年的 11646 万人。同时开

---

① 1955 年 7 月中共中央发出《关于厉行节约的决定》,国务院发出《关于一九五五年下半年在基本建设中如何贯彻节约方针的指示》。转引自《当代中国的城市建设》,中国社会科学出版社 1990 年版,第 67、68 页。

② 转引自《当代中国》丛书编辑部:《当代中国的城市建设》,中国社会科学出版社 1990 年版,第 69—70 页。

③ 1958 年 5 月,城市建设部被撤销,城市规划和城市建设工作划归建筑工程部领导。

④ 同②,第 71—79 页。

始设立城市维护资金,城市建设投资占同期全国基建投资的比重提高到 2.9%。但是,好景不长,很快开始了"文化大革命",在极"左"思想的影响下,开始形成一系列错误的城市建设指导思想,"建设不集中的城市",在市区穿插农田和种植农作物,民用住房和厂房建筑都要搞"干打垒",每平方米造价仅 40 元;陕西省 1967—1969 年不给城市建设分配任何投资,以便降低城市建设标准,从而消灭城乡差别,实现"工农结合"和"城乡结合"。① 在"三线"建设中,进一步提出不仅不建城市,而且新企业的建设也要消除工厂特征,车间要"像在飞机上撒黄豆那样分散"。② 在这样的思想指导下,1966—1970 年全国城市建设占基本建设总投资的比重,由调整时期的 2.9% 下降到 1.8%,③ 城市建设极其困难,造成城市住宅紧张,公用设施严重不足,城市布局混乱,环境污染十分严重。④ 而且城市越大,问题越突出,这就是所谓至今为止仍然受到许多人责难的"大城市病",其后遗症影响至今。我国的城市发展方针长期以来一直是"严格控制大城市",或者"严格控制大城市规模",都是与此密切相关的。我们从历史的剖析中已经可以清楚地看到,

① 《当代中国》丛书编辑部:《当代中国的城市建设》,中国社会科学出版社 1990 年版,第 87—95 页。

② 同前引①。

③ 同前引①。

④ 20 世纪 70 年代初,据全国 190 个城市统计,平均每人居住面积仅 3.6m²,比建国初期的 4.5m² 还减少 20%,全国城市缺房户占城市居民户数的 17%。北方许多城市严重缺水,北京、天津等 13 个城市缺水量相当于供水量的 30%;青岛市工厂由于缺水每周只能开三四天,被称为"开三停四"。市民生活用水每人每天控制在 15 升以内,城市的生活污水和工业污水 98% 不经处理直接排入江河湖泊。全国城市平均每人道路面积 2.8m²,哈尔滨市冬季重点公共汽车线路排队者达 500—600 人,等车时间长达 1—2 个小时。1976 年,全国城市绿化覆盖率平均不足 10%。资料来源同前引①,第 101－103 页。

所谓"大城市病"完全是在城市发展中忽略城市建设而人为导致的,如果处理恰当,是可以避免的。

（三）以重工业为核心的投资体制,决定了一系列不利于城市化的相关制度安排

在第二章关于传统体制下工业化道路的选择及其实现的论述中,已经从逻辑上考察了重工业超前发展战略的实现条件是一系列扭曲的制度规定,这些制度安排的总和构成了在客观上不利于城市化的制度框架。该框架可以从图 3.2 中反映出来。

从传统体制下城市化的制度框架中可以看出,新中国成立后的近 30 年走了一条封闭型的城市化道路:第一,重工业超前发展决定了排斥、限制轻工业和第三产业的发展,决定了中国传统工业化过程中非农产业吸纳劳动力的能力低下。第二,为了增加对重工业的投入,尽可能降低城市建设投资,把城镇建设标准降到最低限度。同时,还通过提高设市、镇建制的标准,减少市、镇个数,从而达到减少城镇建设投资的目的。1955 年 6 月,国务院根据当时国民经济发展的需要,制定了市、镇设置的标准[1]:规定省级政府领导的行政单位,集聚人口在 10 万人以上,或者 10 万人以下的重要工业基地可以设市;县级政府领导的行政单位,集聚人口在 2000 人以上可以设置镇的建制。为了减少城镇人口,1962 年 12 月中共中央、国务院联合发布了《关于调整市镇建制、缩小城市郊区的指示》,提高了市镇设置的标准,[2] 撤销了大部分 10 万人以

---

[1] 《当代中国》丛书编辑部:《当代中国的城市建设》,中国社会科学出版社 1990 年版,第 101 – 103 页。

[2] 同前引[1],第 83—84 页。

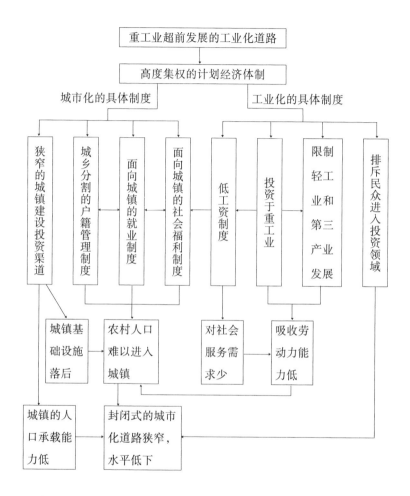

图 3.2　服从于重工业超前发展的不利于城市化的体制框架
（一条封闭式的城市化道路）

下的市和大批不符合条件的镇。通过市镇设置的调整,中国的城市由 1961 年的 208 个减少到 1964 年的 169 个,建制镇更是由 5404个下降到 3148 个,城市化水平由 1960 年的 19.75% 下降到 1963 年的 16.84%。第三,由于实施重工业化战略需要劳动力少,不能满

足乡村人口进入城镇的需求,因此建立了相应的封闭型户籍管理
制度、城镇就业制度及社会福利制度,限制乡村人口进入城镇。工
业化过程对劳动力的需求基本依赖于城镇人口及其增长来解决,
这就是没有广大农村居民参加的、封闭型的城市化道路。更有甚
者,重工业狭窄的就业渠道连城镇人口自身的就业也不能完全解
决,于是就设置了一条城镇青年"上山下乡"的反城市化的经济发
展道路,把城市化始终控制在 17%左右的低水平上。

城市化的活力来源于运动,来源于庞大规模的农村居民对城
市生活的向往,来源于大量产业活动向城市的集聚。而高度集
中的计划经济体制垄断了几乎所有生产要素的流动渠道,并将其
控制在最小的范围之内,凝固和封闭几乎使传统的中国城市化窒
息。

三、新工业化时期的制度创新
及其对城市化的影响

如果说传统体制下中国低水平的城市化主要受控于中央政府
"自上而下"的制度安排,那么,改革开放以后城市化迅速推进的主
要动力则来自于地方经济发展的强烈需求以及农民对城市生活渴
望已久的内在冲动,是一种"自下而上"的城市化模式。改革开放
以后,经济发展和人口流动逐渐冲破了传统体制对生产要素流动
的束缚。适应市场配置资源的需要,中央政府及时调整一系列的
制度规定,为经济发展和要素流动提供了日益宽松的制度环境。
正是一系列需求拉动型的制度创新,及时为城市化提供了必要的
制度条件,从而实现新工业化时期工业化与城市化的初步结合。

另一方面,城市化也呈现出以小规模、分散型为特征的演变轨迹,导致了新工业化时期中国城市化的新问题。

下面我们将梳理出新工业化时期各项具体制度的创新轨迹及其对城市化的影响。

（一）就业制度改革与创新的轨迹

在传统体制下,实行的是城乡分割的就业制度,在城镇通过"统配"制实行"劳者有其岗";而乡村劳动力不属于统配范围,无机会进入城镇就业,则通过人民公社制度,对农村劳动力实行属地管理,实行"自然就业"政策,不断增加的农村劳动力都只能就地依附于有限的土地上谋求生存和发展。随着乡村人口的增加,农村生产效率低下和劳动力富余问题日益突出,成为中国改革的突破口。家庭联产承包责任制是中国制度改革的先声。这一新的制度安排大大调动了农民的生产积极性,使农业生产率大幅度提高。1978年到1984年,中国第一产业实现增加值增长了52.6%,粮食实现历史上从未有过的大丰收。随着农产品剩余的增加,中央政府及时进行了农副产品购销体制的改革,农民可以逐步将剩余的农副产品在集贸市场上出售。与此相适应,农民的从业范围也开始突破了狭隘的传统农业,同时从事个体工商业,并将不断增加的收入转向对工业品的购买,拉开了改革开放以后市场需求拉动经济增长和城市化的序幕。

到城镇从事个体工商业,意味着农民在事实上已经突破了传统的城乡就业壁垒,但是制度障碍仍然存在。1984年10月国务院发出《关于农民进入集镇落户问题的通知》,要求各级人民政府应积极支持有经济能力和有技术专长的农民进入集镇经营工商业,并准许符合有关规定的农民在小集镇落户。[①] 这是一个历史性的转折,它意味着开始从制度上打破城乡就业壁垒,形成有利于城乡融通的新的就业制度安排。1984 年是我国改革开放后非农化和城市化进程最快的一年,乡镇企业和个体工商业迅速兴起和发展,有力地促进了城镇的发展。乡镇企业个数由 1983 年的 135 万个猛增到 1984 年的 606 万个,同期乡镇企业就业人数增长 1974 万,城镇人口增长率达 7.8%。这一年乡村人口出现负增长(参见附表 1.1),中国初步形成了工业化与城市化相结合的态势。

　　但是,中国的渐进式改革模式决定了就业制度改革也不可能一步到位,劳动力市场并没有全面建立。政府和相当一部分学者担心过多的农民进入城市会导致"城市病",因此在政策上只是鼓励农民就近在小城镇就业和定居,大中城市的门槛依然高筑。于是,形成了中国特有的"离土不离乡、进厂不进城"的乡村工业化和城市化模式。乡镇企业是中国改革开放以后吸收非农产业就业的主要场所,1980—1995 年提供新增非农产业就业岗位约 1 亿个。但是由于大部分农民兴办的乡镇企业和多种形式的民营企业主要设在乡镇和村(而非建制镇或小城市),于是决定了中国的这种工业化与城市化的结合带有很大的局限性,或者说乡村的工业化与城市化在一定程度上是相分离的,走了一条弱城市化扩张的工业化道路。

　　另一方面,城市中部分行业的就业也开始向农民开放。1981年 10 月,中共中央、国务院在《关于广开门路,搞活经济,解决城镇

---

　　① 《国务院关于农民进入集镇落户问题的通知》,载于北京大学法制信息中心:《中国法律法规大全》(CD‑ROM),北京大学出版社 1998 年版。

就业问题的若干决定》中要求发展城镇劳动者个体经济,并指出:
"个体劳动者是我国社会主义劳动者,他们的劳动,同国营、集体企
业职工一样,都是建设社会主义所必需的,都是光荣的。对于他们
的社会和政治地位,应与国营、集体企业职工一视同仁。"[1] 这在
制度上对城镇个体劳动者予以承认。1984 年 10 月,劳动人事部、
城乡建设环境保护部颁发《国营建筑企业招用农民合同制工人和
使用农村建筑队暂行办法》,提出国营建筑企业可以招用农民合同
制工人,开始突破国营企业只面向城镇招工的壁垒。同年 12 月,
国务院批复劳动人事部制定的《交通、铁路部门装卸搬运作业实行
农民轮换工制度和使用承包工试行办法》中规定,交通铁路系统可
以使用农民工,但是从事搬运业务的农民身份不变,户口粮油关系
不转,到期进行轮换,期满返回农村。[2] 这些规定事实上成为后来
城镇企业使用农民工普遍遵循的基本模式。此后,各地的许多其
它产业也将一些临时性、季节性使用的劳动力从农民中招录。这
样,80 年代下半期,随着城市体制改革的深入,大批农民进入城市
从事非农产业,形成了所谓"8000 万劳动大军"。1994 年 7 月,国
家颁布了《中华人民共和国劳动法》。该法第三条规定:"劳动者享
有平等就业和选择职业的权利、取得劳动报酬的权利、休息休假的
权利"。[3] 这是一个重大的制度创新与突破,以法律的形式赋予农

---

① 《中共中央、国务院关于广开门路,搞活经济,解决城镇就业问题的若干决定》,
载于中共中央文献研究室:《三中全会以来重要文献选编》(下),人民出版社 1982 年版,
第 986—987 页。

② 马德普:《变革中的中国公共政策》(上),中国经济出版社 1998 年版,第 299—
304 页。

③ 《中华人民共和国劳动法》,载于中共中央文献研究室:《十四大以来重要文献
选编》(上),人民出版社 1996 年版,第 889 页。

民与城镇居民一样具有平等就业的权利。

　　但是在事实上,由于农村劳动力素质的限制,以及乡土观念浓厚、信息不畅、对城市生活陌生甚至惧怕等原因,农民实际上并不具有自由择业的竞争力,城市事实上是排斥农民工的,把农民限制在"苦、脏、险"的行业上,其它产业即便农民有竞争力也不易进入,有的城市政府甚至明文规定限制农民进入某些产业,对农民工筑起产业壁垒。比如北京市劳动和社会保障局明文规定,2000 年有 8 个行业 103 个职业限制使用外地务工人员,比 1999 年限制的 5 个行业 34 个职业有了大幅度的提高。允许使用外地务工人员的行业有交通运输、仓储业及粮食部门的各类重物、危险品装卸搬运工、倒码工等等。限制行业除了金融、保险、房地产、广告等新兴第三产业以外,还包括各类专业技术人员、商业、服务业人员中的购销人员、饭店(宾馆)服务人员、导游等等。①

　　可见,虽然《劳动法》赋予农民以平等的就业权利,但是这种权利在事实上得不到保障。尽管许多歧视农民工的地方性政策法规与《劳动法》相抵触,但是在现实中被执行着。可以认为,中国的就业制度改革还很不彻底,这种不彻底性使城乡就业市场处于半封闭状态,能够真正向农民开放的只是小城镇市场和城市中那些被城市贵族们歧视的就业工种。如果农民就业选择受歧视的状况不改变,进城的农民就不能够与市民融为一体,"外来工"的新老问题就会逐步积累而难以解决。

---

① 周立今:《103 个职业限用外地工》,《北京晨报》1999 年 12 月 16 日。

（二）户籍制度改革与创新的轨迹

新中国的户籍管理始于 1951 年。该年 7 月公安部公布了《城市户口管理暂行条例》，开始对城市居民依属地进行户口的登记与管理。该条例是为"保障人民之安全及居住、迁徙自由"而制定的，没有限制迁移的内容。[①] 1955 年 6 月，国务院全体会议通过了《国务院关于建立经常户口登记制度的指示》，要求在全国范围内建立城乡人口按居住地进行户口登记的制度。[②] 为了更好地开展户口登记工作，同年 11 月，国务院公布了城乡划分标准，[③] 明确了城镇和乡村的界线。但是至此中国人口的迁徙仍然是自由的，上述各规定中还没有限制迁徙的有关内容。户口之于迁徙的限制作用始于 1958 年。1958 年 1 月全国人民代表大会常务委员会通过的《中华人民共和国户口登记条例》第二条规定："中华人民共和国公民，都应当依照本条例的规定履行户口登记"；第六条规定："公民应该在经常居住的地方登记为常住人口，一个公民只能在一个地方登记为常住人口"；第十条规定："公民由农村迁往城市，必须持有城市劳动部门的录用证明、学校的录取证明或者城市户口登记机关的准予迁入的证明，向常住地户口登记机关申请办理迁出手续"。[④] 自此，开始筑起了农村居民向城市迁移的壁垒，在城乡居民之间开凿了难以逾越的鸿沟，农村居民被拒绝在工业化、城市化

---

① 《城市户口登记管理暂行条例》，《中国法律法规大全》(CD – ROM)，北京大学出版社，1998 年版。

② 《国务院关于建立经常户口登记制度的指示》，出处同上。

③ 参见《当代中国》丛书编辑部：《当代中国的城市建设》，中国社会科学出版社 1990 年版，第 45 页。

④ 《中华人民共和国户口登记条例》，出处同上。

之外,作为中国社会最底层的群体,其基本利益长期得不到保障。

　　改革开放以后,随着农产品购销制度的改革,一部分农民开始到集镇居住并从事非农产业,在事实上突破了城乡割裂的户口管理制度。在制度上的真正创新是 1984 年 10 月 13 日《国务院关于农民进入集镇落户口问题的通知》的颁发。《通知》规定:"凡申请到集镇务工、经商、办服务业的农民和亲属,在集镇有固定住所,有经营能力,或在乡镇企事业单位长期务工的,公安部门应准予落常住户口,及时办理入户手续,发给《自理口粮户口簿》,统计为非农业人口。""对到集镇落户的,要事先办好承包土地的转让手续,不得撂荒;一旦因故返乡的应准予迁回落户,不得拒绝"。[①] 该规定对于突破封闭的城乡户口管理制度具有历史性的意义,但同时也有其局限性:农民只能在集镇落户,迁往城市是不可能的。

　　为了解决一些特殊行业职工夫妻长期分居的问题,国务院陆续批准了三线艰苦地区科技工作人员(1984 年)、煤矿井下职工(1984 年)、边防和海岛等部队部分军官家属(1989 年)以及铁路职工符合条件的家属(1994 年)可以解决"农转非"问题。[②] 但是规定的条件十分苛刻。如国发[1994]46 号文件中关于铁路职工家属

---

　　① 参见《国务院关于农民进入集镇落户问题的通知》,《中国法律法规大全》(CD－ROM),北京大学出版社,1998 年版。

　　② 参见《国务院、中央军委批转国防科工委等部门关于解决三线艰苦地区国防科技工业离休退休人员安置和职工夫妻长期两地分居问题的报告的通知》(1984 年 6 月 11 日);《国务院批转煤炭部关于煤矿井下职工家属落城镇户口试点工作总结和在全国煤矿落户工作意见的报告的通知》(1984 年 7 月 6 日);《国务院、中央军委批转公安部、总政治部等部门关于边防、海岛等部队部分农村户口军官家属可在原籍转为城镇户口的意见的通知》(1989 年 2 月 21 日);《国务院批转铁道部、国家计委、公安部、国内贸易部关于解决部分铁路职工家属的'农转非'问题意见的通知》(国发[1994]46 号)。出处同上。

"农转非"的条件是："年满 40 周岁，从事上述工种工作累计达 20 年及以上的铁路职工的配偶和未满 15 周岁（含不超过 18 周岁的在校中学生）系农业户口的子女可以'农转非'，符合上述条件的独生子女铁路职工的年老体弱、生活难以自理系农业户口的父母也可以'农转非'。家属解决'农转非'后，本人至少在 10 年内不得申请调离现岗位。"

在现实的城乡人口流动中，由于就业制度安排比户籍制度安排要宽松，小城镇中乡镇企业的崛起和各级城市迅速发展对"苦、脏、险"就业需求的扩大，80 年代中后期以来有大批农民在无户口的条件下进入城镇就业，有些城市为了收取城市增容费开始卖户口或实行"蓝印户口"，部分解决了已向城镇迁居农民的户口问题。值得指出的是，全国人大常委会于 1985 年 9 月颁布的《中华人民共和国居民身份证条例》，是对户籍管理制度的重大创新和突破。该条例第十四条规定："公民在办理涉及政治、经济、社会生活等权益的事务时，可以出示居民身份证，证明其身份。"[1] 身份证制度突破了一户一证的不利于单一人口流动的局限性，实行一人一证，满足居民个体流动的需要，有利于人口流动和劳动力市场的形成。

当前，中国的身份证制度和户籍管理制度并行，个人身份证只能作为流动和就业的凭证，但并不能因此获得市民身份，凭身份证在城市中打工的人依然是"二等市民"。户籍制度对于居民居住地的迁移仍然有着严格的限制。1997 年 6 月，国务院批转了公安部的《小城镇户籍管理制度改革试点方案》（国发［1997］20 号）。该方

---

[1] 参见《中华人民共和国居民身份证条例》。《中国法律法规大全》（CD－ROM），北京大学出版社,1998 年版。

案提出："允许已经在小城镇就业、居住并符合一定条件的乡村人口在小城镇办理城镇常住户口，以促进农村剩余劳动力就近、有序地向小城镇转移。""同时继续严格控制大中城市特别是北京、天津、上海等特大城市人口的机械增长。""改革的范围限制在县（县级市）城里的建成区和建制镇建成区。"

所谓符合一定条件的乡村人口是指符合下列条件："（一）从农村到小城镇务工或者兴办第二产业、第三产业的人员；（二）小城镇的机关、团体、企业、事业单位聘用的管理人员、专业技术人员；（三）在小城镇购买了商品房或者已经有合法自建房的居民。""上述人员的共同居住的直系亲属，可以随迁办理城镇常住户口"。"在小城镇范围内居住的农民，土地已被征用，需要依法安置的，可以办理城镇常住户口"。"经批准在小城镇落户人员的农村承包地和自留地，由其原所在的农村经济组织或者村民委员会收回，凭收回承包地和自留地的证明，办理在小城镇的落户手续。"[①]

国发［1997］20 号文件比 1984 年《国务院关于农民进入集镇落户问题的通知》前进了一大步，明确提出农民可以进入小城镇（含县级市和建制镇），而不仅仅是小集镇（含建制镇和其它集镇）。但是该文件仍然在制度上对农民进城落户有一定的限制，主要表现在三个方面：第一，农民可以进入的仅仅是小城镇，大中城市仍然门槛高筑。这就在制度上规定了在大中城市从事"苦、脏、险"工作的几千万农民工长期得不到市民待遇，也限制了其他农民继续进入大中城市；第二，农民进入小城镇必须购买商品房或有合法的自

---

① 参见《国务院批转公安部小城镇户籍改革试点方案和关于完善农村户籍管理制度意见的通知》（国发［1997］20 号），《中国法律法规大全》（CD – ROM），北京大学出版社，1998 年版。

建房,实际上是以货币的形式在农民面前筑起了一道门槛,将大批低生活水平的农民拒之门外;第三,农民进入小城镇落户必须首先将承包地和自留地无偿上交,增加了农民进入小城镇的风险和机会成本,许多农民因此而放弃了进入小城镇的努力。

应该说国发〔1997〕20 号文件在制度上有了很大突破,对于向往城镇生活已久的农民具有很大的刺激作用。但实际效果却并非如此,而且效果的持续时间很短。1997 年,在国发〔1997〕20 号文件的激励下,城镇人口比重由 1996 年的 29.37%增加到 29.92%,增长了 0.55 个百分点,距离政策设计者一年 1 个百分点的目标相去甚远,而且 1998 年就上升乏力,仅增长 0.48 个百分点,城市化水平为 30.4%。从浙江省小城镇户籍改革情况看,进展也不尽如人意。从 1997 年 6 月至 1998 年 6 月,在浙江省 123 个试点镇中,累计办理"农转非"人口 18.22 万人,其中 1997 年 6—12 月办理了 14.47 万人,而 1998 年 1—6 月仅办理 3.75 万人,体制能量所剩无几。"对大多数人,特别是有耕地的农民,没有多大吸引力,也缺乏热情,要挨家挨户反复动员"。这次"自上而下"的城市化运动是"两头热、中间冷","政府热、民间冷"。[①] 究其原因,除了由于近年经济形势不够景气,农民进城就业困难以外,户籍制度改革不彻底也是重要的原因。

为了解决上述问题,1998 年国务院批转了《公安部关于解决当前户口管理工作中几个突出问题的意见》(国发〔1998〕24 号)。该文件除了在解决婴幼儿随父随母自愿落户问题、夫妻分居中一

---

① 浙江省计划与经济委员会:《小城镇户籍制度改革情况调查》,1998 年 8 月 24 日。

方的户口问题和身边无子女的离退休老人的户口外,对于农民进城也有一定程度的松动。文件规定:"在城市投资、兴办实业、购买商品房的公民及随其共同居住的直系亲属,凡在城市有合法住所、合法稳定的职业或者生活来源,已居住一定年限并符合当地政府有关规定的,可准予在该城市落户。""北京、上海等全国特大城市、大城市人民政府对于到当地落户的,应当在制定具体政策时加以严格控制。"与国发[1997]20号文件相比,国发[1998]24号文件又进了一步,在如下两个方面放松了农民进入城镇的条件:一是不再提中等城市要限制落户;二是没有提到(或者是回避了)进城落户的农民必须先交还承包地和自留地。

但是,制度障碍依然存在。比如:购买商品房所需资金的障碍;大城市进入的障碍;土地使用权难以流转的障碍。关于土地问题,农民虽然可以保留土地使用权进入城市,减少了农民进城的后顾之忧,但是在缺乏有关农民承包土地使用权有偿转让的制度规定的情况下,农民拥有使用权又放弃土地耕作,也等于提高了进城的机会成本,并且对于全国而言,必然带来大量土地的闲置。农业的规模化、现代化经营也难以得到发展。因此,土地问题是不能回避的问题,在农村建立一种有效的土地制度是农民进入城市的重要制度前提。

(三) 社会保障制度改革与创新的轨迹

社会保障是依据一定的法律和规定,为保证社会成员的基本生活权利而提供的救助和补贴,主要包括社会救助和社会保险。社会救助是当公民遇到不可抗拒的天灾人祸、失业待业、鳏寡孤独等特殊困难,导致生活水平低于国家规定的最低生活水准时,政府和社会向其提供的满足最低生活需求的物质资助。社会保险是通过立法形式强制推行的社会保障,由劳动者、企业和政府各方筹资,当劳动者遇到伤亡、疾病、失业、退休等情况时,防止收入中断和丧失,以保障其基本生活需求的制度。

改革开放前,中国的社会保障主要是对非农业人口实行全面保障,其中国家机关、事业单位干部由国家财政提供保障,企业职工由企业提供保障,其它城镇社会成员则由社会救济。由于职工收入很低,因此,保障范围非常广泛,从出生、教育、住房、医疗,到就业、养老等等,几乎无所不包。另一方面,广大乡村人口享受的保障范围则极其狭小,主要体现为对"五保户"的社会救济,以及发生重大自然灾害时的政府救灾救济。即便是后者,也提倡"以自力更生为主"。

改革开放后,我国陆续以法律、法规和政策的形式,颁发了各种基本的社会保障制度。应该说,中国城镇的社会保障体系框架已经基本建立。从城市化的角度看,中国社会保障制度还存在不少问题,限制着乡村人口进入城镇。主要表现为保障对象基本上是城镇职工,农民工能够享受的社会保障或者含混不清,或者干脆将农民工排除在外。这样进入城镇就业的农民工人就缺乏保障,对未来的生活顾虑重重,不可能很好地融入城市,从而限制了城市化进程。

第一,社会保险覆盖范围小。1998年政府提出要在"所有企业(包括个体、私营等非国有企业)以及外商投资企业的中方职工中推行和深化养老、医疗、失业等社会保险制度及住房制度的改革,建立健全社会保障体系,为劳动力资源的合理配置和正常流动创造条件。"① 保险费用由职工和用人单位共同承担。而乡村人口作为城镇企业的临时工或合同工,雇主并不愿意为其投保,他们也不属于政府提供保障的对象,因此,对于农民工来说各种保险仍然需要独自承担。而他们普遍在为当前的生活而奔波操劳,很少有人去为今后可能遇到的风险而投保。这不仅是由于他们缺乏支付能力,也由于思想观念和习惯问题。因此,实际上他们被排斥在社会保险范围之外。城镇的相当一部分劳动者也由于同样的原因没有参加必要的保险。

第二,由政府负担的社会救助目前主要是面向国有企业职工,特别是国有企业下岗职工。非国有企业职工及大批农民工人没有任何保障,根据由朱镕基总理于 1999 年 9 月 28 日签发的《城镇居民最低生活保障条例》(中华人民共和国国务院令第 271 号)中规定"对有非农业户口的城市居民,凡共同生活的家庭成员人均收入低于当地城市居民最低生活保障标准的,均有从当地人民政府获得基本生活物质帮助的权利。"② 显然进城的农民工人及其家属没有从当地人民政府获得基本生活物质帮助的权利。

不仅如此,农民工人甚至连起码的人身保障也得不到。大中城市对农民的管理非常严格,不仅要"三证"(身份证、暂住证、务工证)齐全,而且日常工作被管理得十分苛刻。在农民工最集中的建筑领域,农民工的日工作时间长达十个小时以上,并且没有星期天,没有节假日;包工头包伙食,伙食质量很差;工人在感冒、生病期间一般也不能请假,或动辄扣工资。为了更好地控制农民工,收

---

① 马洪:《中国市场发展报告》,中国发展出版社 1999 年版,第 65 页。
② 《城市居民最低生活保障条例》,《人民日报》1999 年 9 月 30 日第 2 版。

走他们的身份证统一保管(这本身就是违法行为)。包工头将农民工的劳动强度加到最大,生活质量降到最低,社会对包工头却没有约束。政府部门对农民工管理的任意性很大,在平常政府对市容市貌管理松懈时,农民工得以在城市比较稳定地工作。一旦遇到节假日、大的庆典或是政府组织的重大活动,就要以改善市容市貌和保持社会稳定为由清理农民工,将他们收容、遣返。在收容、遣返期间,农民工几乎被当作犯人看待,被剥夺人身自由。长此以往,会形成农民的严重逆反和对抗心理,于城市管理和城市化有百害而无一利。

正是由于数千万农村居民在城市中从事着"苦、脏、险"的工种,只能得到最低工资收入,并且几乎没有任何保障,使得他们并没有把进入城市当作追求目标,在城市就业只是作为一种短时期内获取比农村较高收入的手段。他们在城市中工作若干年,仍然对城市陌生、惧怕甚至怀有敌意。进入城市,融入城市,真正成为市民的一分子,在他们看来是永远不可能的。

(四) 土地制度改革与创新的轨迹

中国的土地制度改革分为城镇土地制度改革与农村土地制度改革两个部分。其中城镇土地制度改革与房地产市场建立及城镇建设投融资制度改革相结合,激活了城市的房地产市场,拓宽了城镇建设的融资渠道,有利于城市化进程。农村的土地制度改革则与农民联产承包责任制相结合,有利于农村的稳定。但是在土地使用权市场不完善的条件下,不利于农民流动,在一定程度上限制了城市化进程。

1.城镇土地制度改革及对城市化的促进作用

新中国成立以后到改革开放以前,城市的土地归全民所有,不存在土地市场,对城市住房实行低租金的福利性政策,中国几乎无房地产业可言。改革以后,中国的房地产市场逐步形成并得以发展。1984年5月,第六届全国人民代表大会第二次会议批准的《政府工作报告》指出:"城市住宅建设要进一步推进商品化试点,开展房地产业务,允许按照土地在城市所处的位置、使用价值征收使用费税。"[①] 1984年12月,国家计委、国家经委、国家统计局、国家标准局批准的《国民经济行业分类和代码》(国家标准)将房地产管理业作为一个大类单独列出。1987年9月,深圳经济特区率先实行土地使用权有偿转让制度,标志着中国现代意义上的城镇房地产业的真正启动。1988年4月,第七届全国人民代表大会第一次会议通过的《中华人民共和国宪法修正案》第二条规定:"土地的使用权可以依照法律的规定转让",[②] 为房地产市场的发展提供了最高法律依据。1990年5月,国务院以第55号令发布的《城镇国有土地使用权出让和转让暂行条例》,是中国第一个关于城镇国有土地使用权的出让和转让的专门法规。此后,中国的城镇房地产业的发展不断走向规范化。

城镇土地制度改革及房地产市场的发展,至少在三个方面为促进城市化提供了有利的条件:

第一,为农民在城市购置房屋,进行正常的就业和生活提供了良好的条件。传统体制下的福利分房制度完全排除了农村居民进

---

① 《政府工作报告》,人民出版社1984年版。

② 《中华人民共和国宪法修正案》,载于中共中央文献研究室:《十三大以来重要文献选编》(上),人民出版社1991年版,第216页。

入城镇居住和生活的可能性。房地产市场则赋予农民与城镇居民同等的购买房屋的机会和权力。国发〔1997〕20号文件下发后,一大批农民通过在城镇购买商品房而获得了城镇户口。从这一角度来说,土地制度改革促进了房地产市场的发展,而房地产市场的发展为农民进城构筑了市场基础。如果再结合就业制度、户籍制度、社会保障制度来看,传统体制下正是这些制度共同赋予城镇居民一系列的特殊利益,共同构成城镇对乡村居民的排斥;改革开放以来这一系列的制度创新则正是一步步对城镇居民特殊利益的一次次剥离和对乡村居民进入城镇的一步步接纳。虽然城市的改革是渐进式的,并没有一步到位,农村居民与城镇居民仍然存在有一系列制度规定的不平等待遇,但是城镇对农村居民的排斥力已经大大下降,已经开始形成接纳农民的机制。

第二,城镇土地制度改革促进了企业的集聚。根据国务院第55号令,"中华人民共和国境内外的公司、企业、其他组织和个人,除法律另有规定外,均可依照本条例的规定取得土地使用权,进行土地开发、利用、经营"。[①] 该行政法规是90年代初中国城镇经济大发展的重要政策背景。房地产公司由1988年的3124个增长到1995年的23841个,购置土地由1990年的1901万 m^2 增加到1995年的25577万 m^2。虽然这其中有房地产过热的问题,一些购置的土地闲置,但是,城镇商品房的实际竣工面积和销售面积也呈迅速上升态势,房地产业的经营收入更是直线攀升(见图3.3)。

城镇房地产市场的开发,使一大批企业纷纷在城市购地置业,

---

① 参见《中华人民共和国城镇国有土地使用权出让和转让暂行条例》,《中国法律法规大全》(CD‐ROM),北京大学出版社,1998年版。

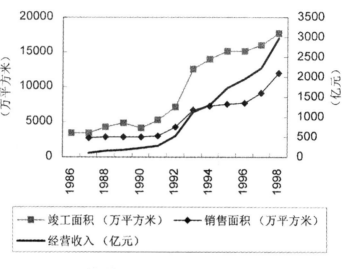

图 3.3　中国房地产业的发展轨迹(1986—1998)

谋求新的发展空间。相当一部分房地产业是集中于大中城市的开发区,而城市各类开发区正是 90 年代以来中国城镇经济发展的主要动力。

　　第三,城镇土地制度创新拓宽了城镇建设的投资渠道,加速了城镇建设进程。在传统体制下,城镇建设资金完全依赖于国家投入,投资渠道狭窄。当资金紧缺时,城镇建设资金往往被大幅度压缩。土地制度改革赋予了公司、企业乃至个人投资开发经营土地的权利,城镇建设的资金渠道也因此大大拓展。从表 3.1 中,可以看出中国城镇房地产开发的资金投入及来源构成情况。在城镇的土地开发中,国家安排的预算内投资所占比重在 1% 以下,几乎可以忽略不计。城镇土地开发的市场化运作大大拓展了城镇建设的投资渠道。除了各类企业自有资金、贷款、商品房定金及预收款项之外,外商投资、发行债券、各种形式的集资也都成为城镇土地开发与建设的重要资金来源。充足的资金加速了城镇开发与建设的速度,增强了企业和个人进入城镇的承载能力,从而有力地促进了城市化进程。

正因为如此,土地使用权的有偿转让与允许农民自理口粮进城务工一起,被温州人认为是有利于城镇化的两项最重要的制度创新。[①]

表 3.1　中国城镇房地产开发的投资来源

	合计	各种资金所占比重(%)					
	(亿元)	自筹资金	银行贷款	定金及预收款	其他	# 利用外资	# 预算内资金
1988	329.5	16.9	22.6	52.3	8.2	0.0	
1989	381.3	20.0	20.6	51.1	8.3	0.0	
1990	408.3	22.2	21.4	48.6	9.0	0.0	
1991	569.5	20.4	20.4	44.4	14.9	0.0	
1992	1148.9	22.4	24.3	38.3	15.0		
1993	2645.7	33.2	18.8	34.0	14.1	0.0	
1994	3542.6	34.3	21.0	27.1	17.6	0.0	
1995	3983.9	27.4	22.2	26.0	24.5	12.6	1.0
1996	4906.1	21.1	19.1	20.7	39.1	10.5	0.7
1997	5129.7	19.9	21.2	23.3	35.6	9.2	0.5
1998	5563.9	22.3	19.2	25.4	33.0	6.8	0.4

资料来源:1.建设部房地产业司、建设部信息中心:《中国房地产开发 1986—1998 年统计资料汇编》,中国建筑工业出版社 1996 年版;2.建设部房地产业司:《全国房地产开发统计年报》(1996、1997、1998)。

2.农村土地改革对城市化的影响

中国农村土地制度改革,自始至终与家庭土地承包经营相联系。与城镇土地制度改革一样,农村土地制度改革的核心也是土地的所有权和使用权相分离。农村土地"除了由法律规定属于国

[①]　宋文光:《试验、突破、创新——温州改革试验 10 年》,中国农业出版社 1998 年版,第 82 页。

家所有的以外都属于农民集体所有","农民集体所有的土地由本集体经济组织的成员承包经营,从事种植业、林业、畜牧业、渔业生产。土地承包经营期限为 30 年。"① 当前的农村家庭承包责任制对于城市化进程既存在有利的一面,也存在不利的一面。

家庭土地承包责任制对城市化促进的一面表现为:第一,家庭承包的基本形态是均田承包,它公平地满足了农民对土地这一基本生产资料使用的天然要求。对于农民来说,土地承包权隐含有丰富的内容,这不仅规范了农地的使用和经营方式,更重要的是它还成为农民生存和发展的基本依托和最后保障。在农民的思想观念中,后一层意义比前一层意义更为重要。正因为如此,国发[1998]24 号文件作为对国发[1997]20 号文件的补充和发展,默许农民在不退还土地承包权的前提下进入城镇落户。这是符合中国国情的,有利于在保持农村稳定的条件下有步骤地推进城市化进程。第二,当前的家庭承包责任制最大地调动了农民经营土地的积极性,因此在一定程度上有利于农业的稳步发展,比改革以前大大地提高了土地效率,增加了农民积累,从而产生农村城市化的推力。

另一方面,家庭承包责任制在很大程度上对城市化进程有阻碍作用。主要表现为:第一,由于农民承包的土地会在承包期满时随着人口的增减等因素发生变化,农民对土地的预期不足,限制着农民对土地的投入,降低了土地的产出效率。第二,由于中国人多地少,根据均田承包制每一个劳动力承包的土地规模有限,产出的总效益低,加上土地的报酬递减规律及农产品需求弹性低,农民耕

① 《中华人民共和国土地管理法》,中国法制出版社 1999 年版,第 4、5 页。

作土地的经济收入提高十分困难,严重影响了农民对土地耕作的热情,特别是缺乏土地投入激励和对农业技术创新的追求,制约了土地生产效率的提高和农业技术进步的进程,而农业的落后又反过来限制了城市化的进程。第三,农民对土地的依恋与对城市的希望并存。农民把土地看作最后的生活保障从而产生出强烈的依恋,这种依恋致使农民不愿放弃土地承包权;另一方面,对城市更高生活质量的追求又使他们不断地进入城市另谋生路。因此,最能够让农民满意的土地制度应该是既保留其承包权又可以自己不直接耕作土地而进入城市从事非农产业,那么最好的选择就是把土地转包给他人,也即形成农村承包土地使用权的流转制度。但是迄今为止,由于缺乏承包土地可以转让的制度规定及有效的运行机制,农民土地转让困难。据 1993 年农业部抽样调查,全国共有 473.33 万承包农户转包、转让土地 77.43 万公顷,分别占承包农户总数和承包土地总面积的 2.3% 和 0.9%。[①] 农村土地流转不畅是农民不放弃土地耕作进入城市的重要原因,从而成为城市化的重要障碍。

可见,中国土地制度改革对城市化的作用有利有弊。将来如何进一步深化土地制度改革,以扬长避短,消除障碍,是促进城市化所要解决的重要问题。

(五) 行政制度改革与创新的轨迹

从行政管理的角度看,中国的体制改革特征是放权让利,中央

---

① 转引自张红宇:《中国农村土地产权政策:持续创新》,《农业经济》(复印报刊资料)1999 年第 1 期,第 92 页。

政府将原来集中控制的国民经济管理权限不断下放。中央放权让利的对象有两个:一是企业,一是地方政府。对企业的放权让利主要表现为各类体制外企业的成长及国有企业改革;对地方政府的放权让利则表现为将地方经济发展的一系列管理权限下放给地方政府,从而形成地方政府新的职能,并通过财税制度改革给予地方政府以相应的财力来执行其职能。这里我们要探讨的是地方政府职能的创新与城市化的关系。

1. 地方政府管理权限的扩大有力地促进了城市化进程

可以认为,从行政管理的角度看,体制转轨实际上是中央政府放权、地方政府扩权的过程。改革开放以来中央政府与地方政府财政支出数量对比的变化可以明显地反映出这一特征:1982 年中央财政支出占政府财政总支出(含预算外支出,下同)的比重是 44.7%,地方政府所占的比重是 55.3%;到 1996 年这两个比重分别变化为 27.1%和 72.9%。① 随着体制转轨的不断深化,中央对区域经济的管理范围逐步缩小,地方逐步成为区域经济发展的主要推动力量。地方政府积极制定地区发展规划,努力向上级争取有利于本地发展的各种政策条件和资金,进行基础设施建设,兴办各类开发区,改善地区投资环境,引进外部的资金和技术,开发利用地区资源,投资兴办企业,特别是努力发展乡镇企业,大规模进行小城镇建设,加快了地方富余农业劳动力向非农产业转移,有力地促进了地方的工业化和城市化进程。

---

① 根据《中国统计年鉴 1998》第 281、282 页的资料计算。

2. 地方政府职能不规范,阻碍了城市化进程

一个地区如果经济发展较好,则民众受惠,政府有功,该地区在全国的地位也会提高。为了尽快发展地方经济,各地区相互之间展开了激烈的竞争,地区间利益冲突加剧。应该说,市场经济条件下各地区之间的竞争较之计划体制下无竞争的经济要进步得多。如果这种市场竞争引导得好,必然导致优胜劣汰,导致各地区形成一批各具特点的优势产业,最终形成合理的专业化和地区分工格局。但是,由于地方政府是地区经济的第一主体,地区之间的经济竞争更多地受政府行为的控制。而政府又往往通过非经济手段干预市场。他们往往利用手中财力及可能得到的机会(贷款或吸引外部投资)大量建设工业项目,这些项目经常是当时价高利大的产业。政府在选择和建设这些项目时,很少考虑本区是否具备该产业发展的优势,未来能否达到规模经营,有无市场竞争力。短期行为多于长期行为。当这些项目发展起来以后,由于存在着与外地同类产业的市场竞争,为了保护本地企业的发展,政府开始进行各种形式的市场封锁。一方面,限制本地区初级产品(包括农产品、矿产品及其它原材料)的外流,以便保证本地加工工业的原材料来源;另一方面,限制其它地区制成品流入本地市场,以便提高本地产品在本地市场的占有率,从而保证本地企业的发展。于是,80年代以来,各地区为了争夺原材料,曾经展开了"羊毛大战"、"烟草大战"、"蚕茧大战"、"煤炭大战"等等;为了争夺市场,又展开了"彩电大战"、"冰箱大战"、"空调大战"乃至"汽车大战"等等,各种类型的区际"贸易战争"不断。这种"战争"的手段又通常是非经济的。政府利用手中的权力,通过行政命令规定本地原料不准外流,本地商业企业不准购买外地与本地有竞争的制成品等等。甚

至通过一些非正常措施强制实行市场封锁,比如在地区间交通要道上设立关卡,检查过往物资等等。有的甚至规定,对擅自从外地购入限制产品的企业,银行一律不予贷款,交通部门不给运输,擅自从外地购买汽车不予上牌照等等。可见,政府利用非经济手段管理地区经济是造成地区市场分割的最主要原因,也是全国统一市场难以形成的症结所在。

地区市场分割严重限制了生产要素的区际流动,限制了大型企业的成长。在市场经济国家,工业化与规模经营尤如双胞胎,同时降生,同时成长。缺乏规模经营,就不可能形成有竞争力的企业。而缺乏富有效益和活力的企业,工业化将成为空谈。但是在中国,大规模的工业化与弱小的企业并存。地方政府办企业,致使企业普遍缺乏规模,缺乏创新能力,缺乏效益,缺乏国际竞争力,致使中国经济"大而不强"。由于企业众多,他们创造的财富总量巨大——1996年中国工业增加值总量排在美国、日本、德国之后,而居世界第4位。但是,由于企业弱小,使中国不能成为工业强国,在富有国际竞争力的世界主要企业集团中,中国的地位甚微。"大而不强"是中国工业化、城市化最深层次的危机。

3. 基层行政区域划分得太小造成了我国小城镇发展过分分散

我国中小企业分布过分分散,存在着严重的规模不经济,限制了城市化进程,已经成为社会各界的共识。那么,如何促进中小企业的集中呢? 我国很多地区所采取的措施是在乡镇政府所在地兴办工业小区,将本乡镇的中小企业集中起来发展,从而形成了我国以乡、镇为基本地域单元的工业化和城市化特征。与"村村点火、户户冒烟"的工业化道路相比,在乡镇政府所在地兴办工业小区确实能够获取一定的规模经济效益。但是,在我国现行的管理体制下,乡镇行政范围和人口规模太小,以乡镇为单位推进城市化,所形成的小城镇规模仍然太小。面对新一轮小城镇的分散建设,需要尽快在全国范围内调整乡镇区划,促进小城镇的规模化发展。

在我国之所以形成以乡镇为单位的、相对封闭的城市化进程,是因为乡镇是我国最基本的行政单位,乡镇政府是最低一级人民政府。各乡镇政府为了加快本乡镇的经济发展,最有力的措施就是在自己的行政区域内建工业小区,尽可能多地吸引外来投资,同时尽可能限制本地区的生产要素外流,以便将其控制在本区域发展经济。从而在各乡镇之间造成了严重的行政分割,他们各自为政,进行中心镇建设,进行着相对封闭的城市化进程。在这样的情况下,乡镇区划的大小和人口的多寡对城市化进程就有着重大的影响。如果乡镇区域面积太小,人口太少,必然导致城镇发展小而散。

我国乡一级行政区划是在50年代初进行的,当时主要考虑到人口的稳定和有利于管理,区划普遍较小。改革开放以后,特别是90年代以后,已经有了很大的调整,但是从下表中可以看出,我国乡镇的平均规模仍然很小。我国的乡镇平均人口2.1万,其中最高的平原区平均也仅2.88万人,最低的山区平均只有1.2万人。有的省(如江苏)平均每个乡镇的辖区只有50平方公里,平均管理半径只有4公里。在这么小的地域范围内,以这么低的人口基数进行工业化和城市化,必然导致企业和小城镇布局小而散。

表 3.2　中国乡一级行政区的人口规模(1996)

	全国	按地区划分			按地势划分		
		东部	中部	西部	平原	丘陵	山区
乡镇个数(个)	43112	13709	13013	16390	13358	13684	16070
总人口(万人)	90522	37140	29785	23597	38533.5	32766	19223
平均人口(万人)	2.10	2.71	2.29	1.44	2.88	2.39	1.20

资料来源:全国农业普查办公室:《中国第一次农业普查资料综合提要》,中国统计出版社 1998 年版。

　　以北京市大兴县为例:大兴县面积 1030 平方公里,52 万人口,27 个乡镇,平均每个乡镇不到 40 平方公里土地,不足 2 万人。除县城所在地黄村镇外,大兴县人口最多的安定镇 1998 年人口为 29139 人,最小的凤河营乡人口仅 7804 人。在各乡镇人口中,大部分是乡村人口,乡镇所在地人口规模只占全乡镇总人口很小的比重。在如此小规模人口的地域单元进行城市化,即便达到 50%—60% 的城市化水平,也即初步实现城市化,大兴县的城镇体系也是主要由人口在数千人到 1.5 万人的小城镇构成,城市化过程中"小而散"的问题仍然严重,大部分小城镇仍然难以获取起码的规模经济效益。

　　更为严重的是,虽然大兴县各乡镇的规模很小,但是,各乡镇政府为了发展本乡经济,在推进小城镇建设中作出贡献,都不遗余力地调动全乡镇一切可以调动的力量,在自己的乡镇所在地建设工业开发区,不管投资环境如何,是否能够吸引企业,每个乡都划出一块土地,搞"七通一平"基础设施建设;与此同时,尽可能限制本乡镇经济要素外流,将本乡镇的企业尽可能都留在自己的工业开发区内发展。这样就造成各乡镇之间的块块分割,各自为政,进行着相对封闭的工业化和城市化进程。大兴县 27 个乡镇,共建设了 27 个乡级工业开发区,每乡镇一个。1999 年 1—10 月,27 个工业开发区进行基础设施建设共投资 24988 万元,各乡镇工业区投资在数十万元至数千万元不等。对于各乡镇政府而言,可谓之竭尽全力。但是,由于投资过分分散,每一个乡镇投入的规模小,难以改善投资环境,产生积聚效应,因此相当一部分乡镇工业小区难以吸引企业,造成了稀缺资金资源的严重浪费。如 1999 年 1—10 月有魏善庄乡、凤河营乡、朱庄乡、大辛庄乡 4 个乡开发区没有进入一个项目,大皮营乡、定福庄乡以及安定镇只有一个企业入区,而且均未投产。27 个工业小区中 1—10 月销售收入达到 2000 万元以上,发展相对较好的开发区仅有采育镇、庞各庄镇、芦城乡、半壁店乡和长子营乡等少数乡镇。

如果说,"村村点火、户户冒烟"是农村工业化过程中企业发展过分分散的结果,造成了企业发展的规模不经济;那么,"乡乡建镇、镇镇建区"(工业开发区)则是农村城市化过程中,小城镇发展过分分散所致,必然造成城镇发展的规模不经济。而造成这种不经济的直接原因之一就是乡镇行政区划范围太小。

(六)修订市镇建制标准:直接提高城市化水平[①]

修订市镇建制标准是国家管理城市化最为基本的手段。当政府认为应当适度控制城市发展时,通常提高市镇设置标准,以把一些低水平的市、镇排除在国家管理的市镇建设行列;相反,当政府认为要加快城市化进程时,通常降低市镇设置标准,将更多的居民

---

① 修订市镇建制标准本应属于行政体制的内容,但由于它与我们研究的城市化问题关系更为紧密,故将其单列出来。

区纳入市镇建制。

1955年,国务院首次颁布设置市镇建制及城乡划分标准的规定。1963年,应经济调整中精简职工和减少城镇人口的需要,中共中央和国务院联合下达了《关于调整市镇建制,缩小城市郊区的指示》,提高了市镇设置标准,中国的市镇个数和城镇人口因此而大幅度下降。改革开放以来,国务院于1984年调整了建制镇的设置标准,分别于1986年和1993年先后调整了市镇设置的标准。1999年国家统计局又出台了新的城乡划分标准,在2000年第五次全国人口普查中试行。目前的城镇人口比重就是根据1984年的设镇标准和1993年的设市标准进行统计的。

1984年,在《国务院批转民政部关于调整建镇标准的报告的通知》中,从两个方面下调了建制镇的设置标准:一是区县级地方国家机关,均设置镇的建制。二是将1963年规定的"工商业和手工业相当集中,聚居人口在3000人以上,其中非农业人口占70%以上,或者聚居人口在2500人以上不足3000人,其中非农业人口占85%以上,确有必要由县级国家机关领导的地方,可以设置镇的建制",[①]修改为"总人口在二万以下的乡,乡政府驻地非农业人口超过二千的,可以建镇;总人口在二万以上的乡,乡政府驻地非农业人口占全乡人口10%以上的,也可以建镇"。[②]虽然从字面上看建制镇的非农业人口规模标准基本没有下调,但是实际上为人口大乡撤乡建镇提供了机会。在现实生活中,很多地方都将2

[①]　转引自《当代中国》丛书编辑部:《当代中国的城市建设》,中国社会科学出版社1990年版,第84页。

[②]　《国务院批转民政部关于调整建镇标准报告的通知》,出处同p131①《中国法律法规大全》。

万人口以上的乡撤乡建镇,而其中相当一部分非农人口远远没有
达到要求。

北京市郊区大兴县 1998 年共有 9 镇 18 乡,共 27 个乡镇,其中
总人口 2 万人以上的全部为镇,2 万人以下的则都是乡的建制。
而在 9 个镇中,除了黄村镇是县城、西红门镇是北京南郊最重要的
疏散市区人口的城镇之一,旧宫镇是红星农场所在地以外,其余 6
个镇的非农业人口比重都远远不到 10%,其中礼贤镇仅为 4.4%
(见表 3.3)。这种设镇状况在全国普遍存在。也即现实中的建镇
指标比 1984 年国务院规定的标准要低得多。这也是 80 年代中后
期建制镇数量迅速上升的一个重要原因。

表 3.3　1998 年北京市大兴县各建制镇的人口状况

单位:万人、%

	黄村镇	西红门镇	旧宫镇	青云店镇	采育镇	安定镇	礼贤镇	榆垡镇	庞各庄镇
总人口	111858	11788	22327	21157	16240	29139	22982	28649	21056
①	95788	4109	10375	1211	1233	1471	1020	2412	1125
②	85.6	34.9	46.5	5.7	7.6	5.0	4.4	8.4	5.3

注:①为非农业人口;②为非农业人口占总人口的比重。
资料来源:大兴县统计局:《北京市大兴县社会经济统计年鉴 1999》,第 21 页。

1986 年 4 月,国务院批准民政部《关于调整设市标准和市领
导县条件的报告》,大大降低了设市的标准,规定"非农业人口 6 万
以上,年国民生产总值 2 亿元以上,已经成为该地经济中心的镇,
可以设置市的建制",同时对撤县设市条件也作了相应的规定。①
新的设市标准颁布以后,我国的小城市数量迅速增加,成为 90 年
代中后期我国城市化的另一支重要力量。

---

　① 转引自《当代中国》丛书编辑部:《当代中国的城市建设》,中国社会科学出版社
1990 年版,第 116 页。

1993 年,国务院颁发了《国务院批转民政部关于调整设市标准报告的通知》。这一次设市标准的最大特点是建立了一整套设市的指标体系,根据县的人口密度不同,分为人口密度大于 400 人/km²、101—400 人/km² 以及不足 100 人/km² 三种情况,分别设置了 14 个关于县政府驻地和全县社会经济发展方面的指标,达到这些指标则可以设立县级市。我们将这些指标整理后以表 3.4 列出。

表 3.4 国务院 1993 年关于设立县级市的标准

	人口密度(人/平方公里)	< 100	100 – 400	> 400
县政府驻地指标	从事非农产业的人口(万人)	8	10	12
	# 具有非农业户口的人口(万人)	6	7	8
	自来水普及率(%)	55	60	65
	道路铺装率(%)	50	55	60
县域指标	从事非农产业的人口(万人)	8	12	15
	非农产业人口比重(%)	20	25	30
	国内生产总值(亿元)	6	8	10
	第三产业占国内生产总值的比重(%)	20	20	20
	乡镇以上工业产值(亿元)	8	12	15
	乡镇以上工业产值占工农业产值的比重(%)	60	70	80
	县级财政预算内收入(万元)	4000	5000	6000
	人均县级财政预算内收入(元/人)	60	80	100
	承担一定的上解任务			

资料来源:根据《国务院批转民政部关于调整设市标准报告的通知(国发〔1993〕38 号)》整理。

1993 年设市标准的进步之处在于,以从事非农产业人口数而不是以具有非农业户口的人口数作为基本的人口指标,更加符合现实情况。但是,设市标准过于繁琐,而且人口密度大的地区设市标准大大高于低人口密度的地区,不够公平。同时,与世界各国的设市标准比较,我们的设市标准仍然太高,这些都在一定程度上不利于城市化进程。

1999 年 12 月,国家统计局印发了《关于统计上划分城乡的规定(试行)的通知》(国统字［1999］114 号)。通知指出:"城市,是指经国务院批准设市建制的城市市区";"镇,是指经批准设立的建制镇的镇区";"乡村是指城镇地区以外的其他地区",并对"市区"和"镇区"做了具体的规定。① 该规定澄清了长期以来城市化水平的统计和研究中关于城镇人口统计范围的混乱问题,为下一阶段推进中国城市化进程提供了良好的统计基础。

综上所述,新工业化时期中国进行的一系列制度创新逐步弥合了传统体制下城乡发展的割裂状态,为非农产业的发展与空间集聚以及乡村人口进入城市提供了基本的制度框架。在新的制度安排下,推进城市化的两个基本动力——城市的拉力和农村的推力发挥出越来越大的作用。一方面,以农村家庭联产承包责任制为核心的土地制度改革大大提高了农业劳动生产率,增加了农民的积累,为农民进入城镇从事非农产业提供了一定的经济基础,同时也使农村隐性富余劳动力显性化,使农民进城寻找新的就业机会成为必要,从而形成城市化的巨大推力;另一方面,就业制度、户籍制度、社会保障制度、城镇土地制度以及行政管理制度的改革赋予了城镇经济发展的广阔天地及农民参与其中的巨大空间,它们共同形成城市化的拉力。拉力和推力共同推进了新工业化时期的城市化进程。

---

　　① 国家统计局文件:关于印发《关于统计上划分城乡的规定(试行)的通知》(国统字［1999］114 号)。

但是,中国的渐进式改革同时也决定了各种制度创新还不完全到位,一些制度创新的力度不够,一些创新的内容和路径仍然在探讨之中。这样一种"摸着石头过河"的制度改革过程决定了城市化力度时快时慢,后劲不足,并且滞后于工业化过程。特别突出地表现在如下三点:

第一,间断性的制度创新导致城市化进程具有跳跃性发展的特征。表3.5明显地反映出这一点。其中1978、1984、1992和1997年,分别由于拉开改革开放的序幕,国务院发出《关于农民进入集镇落户问题的通知》,邓小平南巡讲话以及国发[1997]20号文件(鼓励农民进城落户),而产生了最近20年以来城市化进程中最大的4次跳跃性发展。但是,由于其它的制度创新不配套,或者由于制度创新力度不够,每一次跳跃的持续时间都不长,随之呈现出城市人口比重增幅下降的态势。

表 3.5　中国跳跃式的城镇人口增长

	城镇人口增长规模(万人)	农村人口增长规模(万人)	城镇人口增长占总人口增长的比重(%)
1970	307	2014	13.2
1971	287	1950	12.8
1972	224	1724	11.5
1973	410	1624	20.2
1974	250	1398	15.2
1975	435	1126	27.9
1976	311	986	24.0
1977	328	929	26.1
1978	576	709	44.8
1979	1250	33	97.4
1980	645	518	55.5
1981	1031	336	75.4

（续表）

	城镇人口增长规模(万人)	农村人口增长规模(万人)	城镇人口增长占总人口增长的比重(%)
1982	1309	273	82.7
1983	794	560	58.6
1984	1743	−394	129.2
1985	1077	417	72.1
1986	1272	384	76.8
1987	1308	485	73.0
1988	987	739	57.2
1989	879	799	52.4
1990	651	978	40.0
1991	352	1138	23.6
1992	1829	−481	135.7
1993	979	367	72.7
1994	950	383	71.3
1995	873	398	68.7
1996	776	492	61.2
1997	1039	198	84.0
1998	953	231	80.5

资料来源:国家统计局人口社科统计司:《中国人口统计年鉴1999》,中国统计出版社1999年版。

第二,关于城市化具体制度的创新,相当部分都是局限于小城镇,大中城市依然是壁垒高筑。这样的制度创新不足表现在现实的城市化过程中就呈现出城市的拉力不足。

第三,农村土地流转制度没有建立以来,农民进行土地转让的交易成本很高,增加了农民对土地的依赖,表现在城市化过程就是农村的推力不足。

由此可见,改革开放以来,中国加快了制度创新,但是创新不足,决定了农村对城市化产生了一定的推力,但推力也不够;城市对乡村人口具有一定的拉力,但拉动不强烈,加上城市化的推力和拉力经常发生时空错位,难以形成持久而巨大的城市化合力,从而导致中国城市化一波三折,后劲不足。因此,要真正促进下个世纪中国的城市化进程,就必须建立一个良好的制度框架,对有关城市化的各种具体制度进行统一、协调的安排,使之相互配套,共同为城市化创造一个宽松而有序的制度环境。

四、构筑有利于城市化的制度框架

我们构筑城市化制度框架的基本依据是:

第一,我们党在十四大提出的中国经济体制改革的总体框架和安排。党的十四大确定,我国经济体制改革的目标是建立社会主义市场经济体制。我们的城市化制度框架的设计要有利于实现由计划经济体制向市场经济体制的转变,逐步扩大市场配置资源的空间,建立健全全国性的要素市场,促进生产要素特别是劳动力在全国范围内的合理流动,政府职能逐步规范化,政府逐步减少和退出在竞争性产业的投资,以更好地提供公共服务。中国体制改革的这一总体框架,是构筑城市化体制框架的制度基础。

第二,中国已经初步进入工业化中期阶段,在未来的10—15年中将遵循工业化进程的演变规律,努力推进重工业化发展,这将是21世纪初中国经济发展的基本路径。重工业化时期是制造业部门规模经济效益最显著的时期,为大中城市的发展提供了基本的经济背景。城市化及其制度框架的设定要尊重这一基本规律,谋求大、中、小城市的协调发展。

第三,城市化的核心是产业与人口向城市的集聚,构筑城市化的制度框架就是要为这一集聚过程创造条件,淡化和清除一切不利于这一过程的体制因素,增加有利于强化并推进这一过程的体制因素,从而促进城市化进程。

我们仍然从就业制度、户籍制度、土地制度、社会保障制度以及行政管理制度等方面,来探讨市场经济条件下城市化所需要的制度支持。

（一）就业制度的进一步创新

如果说工业化是城市化的经济基础,那么就业制度就是工业化带动城市化的直接桥梁。工业化扩大规模和提高质量正是通过大幅度增加非农产业就业并促使其集中来带动城市化进程的。在工业化过程中,农民是否能够顺利进入非农产业领域是城市化进程是否顺利进行的重要先决条件。

要使农民无障碍地进入非农产业领域,重要的条件是依据《劳动法》的规定,无差别地对待农村居民和城镇居民,特别是在招收青年人时,应该消除对农民的歧视,给广大农村青年以发展的机会和希望。虽然从整体上看,农民的素质相对较低,从而大部分农民难以胜任规范化、技术性的非农产业工作。但是农村青年,特别是90年代以来初高中毕业的农村青年与城镇同等学历的青年相比,应该说在素质上已经非常接近,农村青年更具吃苦耐劳精神及自律向上的品格,他们更懂得珍惜机会。他们完全有能力与城镇青年一样进行非农产业工作或者接受相应的职业训练。因此,我们建议:

第一,以《中华人民共和国劳动法》关于"劳动者享有平等就业和选择就业的权利、取得报酬的权利、休息休假的权利"的规定为基本依据,清理对农村劳动力限制进入城市的地方性政策法规(比如北京市关于 103 个职业禁用外地工的规定),使农村劳动力与城镇劳动力在同一起跑线上竞争。

第二,通过法律条文规定,城市(含各级各类城市)中各类企业招聘就业人员,可以提出职业要求(包括学历、技术教育、年龄、性别甚至身高、体重等),但是不得有户口限制,特别是城乡户口的限制,农村居民只要能够满足条件的,应该平等对待予以录用。

实际上,《劳动法》已经为消除对农村劳动力的歧视,建立全国劳动力市场构筑了宏观体制基础。但是中观层面的歧视(体现在地方政府政策条文中的地方性劳动力保护及地区性歧视)和微观层面的歧视(体现由企业招聘职工时的歧视)还普遍存在,而且后者通常以前者为前提条件。要真正适应社会主义市场经济体制的需要,建立健全生产要素市场,首先就需要建立全国性的劳动力市场,为此必须尽早根除劳动力就业中的中观歧视和微观歧视,消除城市和乡村劳动力就业机会事实上的不平等。只有这样,方能在更大的范围内优胜劣汰,逐步培育和锻炼出一支高效率的就业队伍,而这些是实现中国现代化的前提条件。

毋庸讳言,消除中观层面和微观层面对农村劳动力的歧视,也会带来部分农村劳动力盲目流动及增加城镇职工下岗的数量,从而在一定时期可能会形成一些社会问题。对于这个问题,应从如下三个方面来客观看待:

第一,农村劳动力流动,总体上看是一种经济人的理性选择。他们根据市场信号及朋友、邻居的实践,对在农村或是在城市就业的比较利益作出选择。这种选择本身就淘汰了一大批素质低、缺乏开拓向上精神的农民,能够进入城市向未知世界挑战的始终只是少部分进步的农村中青年居民。即便如此,这批中青年居民也并不是进入城镇就一定会造成社会问题。其中的相当一部分会在平等的就业选择中进入就业状态,另一部分则会在市场竞争中被淘汰,他们同时在比较利益下会选择进入小城镇或返回农村。真正进入城镇后长期找不到工作又不回乡而流浪街头、无事生非者是少之又少,对这批人政府还可以依法进行拘留或收容遣送。

第二,对于农村劳动力进入城镇后会增加城镇职工下岗的问题,这是一个必然的结果。但我们应看到,优胜劣汰,有利于中国现代化职工队伍的建设;而保护落后与懒惰,永远与市场竞争的基本游戏规则相违背。城镇职工必须在竞争中保持清醒头脑,把自己放在与农村职工的同一条起跑线上,只有在竞争中能够取胜,方为能者。作为"城镇人"的天然优势一天不打破,中国现代化的就业队伍就一天不能建立。另一方面,要建立一整套社会保障制度,保障下岗职工的基本生活,并提供一系列接受各种职业培训与教育的机会,为全面提高职工的竞争能力和再就业创造条件。因此,相关制度的配套改革十分重要。

(二) 户籍制度的进一步创新

户籍制度是中国管理人口的特殊制度。改革开放以来的户籍制度创新,已经大大淡化了其负面效应。但是由于当前户籍仍然与一系列特殊的管理制度相配合(如就业制度、就学制度等),共同形成了城镇人口群体的特殊利益,对乡村人口流动仍然有很大的限制作用。这些限制作用主要表现为:

第一,当前对农村居民开放的只是小城镇户口,农民到大中城市落户的制度障碍依然存在。

第二,农民获得城镇户口的条件是必须购买住房,而城镇的房价又很高,而农民能够实现的积累非常有限,因此这种以货币构筑的新门槛对普通农民说来仍然是难以逾越的。

第三,户籍制度改革的目标是淡化户籍管理,但是其它制度改革不同步又强化了户籍的重要性。比如就业制度的中观和微观层面对拥有本地户口居民的保护,中小学招生只面向本地生源等等。这也从另一个层面上反映出各种具体制度同步配套改革的重要性。

中国的户籍改革有两条路径可循:一是裂变式改革,一步到位,以身份证制度替代户籍管理,取消户籍制度以及与此相关的种种制度规定,如就业、就学中关于户口的规定。这一改革虽然迅速,但是在人口众多、幅员辽阔的中国短时间内立刻消除与每一个公民都密切相关的户籍制度,在管理上容易引起混乱。同时,户口观念在中国已经深入人心,只有你获得某地的户口,才被自己也才被别人和社会视为某地人,才有生活的稳定感。即便持身份证在外地有稳定的工作,仍然缺乏这种稳定感。签于此,户籍改革不宜选择这条一步到位的路径。另一条路径是渐进式改革,即户口管理制度仍然保留,但是逐步淡化户口的作用,并且使户口迁移变得容易,包括放松大中城市对户口迁入的管制以及降低农民进入城镇的门槛(如取消必须购房的规定),为农村居民进入城镇,真正在制度上成为城镇的一分子创造条件。当户口迁移成为举手之劳而户口又变得价值不大时,它对人口流动从而对社会经济发展的限制作用也就自然消失,户籍改革任务也就彻底完成了。为此,建议中国户籍制度的下一步创新要包括如下内容:

第一,放宽大中城市对农民户口迁入的管制,允许具备一定条件的农民自由选择进入哪一级城市就业和生活(当然更允许城市居民在城市之间的流动)。中国的城市化和经济现代化不能没有大中城市的发展,以及一批新的中小城市发展成为新的大中城市,如果大中城市都把农民拒之于门外,甚至于大中城市之间户口迁移也非常困难,那么全国性的劳动力市场就无从谈起,以人为载体的生产要素的区际流动及优化配置都将十分困难。大中城市是中国经济社会之精华,也一定要走在制度改革与创新的前列。海纳百川,有容乃大。只有允许并促进生产要素在大中城市与区域之间的广泛流动与组合,大中城市才能获得持久的生命力。从另一个角度看,中小城市没有人口的集聚就难以形成一批新的大中城市;大中城市如果缺乏现代化的就业队伍,其经济发展的现代化乃至中国经济发展的现代化也就缺乏依托。因此,下一步的户籍制度创新要解决的不是让不让乡村人口进入大中城市的问题,而是让什么样的乡村人口落户于大中城市的问题。

第二,农村居民户口迁入城镇条件的重新设定。户口迁移通常涉及到全家人口的迁移,对社会的影响比就业人员流动要大得多。为了稳妥地推进城市化进程,确实需要对迁移人口(特别是户主)作出一定的要求,我们认为这些要求可以包括三条:一是户主夫妇(或者迁移者本人)必须受过 12 年基础教育,也即高中毕业,或者相当于高中的中等专业技术教育,这也是当前大部分发达国家对公民接受教育的基本要求。二是户主在申报户口的城市工作两年以上,并且缴纳某些保险(大病保险及失业保险),表示户主已经有能力在城市中就业并且能够享受一定的社会保障,防止户口迁入后大的动荡。三是必须有合法的住所(租买均可)。

对迁移人口受教育年限的要求是必要的,这可以有效地促进我国特别是农村地区基础教育的发展。基础教育不足正是中国现代化过程中的一大障碍。如果把基础教育与农民自身的前途挂钩,那么农民必然会为了子孙的生存与发展而为其创造接受教育的条件,中国普及基础教育的难度将会大大下降。另一方面,进入城市的农民素质将会提高,有利于农村居民与城镇居民的融合,有利于城市社会新秩序的建立。对于一些特大城市,特别是人口问题十分突出的特大城市,则可以适当提高对户主教育水平的要求。比如可以提高到接受过中等专业技术教育或者高等专业教育,极少量的城市如北京、上海则可以要求大学本科毕业。即便如此,对于那些在城市居住和生活若干年以上的从事"苦、脏、险"工作的低文化群体,也应该为他们迁入城市创造一定的条件。

对于当前户口迁入小城镇必须购买商品房的条件,应当免去。首先是因为房价高,购买商品房无异于将一大批低积累但富于进取且具备良好教育的农村居民拒之于城市化门外。其次,部分政策研究和制定者制定本规定的初衷,是保持社会稳定,并且有利于促进城镇房地产业的发展。然而事实上由于购房者减少,因此对促进房地产业发展的作用不大。为了维持社会稳定,做到"居者有其屋",建议改为"在城镇统一规划建设的居住区中租借或购买房屋并居住"。这一条与必须购买房屋相比,进步性在于:(1)提高了农民的经济承受能力,使户籍管理不至于拆了硬门槛,又通过货币筑起软门槛;(2)同样做到"居者有其屋",有利于社会稳定。当前的实际状况是各大中城市都有相当一批农村居民长期居住和就业,而这批人由于买不起商品房,又难以租到相应的商品房,因此大部分都集聚在城郊结合的边缘地带,租借农民的房屋居住,形成所谓的"浙江村"、"新疆村"等等。"村"里的居民缺乏基本的卫生条件,生活质量很低,而且管理起来非常困难,他们长期受到城镇居民的歧视,对立情绪严重,成为社会不稳定的重要因素。如果给他们以正常渠道租借与城镇居民一样的生活小区的商品房屋,享受同样的社区服务,他们的孩子与城镇居民的孩子无差别地能够进入社区中小学,那么这些"新市民"所产生的是自豪与感激而非敌意,他们将会以百倍的努力成为更好的公民,社会问题将会大大减少。城镇居民与这些受过一定教育素质良好的"新市民"为邻,久而久之必能体会出其勤劳与善良,以及奋发努力的精神,从而减少对他们的歧视。城镇居民与乡村居民的融合是中国城市化过程中必须上的一课,它将给中国城市社会带来安定与和谐。(3)有利于城镇房地产业的发展。虽然同一户主租房比买房所产生的房地产营业额要少,但是由于这是大量的、大众性的,从商品房交易总额上看必然大规模增加,从总体上有利于房地产业的发展。而且房地产租赁市场正是当前住宅商品房市场的短线,从长期来看,这是一个有待培育和发展的庞大市场。住宅商品房由以出售为主转向出售与租赁并重也是城镇房地产业发展的一个重要方向。(4)有利于劳动力流动和劳动力市场的建立。购买房屋对任何劳动者都是"重大决策"。一旦买了房,再换工作,就会首先考虑到卖了住宅再买住宅所带来的巨大成本,因此鼓励劳动者购买商品房实际上是不利于劳动力流动的举措。而租赁商品房由于费用低廉,迁移成本低,因此不会成为劳动力流动的障碍。

大量发展住宅租赁市场,解决城市化时期大量乡村人口进入城镇所需的住房问题,是发达国家共同的特点。德国是欧洲后起的工业化国家,19世纪中叶当英国已经基本实现城市化时,德国城市化刚刚起步。1871年德国的城市化水平仅仅为36.1%,还有63.9%的人口居住在农村。其后的40年,由于工业化迅速推进,非农产业就业需求迅速扩张,大批乡村人口进入城市,到1900年城市化水平已达到54.4%,1910年进而上升到60%,实现了由农村社会向城市社会的转变。这期间由于大量的乡村人口进入城市,城市在短期内人口剧增,并且流动频繁。1907年德国5700万总人口中流动人口达2900万,占一半以上,每两个德国人中就有一个在流动。面对迅速增长的城镇人口,城镇住房非常紧张,人们不仅通过租房解决居住问题,而且人口增长如此之快,租借房屋十分困难,于是出现了特殊时期的"租床人"。这是指"流动人口在城市里租不到房子,只能租到一个床位,甚至只能与人合租一个床位,一部分人上班了,另一部分人来租床休息,一张床轮流租用"。[①] 与此相比,我们要求农民必须先购买昂贵的商品房才允许其落户,岂不是要求太高了。

　　第三,与户籍制度直接相关的制度改革要配套。这主要是指要淡化包括就业、社会保障、就学等制度规定中对户口的特殊要求,取消对外地户口的歧视。这里特别要指出的是与就学有关的制度规定。当前我国中小学生都是凭户口就近入学,对外地户口的学生或者不收,或者要收很高的所谓"赞助费",这无异于大大提高了无户口进入城市的新居民的孩子接受基础教育的成本。这是造成流动人口中适龄儿童失学的最主要原因。《中华人民共和国教育法》第九条规定:"中华人民共和国公民有受教育的权利和义务。公民不分民族、种族、性别、职业、财产状况、宗教信仰等,依法享有平等的受教育机会。"《中华人民共和国义务教育法》第四条规

---

　　① 王章辉:《欧美农村劳动力的转移与城市化》,社会科学文献出版社1999年版,第174页。

定:"国家、社会、学校和家庭依法保障适龄儿童、少年接受义务教育的权利。"① 随同父母进城居住的儿童不应该被剥夺这一权利。由于城市化时期处于流动状态的儿童的规模也会非常庞大,及时为他们提供基础教育实际上关系到下一代城市人口的总体素质和社会稳定问题。解除就学中的户籍限制,保护流动儿童就学的权利,是在采取渐进式户籍制度改革的同时必须进行的制度改革。

(三) 土地制度的进一步创新

从某一层面上看,城市化速度的快慢主要取决于城市对乡村人口的拉力和农村的推力,而这种拉力与推力都与土地制度的进一步改革与创新相关联。土地制度改革包括城镇土地制度的改革与农村土地制度的改革。

1. 城镇土地制度的进一步改革与创新

前面的分析表明,城镇土地制度改革有力地促进了城镇房地产业的发展,增强了小城镇对乡村人口的吸纳能力,从而有力地促进了城市化进程。

但是,从长期持续推进城市化的角度看,当前的城镇土地制度仍然存在严重的问题。根据《中华人民共和国城镇国有土地使用权出让和转让暂行条例》,土地使用权出让最高年限视土地使用性质的不同为 40—70 年,并且"土地使用者应当在签订土地使用权出让合同后六十日内,支付全部土地使用权出让金"。② 这种土地

---

① 同 p131①《中国法律法规大全》。
② 《中华人民共和国城镇国有土地使用权出让和转让暂行条例》(1990 年 5 月 19 日中华人民共和国国务院令第 55 号),出处同 p131①《中国法律法规大全》。

使用权出让、转让的意义在于,城镇政府作为国有土地所有权的代表,一次性获得较大的土地出让收入,可以用于基础设施投资和发展公用事业。但是这其中也隐含有重大的问题:第一,每一个城镇可出让的土地都是有限的,政府在城市化外延扩张性用地时期结束,在一次性获得出让金后,将在长期内难以获得土地收入,这将影响地方公用事业和城市建设的可持续发展。第二,开发商需要一次性交付很高的土地出让金,而由于中国特定的历史条件所决定,我国民间开发商的积累都是有限的,高昂的土地出让金使很多民间开发商对城镇土地开发望而却步,城镇土地开发只能被少数开发商控制,其中有很大一部分是政府组建的国有土地开发公司。这将影响城镇土地市场的发育,并限制城镇土地的开发进程。第三,土地开发商为了急于收回高昂的土地出让金,将其作为成本打入商品房价格或熟地价格中,昂贵的房价和熟地价格又使农民和企业投资者望而却步,农民因买不起商品房而放弃进城,企业因付不起土地转让金而放弃进入城镇集聚发展的机会。昂贵的房地产价格不仅降低了房地产市场的需求量,而且也限制了企业和农民向城市的集聚,从而不利于城市化。

因此,需要进一步深化城镇土地制度改革。国家按照所有权与使用权相分离的原则,实行城镇国有土地出租使用制度,将一次性收回的土地出让金依据土地出让年限分 40—70 年收回(考虑利息)。这样既可以保证政府以地租的形式源源不断地获得土地所有权权益,保证公用事业的可持续发展和城镇的持久魅力,同时也大大降低了房地产商的开发成本,促进一级房地产市场的发展,并进而通过降低房价或熟地价格,促进二级房地产市场的发展,农民因此降低了进城买房或租房的成本,投资者因此降低了进入城镇发展企业的成本,从而增强城镇对企业和农村居民的拉力,促进农民和企业向城镇集聚,从而促进城市化进程。

我国《宪法》规定,省、市、县政府任期为 5 年,乡镇政府任期为 3 年,期满换届。每届政府都希望能在本届任期期间获取更多的财政收入,从而更好地发展公用事业,提高政绩。因此将土地使用权出让金一次收取改为分期收取的建议与现任地方政府利益不一致,现任政府不可能主动执行。但是由于这种修改有利于以后各届政府的工作,并有利于中国房地产市场的发展和城市化进程,利大于弊。因此,需要国务院以行政法规的形式确认,强制执行。

2. 农村土地制度的进一步创新

农村土地制度进一步创新的基本目标,是有利于农业的规模经营和农业现代化,有利于乡村人口进入城镇和推进城市化进程,有利于实现由传统的农村社会稳步向现代城市社会的过渡和发展。

为此,农村土地制度进一步改革的主要内容应该包括:

(1)继续稳定以家庭土地联产承包为基础的双层经营体制。土地是农民的命根子,农民不仅视其为生产资料和生产手段,而且也将其视为最后的生存保障。改革开放以后,以家庭土地承包经营为基础的农村土地改革始终受到农民欢迎,稳定土地承包制度是来自农民心底的呼声,是农村稳定和发展的需要。在发达国家,也同样把延长土地租赁期,作为为租赁者提供经营的稳定感、从而促进农业发展的重要手段。如法国的土地租赁期由 1946 年的 9 年提高到现在的 30 年,意大利为 15 年,以色列规定不少于 90 年。[①]

---

① 张红宇:《中国农村土地产权政策:持续创新》,《农业经济》(复印报刊资料) 1999 年第 1 期,第 94 页。

值得欣慰的是,党和国家对这一点是十分明确的,不仅在《土地管理法》中规定了"土地承包经营期限为30年"。① 而且还提出"稳定家庭承包经营,核心是稳定土地承包关系。承包期再延长30年不变,30年以后也没有必要变"。②

(2)明确土地使用权内涵,发放土地使用权证,进一步界定产权关系。在《中华人民共和国城镇土地使用权出让和转让暂行条例》中,明确规定城镇土地使用权的占有者可以将土地使用权转让(含出售、交换和赠送)、出租及抵押。但是,在《土地管理法》中,对农民承包土地的使用权没有做出明确的界定。在国发[1997]20号文件中曾规定:"经批准在小城镇落户人员的农村承包地和自留地,由其原所在的农村经济组织或者村民委员会收回"。③ 江苏、浙江一带在执行过程中,获取城镇户口的农民的承包地是被无偿收回的。国发[1998]24号文件虽然不再提申请城镇户口的农民必须交回土地使用权,但是对土地使用权的处置也没有进一步明确的规定。④ 使用权限的模糊不清,为愿意进入城镇的居民处置土地使用权带来了极大的困难,在现实中他们的土地使用权或者仍然被村民委员会无偿收回,或者将土地随意委托他人耕作,或者放弃经营,任其撂荒。据调查,浙江省1994年有耕地167万公顷,由于多种原因春冬两季撂荒60万公顷,相当于耕地总面积的28%。

---

① 《中华人民共和国土地管理法》,中国法制出版社1999年版,第5页。

② 《江泽民在安徽省党政领导干部会上发表重要讲话强调全面推进农村改革》,《人民日报》1998年9月28日第1版。

③ 《国务院批转公安部小城镇户籍管理制度改革试点方案和关于完善农村户籍管理制度意见的通知》,出处同p131①《中国法律法规大全》。

④ 《国务院批转公安部关于解决当前户口管理工作中几个突出问题意见的通知》,出处同③。

1998年湖南省益阳、常德、岳阳三市春季水田撂荒1.56万公顷,占水田总面积的2.23%。[①] 由于农村土地使用权不明晰,所导致的各种问题已经日益明显地暴露出来。

为此,农民承包土地的使用权也应该与城镇土地的使用权一样,包括转让权(含出售、交换和赠送)、出租权及用作抵押物。[②] 在市场经济条件下,以土地所有权和使用权相分离为基础的土地承包权实际上已经成为一种能够产生效益的生产要素,应赋予承包者对其的使用权、收益权和处分权。这样,农民对于承包的土地就不仅能够用好,而且能够用活。他们可以根据需要,以收益最大为目标,通过各种使用和处分方式的利益比较,将土地使用权这一特殊"资本"进行最佳配置,或者出让一次性获得出让金,或者出租收取租金,或者入股参与分红,等等。

明确承包土地使用权的内涵,赋予农民对其的处分权,至少在如下两个方面有着重大的意义:一是有利于进入城镇落户的农民通过土地使用权的处置,获取一定量的收益(出让金、租金或其它),为进入城镇安置生活和进行投资创造条件。二是有利于农村土地使用权交易市场的发育,从而进一步有利于农业的规模化和现代化经营。

为了使农民对承包土地使用权有明确的处分权,建议对农民承包的土地发放使用证明,实行"一地一证",农民凭土地使用权证

[①] 张红宇:《中国农村土地产权政策:持续创新》,《农业经济》(复印报刊资料)1999年第1期,第97页。

[②] 《中华人民共和国担保法》第37条规定:耕地、宅基地、自留地、自留山等集体所有的土地使用权不得抵押。为了适应农村土地管理制度改革的需要,这条规定应当修改。

和承包合同,可以对土地实行出让、出租、转包、入股、抵押等流转活动。

(3)建立农民承包土地使用权的流转机制,促进土地规模经营和农业现代化。土地规模经营是提高农业生产的机械化程度和农业劳动生产率的前提条件,也是农民增加土地技术投入、提高农业现代化水平的前提条件。伴随着中国城市化的迅速推进,农业土地规模经营开始成为可能。首先是中国的就业结构正在发生着根本性的变化,农业劳动力不论是绝对量还是相对比重都趋于下降(图3.4)。农业劳动力绝对量的下降大大降低了土地经营的压力,为集聚土地进行规模经营提供了基础。其次,由于规模经营土地能够带来规模经济效益,因此仍然愿意从事农业的农村劳动力希望多承包土地,扩大规模经营。现在的问题是如何通过制度规范,将一部分愿意转让土地使用权的居民的土地顺利地让渡给愿意进行规模经营的劳动者手中,因此需要建立农村土地使用权流转机制。

在给农民发放土地使用权证以后,建立土地使用权流转机制的关键在于给土地使用权定价。这一问题在市场经济条件下可以通过市场机制来解决。比如农民将其土地使用权拍卖,各地区情况不同,价格也不同。一旦市场拍卖成功,土地使用权作价就有了基本依据。以此为基础,农民以土地使用权入股或出租也就有了相应的价格。土地使用权一旦有了明确的价格,也就成为一种特殊商品,可以任意买卖,也就等于建立了农村土地使用权市场,通过市场调节,农村土地规模经营必然随着农村劳动力转移而得以推广。

当愿意进行土地规模经营的农民所经营的土地达到一定规模

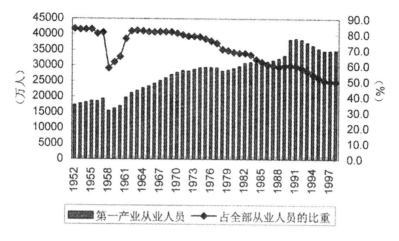

图 3.4　中国第一产业劳动力规模
及其占全社会从业人员比重的变化

时,政府可以鼓励其建立农场,进行企业化经营,其他农民以将其承包的土地转让、出租或入股的方式加入农场。部分农户即便不进入城镇,也可以以农业工人的身份成为农场职工受雇于农场主,他们不仅可以拿工资,还可以从农场主那里得到土地使用权转让金、租金或者参与分红。

特别需要指出的是,在建立农村土地使用权流转机制的过程中,政府可以引导,但是切忌"刮风"、"一刀切",搞"拉郎配"。这是一项涉及数亿农民利益的改革,一定要尊重广大农民的意愿。要给他们以在良好的市场环境下对比较利益进行自主选择的权利。对于进入城镇落户的农民,建议其将土地使用权一次性有偿转让,从而可以获得相对较大的一笔进城开拓新生活的启动资金,也割断了进入城镇的居民对土地的依附。

最后,根据中国当前的国情,农民土地使用权流转还可能会有一个难题,即没有适当的接受者,特别是缺乏土地使用权一次性转让的接受者。因为接受土地使用权的转让，需要一次支付较多的资金。为了推进农村土地使用权流转机制的建立，需要地方政府成立非营利性的土地管理公司，通过市场运作承接农民愿意转让的土地使用权，并给予农民相应的土地转让报酬（转让金、租金或股权分红），为农民顺利地通过市场摆脱对土地的依附而进入城镇成为市民创造条件。

（四）社会保障制度的进一步创新

对于进城的农民来说，解决了就业、居住问题之后，对进入城镇生活的顾虑就是担心城镇生活的不稳定。在农村，即便是收成不好，吃饱饭保证最低生存需要还是没有问题的，有了病左邻右舍、亲朋好友互相借钱凑钱，老了有几个子女在身边也有个基本保障。如果进入城市，这些问题他们都觉得十分茫然，心里没底。为进城农民提供基本的社会保障，是政府必须解决的问题。

从进城就业的农村居民所需要的基本生活条件看，为进城农民提供的保障至少要包括失业保险、医疗保险和养老保险，对具有城镇户口的农民发放社会救济。社会保障制度进一步改革与创新的总的原则是扩大保障面，实行社会化。为了使进入城镇的农民能够真正走上城镇规范的生活轨道，使中国城市化稳步推进，必须逐步将进城的农民工人纳入保障对象。

1. 建立面向所有非农产业就业人员的失业保险和医疗保险

就业和就医是进入城镇的农村居民最为关心的问题，而且失业和疾病是违背自身意愿，又无能为力的问题，因而需要社会给予其基本保障。同时与养老保险相比,失业保险和医疗保险所要缴纳的保险费金额较低,给企业和个人增加的负担不重,能够承受。

面向所有非农产业就业人员的失业保险和医疗保险制度的建立,仍然可以以《国务院关于建立城镇职工基本医疗保险制度的决定》及《失业保险条例》为依据,所不同的是需要做如下两点新的规定:

(1)保险对象要拓展到所有非农产业就业人员。《失业保险条例》第二条规定:"城镇企业事业单位、城镇企业事业单位职工依照本条例的规定,缴纳失业保险费"。"本条所称城镇企业,是指国有企业、城镇集体企业、外商投资企业、城镇私营企业以及其他城镇企业"。第六条规定:"城镇企业事业单位招用的农民合同制工人本人不缴纳失业保险费"。[①] 也就是说,农民合同制工人所在单位可以为其缴纳失业保险费,也可以不缴纳。由于此规定,农民合同工事实上享受不到失业保险。我们认为第二条有关内容应该更改为"城镇企业事业单位、城镇企业事业单位所有职工,都要依照本条例的规定,缴纳失业保险费。"第六条有关内容应修改为"城镇企业事业单位必须为本单位招用的农民合同制工人缴纳失业保险费用,城镇企业事业单位招用的农民合同制工人本人也必须缴纳失业保险费。"

《国务院关于建立城镇职工基本医疗保险制度的决定》中规定:"城镇所有用人单位,包括企业(国有企业、集体企业、外商投资企业、私营企业等)、机关、事业单位、社会团体、民办非企业单位及

---

① 《失业保险条例》(中华人民共和国国务院令第 258 号),《人民日报》1999 年 1 月 29 日第 2 版。

其职工,都要参加基本医疗保险。乡镇企业及其职工,城镇个体经济组织业主及其从业人员是否参加基本医疗保险,由各省、自治区、直辖市人民政府决定。"① 为了吸收所有非农产业从业人员特别是农民合同制工人参加医疗保险,应将上述由各省、自治区、直辖市人民政府决定的内容修改为:"乡镇企业及其从业人员,城镇个体经济组织业主及其从业人员,都要参加基本医疗保险。"同时增加规定:"本文件所指职工包括城镇职工和农民合同制工人。"

(2)农民合同制工人缴纳保险费采取过渡性办法。中国制度改革的基本特点之一是稳妥,因此选取了渐进式改革的路径。对于农民合同制工人保险费的缴纳办法也可依据这一特点进行。

农民合同制工人缴纳保险费的过渡性办法的核心内容,是在保证农民合同制工人缴纳费额与城镇职工相等的前提下,企业适当降低应缴份额,职工适当提高应缴份额。具体办法是:

第一,《失业保险条例》第六条规定:"城镇企业事业单位按照本单位工资总额的百分之二缴纳失业保险费。城镇企业事业单位职工按照本人工资的百分之一缴纳失业保险费。"② 相应地,农民合同工缴纳保险费的办法可规定为:"城镇企业事业单位按照本单位农民合同制工人工资总额的百分之一缴纳失业保险费,城镇企业事业单位招用的农民合同制工人按照本人工资的百分之二缴纳失业保险费。"

第二,在《国务院关于建立城镇职工基本医疗保险制度的决定》中,规定"基本医疗保险费由用人单位和职工共同缴纳,用人单

---

① 《国务院关于建立城镇职工基本医疗保险制度的决定》,中共中央文献研究室编:《十五大以来重要文献选编》(上),人民出版社 2000 年版,第 666 页。

② 《失业保险条例》,《人民日报》1999 年 1 月 29 日第 2 版。

位缴费率应控制在职工工资总额的 6% 左右,职工缴费率一般为本人工资收入的 2%。"对于农民合同制工人的医疗保险费的缴纳可以相应地规定为:"用人单位缴费率应控制在农民合同工工资总额的 3% 左右,农民合同工缴费率一般为本人工资收入的 5%。"

第三,农民合同制工人不是一辈子的农民职工身份,在如下两种情况下,应当视同一般城镇职工对待,用人单位应适当提高其失业保险和医疗保险缴费率,农民合同制工人则适当降低缴费率。第一种情况是农民做合同制工人满 5 年以上,第二种情况是农民进入城镇获得城镇户口。

这样一种过渡办法的意义在于:不需要企业立刻拿出大笔的保险费,企业招用农民工的保险成本依然低于城镇职工,企业容易接受;而对于农民而言,享受保险无异于提高了社会待遇,为其在遭受失业和疾病时仍能在城镇生存提供保障。虽然缴纳高一些的保险费,但有 5 年的期限,有盼头,农民工人也愿意。虽然这也是一种带有一定程度的歧视性办法,但是相对于农民合同制工人根本不能参加保险相比,"城乡差距"已经大大缩小了。

2. 吸收进入城镇就业 5 年以上的农民合同工参加养老保险

《社会保险费征缴暂行条例》第三条规定:"基本养老保险的征缴范围:国有企业、城镇集体企业、外商投资企业、城镇私营企业和其他城镇企业及其职工,实行企业化管理的事业单位及其职工。"[①] 对农民合同工是否属于"职工"没有明文规定,但在现实的

---

① 《社会保障费征缴暂行条例》(中华人民共和国国务院令第 259 号),《人民日报》1999 年 2 月 2 日第 2 版。

执行中,都是不包括农民工的。

我们建议,中国养老保险至少应该包括如下两类进城的农民:

第一类:已经进城落户并具有城镇户口的农民。他们实际上已经是"城镇人口",而许多地方对于获得城镇户口的农民在社会福利上仍有歧视。我们呼吁应尽快解决这种不利于社会稳定的问题。

第二类:在城镇连续做各种合同工5年以上者。在中国各级城镇,都有相当一批农民工已经在城镇就业、生活很长时间,由于多方面的障碍而没有城镇户口。他们仍将继续在城镇中工作和生活。对于这一部分人,应该吸收其参加养老保险。具体年限,可以规定为在城镇连续工作5年以上。

在城镇工作5年以上的农民工养老保险费的交纳办法可以等同于城镇职工,即企业缴纳基本养老保险费的比例一般不得低于企业招用农民合同工工资总额的20%,个人缴纳部分不得低于本人工资的8%。

3. 为已经进城落户并将承包土地一次性出让的农民提供最低生活保障

最低生活保障是由地方财政负担的保证居民维持最低生活标准的保障。由于是由财政负担,所以要将享受人员控制在最必需的范围内。

《国务院关于在全国建立城市居民最低生活保障制度的通知》明确规定:"城市居民最低生活保障制度的保障对象是家庭人均收入低于当地最低生活保障标准的持有非农业户口的城市居民"。"要求1998年底以前,地级以上城市要建立起这项制度,1999年底以前,县级市和县政府所在地的镇要建立起这项制度。"① 可见,不仅农村居民享受不到最低生活保障,而且一般建制镇居民也享受不到。

虽然我们是发展中国家,政府财力极其有限,广大国民应该体谅国家。但是另一方面,最低生活保障属于社会救助的范畴,也即当国民连最起码的生存条件都不具备时,才会向政府要求最低生活保障。作为政府,提供最低生活保障应该是最起码的职责之一。如果政府不果断地履行基本职责,置国民最基本的呼声于不顾,让他们在动荡中长期往返于城乡之间,不仅是不应该的,而且有失政府在民众中的信誉。同时,在城市化迅速推进的过程中,必然伴随大量人口的流动,尽可能创造条件稳定这些人口,对于整个社会由农村社会向城市社会过渡是必需的。否则,相当一部分"事实上的城镇居民"只是由于短期失业或无指望保障而长期徘徊于城乡之间,不仅不利于城市经济的稳定和持续发展,不利于推进城市化进程,而且也不利于农村的稳定和持续发展,不利于推进农村的规模经营和农业现代化。

因此,应当适度扩展享受最低生活保障的范围:

第一,在所有建制镇尽快建立最低生活保障制度。建制镇的城镇居民绝大部分都不再有承包的土地,他们一旦完全失业,就没有其他可以维持生计的来源,因此需要纳入最低生活保障范畴。

第二,对于已经在城镇落户并且已经一次性将承包土地使用权出让的居民,应该可以纳入享受最低生活保障的范畴。应该说,

---

① 《国务院关于在全国建立城市居民最低生活保障制度的通知》。载于国务院法制办公室信息中心编:《中国法律法规全库》(CD – ROM),中国法制出版社1999年版。

对于已经在城镇落户的农村居民(或称新市民)由于户籍的变更,天然地具备享受最低生活保障的条件。但是,在城市化迅速推进的条件下,我们的新市民会增长很快(如果以城市化水平1年增长0.5个百分点计,是624万或更多一些,再如果以3%的低失业率计,在新市民中需要享受最低生活保障的人数也达18.7万以上,逐年累计,是一个巨大的数字)。为了既有利于推进城市化进程,又减轻国家财政负担,可以实行对新市民区别对待的办法。即对那些仍然保留承包地使用权,只是将其有限让渡(如租赁、入股等)的新市民,由于他们还能够凭借承包土地使用权得到诸如租金、分红等形式的收入,从而在一定程度上有部分生活保障,因此可以暂时不考虑将其纳入享受最低生活保障的范围;对于已经将承包土地的使用权一次性出让给集体或他人的新市民,由于其在完全失业期间已经不再有任何生活来源,也不再有退回农村的可能,因此需要将其纳入最低生活保障的享受群体。另一方面,一次性出让承包土地使用权有利于农业规模经营,是中国农业现代化的百年大计,如果将进入城镇后是否能够享受最低生活保障与是否将承包土地使用权一次性出让相联系,就促使进城居民放弃土地,从而有利于促进农业规模经营,提高土地制度创新的绩效。这也是各种制度配套创新的内涵。

以上我们用了较多的笔墨论述社会保障制度进一步创新的若干内容,是想以此强调社会保障制度的健全之于城市化的稳定发展,甚至整个中国社会的进步都具有十分重要的意义。

在发达国家,社会保障制度建立健全的过程大都是伴随城市化迅速推进的过程而进行的。20世纪50—60年代,是日本城市化迅速推进的时期,适应城市化的要求,日本在60年代初确立了全体国民年金制度和全民医疗保险制度,颁布了《生活保障法》等法律,[①] 到被称为"福利元年"的 1973 年,日本的社会保障制度已经初步健全。[②] 德国是欧洲工业化和城市化较迟的国家,却是最早实现社会保障的国家。在 19 世纪下半叶进入城市化迅速推进时期后,就陆续颁布了一系列法令,使社会保障法律化、制度化。1855 年第一个穷人权力法规生效,1881 年德国首相俾斯麦首先提出关于建立社会保险的议案,1883 年国会通过了《疾病保险法》,1884 年帝国议会通过了《意外灾难保险》,1889 年国会通过《老年和残废保险法》。1894 年,科隆市第一个建立了全市性失业保险制度,随后几年这项制度扩展到全国。[③] 德国社会保障制度的建立为此后一百年德国经济稳步发展提供了必不可少的前提条件。

从理论上讲,建立社会保障制度,促进城市化进程,是符合人类的"需要等级"学说的。美国著名的社会学家亚伯拉罕·马斯洛(A. Maslow)1943 年发表了《人类动机理论》,提出了著名的"需要等级"学说。他把人的基本需要按发生顺序由低到高分为 5 个等级,即生理的需要、安全的需要、社交的需要、心理的需要和自我实现的需要。[④] 马斯洛认为,当低一级需要没有满足之前,高级需要不可能成为一种有效的行动动力。建立社会保障制度所做的工作,从"需要等级"学说的角度看,就是为处在困境中的人们提供最低

[①] 下河边淳:《现代日本经济事典》,中国社会科学出版社和日本总研出版股份公司 1982 年出版,第 205—211 页,第 617—620 页。

[②] 南亮进:《中国的经济发展——与日本的比较》,经济管理出版社 1991 年版,第 265、266 页。

[③] 王章辉等:《欧美农村劳动力的转移与城市化》,社会科学文献出版社 1999 年版,第 247—259 页。

[④] 夏禹龙:《软科学》,知识出版社 1982 年版,第 31 页。

层次的生理需要(最低生活保障和养老保障)和安全需要(失业保障、医疗保障)。城市生活虽然是中国农村居民祖祖辈辈所向往的,他们愿意为此付出巨大努力。但是,如果进入城市,连最低层次的需求都不能得到满足,城市生活在其它方面对他们的激励作用也就显得黯然失色了。

　　中国的城市化,是一个数亿人口由农村进入城市的过程,他们从开始离开农村到最后在城市定居,必然有一个忧虑、徘徊和动荡的过程。在这一过程中,如果社会保障制度将他们排斥在外,必然会使他们延长徘徊期,甚至最终放弃进入城市的努力,返回乡村,消极地进行着年复一年的小农生产。因为农村不仅能够满足其"最低层次需求",而且也符合中国农民"小富即安"的传统保守思想,那么中国的城市化将只能长期低水平、低速度地推进,质的变化非常困难。相反,如果我们尽早建立面向非农产业人口及其家属的社会保障制度,勤劳的农民们在城镇生活有了最基本的保障,那么他们在感受温暖的同时,必然加快向城市迁移的速度,并且在城市中加倍努力地劳动,以满足他们的先辈难以得到的"更高等级的需要"。数亿民众对自尊、自律、自信心理需要的追求和对自我完善需要的追求,必然化为巨大而无形的动力,推动着他们努力地工作,积极进取,遵守秩序。而这才是推进中国城市化进程、逐步建立城市社会的不竭的源泉。

(五) 行政制度的进一步创新

　　从促进 21 世纪城市化进程的角度看,行政制度的进一步创新主要包括建立市场经济条件下的地方政府职能框架、建立规范的财政转移支付制度、进行有利于生产要素积聚的行政区划调整等等。

1. 建立适应于市场经济体制的地方政府职能框架

众所周知,中国地方政府职能转变是体制改革的重要环节,其核心问题是政府要逐步减少和退出直接投资、经营竞争性企业的行为,为市场调节腾出空间。同时,更好地担负起发展公益事业、提供公共物品的职能,为经济发展创造良好的投资环境。在提供公共物品方面,中央政府主要提供国防、法律和秩序、宏观经济政策、跨区性基础设施建设等全国性的公共物品,地方政府则主要提供基础教育、公共医疗卫生、地方性基础设施及地方经济政策等地方性公共物品。因此,中国地方政府进行职能转变的任务十分明确:就是要减少、退出直接干预经济的行为,而承担起地方经济发展的管理者并提供地方性公共产品的职能,即主要是发展公益事业、规划并参与发展基础产业、制定并监督执行区域发展政策。

未来时期中国地方政府职能及其与区域经济发展的关系可表示为图3.5。

(1)发展公益事业。公益事业是指为广大居民提供公共服务,经济效益小、社会效益大的事业,主要包括教育特别是基础教育、公共医疗卫生保健、公共环境建设等等。

在各项公益事业中,基础教育是核心。基础教育是提高公民素质的第一步。我国《教育法》规定,政府有对所有公民进行九年义务教育的责任,每个公民都有接受九年基础教育的权利和义务。而在现实生活中,九年义务教育还远远没有保证,主要表现在两个方面:第一,辍学率高,从《中国统计年鉴》的资料看,中国小学入学率和小学升学率都是比较高的,1997年该值分别为98.9%和

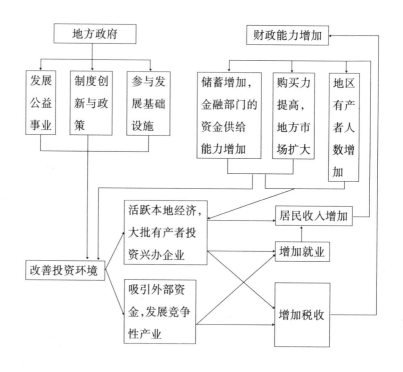

图 3.5 地方政府职能转变与区域经济发展循环图

93.7%,虽然小学入中学的过程中有6.3%的较多失学,但业绩仍然是较好的。但是,我们的统计资料不反映辍学率,而在6年小学学习和3年初中学习的过程中,辍学率都是较高的,大约合计在20%左右,如果再考虑小学升学的不完全性,那么,我国实际上有近1/4的适龄少年儿童不能接受完全的九年义务教育。这是一个非常严重的问题;第二,很多学校,特别是广大农村地区师资力量较差,教学质量低,即使接受完九年义务教育的孩子并没有真正达到初中毕业应有的文化水平和素养。这样,年复一年,国民的基本素质难以得到根本提高,不能满足地区经济和社会发展的基本要求。从投资环境的角度看,劳动力素质低,企业难以实现技术进步和技术创新,不仅已有的企业缺乏发展活力,对新的投资者更是缺乏吸引力,区外投资吸引不过来,本区投资者则会把眼光投向其它投资环境较好的地区。因此,如何高质量地保证九年义务教育是市场经济条件下地方政府营造投资环境的第一重要内容。

(2)规划和建设基础设施。基础设施是地区投资硬环境的主体,它是指用于保证区域社会经济活动正常进行的公共服务系统,主要包括区域交通系统、公用事业系统、公共工程系统及社会性基础设施。

由于基础设施几乎被用于每一个生产过程和生活过程,是区域经济社会活动正常进行的必要条件;基础设施建设工程规模巨大,需耗费巨额投资,一般的企业和个人力不能及;而基础设施的经营又具有低盈利性及公益性,决定了政府在基础设施建设中应该居主导地位。另一方面,由于基础设施项目规模巨大,其工程建设一旦开始,便构成区域经济活动的重点,它的建成又将在很大程度上甚至是根本上改变区域经济发展的条件,促进区域经济的发展,这也是政府关注基础设施的重要原因。

在地方性基础设施发展方面,地方政府职能表现为两个方面,一是规划管理。即对所在地区的大型基础设施项目进行统一规划,避免和减少基础设施的重复建设。实际上,基础设施的重复建设是我国重复建设的重要表现之一,也是造成最大浪费的领域之一。二是参与投资建设。由于基础设施投资巨大,经济效益低,属于市场容易失灵的领域,因此需要政府参与投资,参与建设。有的基础设施项目,私人没有兴趣,政府需要独资建设。最近十几年来,基础设施建设的融资渠道在逐渐拓宽,比如利用 BOT 形式吸引外资,通过股份制进行市场融资,争取世界银行贷款等等,企业和个人对地方性的、小型的基础设施项目投资也越来越多。但是,总的来看,地方政府仍然是区域性基础设施的规划者和主要建设者。

实际上,投资于基础设施也是政府刺激经济增长的有效措施。基础设施由于工程量大,需要耗费大量劳动力,能够以投资和劳动的投入拉动经济增长。特别是在经济低速增长期或衰退期,企业或个人投资减少,政府可以通过基础设施的建设与维修,增加公共支出,从而刺激经济增长,并增加就业。

(3)体制创新与政策。在体制转轨时期,中国各地方经济的发展不仅取决于各项常规性生产要素的积累和投入,也同时取决于新制度安排所赋予的各种经济增长潜能的释放。实际上,在现实的区域经济发展中,体制改革走得快的地区也必然是经济发展走在前列的地区。在全国各省区市的发展中是如此,在一省内部各地市县的发展中也是如此。

所谓制度创新,其实质是着力培育市场机制,充分发挥市场在资源配置中的基础性作用,早日实现由传统的计划经济体制向新的市场经济体制过渡。因此,一方面需要加快国有企业的公司制改造,使之早日成为真正具备市场竞争力的经济主体;另一方面,要放开、培育、扶持非公有制经济,特别是私人企业和个体经济的发展,促进私人财富的积累。由于国有企业是公共财富,归国家所有,虽然目前国有企业的产品已经市场化了,但是国有企业的整体市场化客观上还需要有一个过程,特别是国有资产的市场化经营还要假以时日。因此,在未来几年中,一个地区的市场化程度主要取决于私人财富的积累程度,以及私人企业发展的规模和水平。

个私经济是在市场的大风大浪中成长的,完全接受市场的调节。个私经济的规模越大,比重越高,市场作用的空间也就越广阔。不断成熟的市场机制将赋予地区经济发展以巨大的活力和创造力。因此,加速国有企业改革,培育个私经济,是未来时期地方政府职能的另一个重要内容。

2. 建立规范的财政转移支付制度

建立规范的财政转移支付制度是与地方政府职能转变相互配套的一项改革措施。

财政转移支付制度是中央政府向地方政府拨付财政性资金的制度,它是中央政府进行宏观调控、促进区域经济协调发展的重要手段。当前的财政转移支付制度存在的最主要问题是中央对地方的税收返还分配方式不合理,"基数法"客观上使财税政策明显地向沿海倾斜,进一步固化了各地区在财力上的贫富不均格局,致使中西部广大地区(包括沿海的部分欠发达地区)政府的财政能力不能够满足执行地方政府职能的需要,地方政府职能转变也就成为空谈。更为重要的是,在这种分配方式下,无论是发达地区的地方政府,还是欠发达地区的地方政府,为了获得更多的、可支配的财力,都想方设法增加地方财政收入。为此,最直接、最有效的办法就是自己投资办企业,并且直接管理企业。这样,各级地方政府无形中将增加财政收入作为工作重心,反而无暇顾及其应该执行的真正的政府职能。因此,为了加速地方政府职能的转变,必须加快财政体制改革,建立规范的财政转移支付制度,为各地区政府提供相对公平的财政能力,使政府具备相应的财政能力去执行政府职能。

建立规范的财政转移支付制度,需要解决的核心问题是建立科学的数学模型和计算方法,以便客观公正地计算出各地区各级政府基本的财政支出需要。当前的财政转移支付是以承认地方的既得利益为基本前提的,因此贫富不均日益严重。规范的财政转移支付制度是以满足地方政府基本的财政支出需要为根本特征。因为,市场经济条件下,地方政府为了履行政府职能,客观上存在着基本的财政支出需求量。确定这一基本的需求量就成为建立规范的财政转移制度的核心问题。可以考虑,用各地区的标准化人口总数、平均管理半径、人均 GDP 三大指标,综合加权,计算出地方政府基本的支出需要。因为该三大要素是影响地方政府财政支出的基本要素。

标准化人口总数。市场经济条件下政府的管理职能是以人为中心的。因此,计算地方政府基本的支出需要,最为重要的是人口因素。由于城市和乡村的政府管理和政府服务客观上存在着很大的差别,前者所需费用大大高于后者,在考虑人口因素时,应当区分城市人口和乡村人口。我们设计的标准化人口总数指标,由城镇人口的二倍与乡村人口相加得出。1997 年底,我国标准化人口总数指标,最多的山东省为 11591 万人,最少的西藏自治区为 281 万人,最多最少之比为 41:1。标准化人口总数指标在计算地方政府基本的支出需要时的权重,可确定为 60%。

平均管理半径。我国各省、区、市的土地面积相差很大,最大与最小之差多达 260 多倍。土地面积大,交通通讯费用就高,基础设施的建设成本也高,因而政府基本的支出需要也就多一些。一般说来,政府管理和服务成本是与管理半径成正比的,因此我们设计了平均管理半径指标。平均管理半径由土地面积除以圆周率再开平方而得。目前,我国平均管理半径最长的新疆维吾尔自治区为 727KM,最短的上海市为 45KM,最长最短之比为 16:1。平均管理半径在计算地方政府基本支出需要时的权重,可确定为 10%。

人均 GDP。地方政府基本的支出需要,是与经济发展水平密切相关的。经济发展水平高的地区,价格水平一般也高一些,政府管理和服务成本也相应高一些。1997 年,我国人均 GDP 最高的上海市为 25739 元,最低的贵州省为 2207 元,最高最低之比为 12:1。人均 GDP 在计算地方政府基本支出需要时的权重,可确定为 30%。

设标准化人口总数、平均管理半径、人均 GDP 分别为 X_1、X_2、X_3,全国地方政府的实际基本财政支出总和为 Y_0,则各省、区、市政府的基本财政支出需要 Y_i 可以根据如下模型计算出来:

$$Y_i = a_1 X_{1i} + a_2 X_{2i} + a_3 X_{3i}$$

$$式中: a_1 = 0.6 Y_0 / \sum X_{1i}$$

$$a_2 = 0.1 Y_0 / \sum X_{2i}$$

$$a_3 = 0.3 Y_0 / \sum X_{3i}$$

$$(i = 1, 2, 3, \cdots\cdots 31)$$

初步设想,地方财政收入高于地方政府基本支出需要的省份,不能得到中央政府的一般性转移支付;地方财政收入低于地方政府基本支出需要的省份,中央政府按照地方财政收支差额的一定比例(如 80—90%,视具体情况而定)确定一般性转移支付的数额,以便调动地方政府的积极性。

这样,通过建立规范的财政转移支付制度,淡化地方政府财政支出与财政收入在量上的直接关系,减轻地方政府增加财政收入的任务。通过转移支付,满足地方政府与其执行职能相适应的财力,使政府具备相应的财政能力去执行政府职能。建立规范的财政转移支付制度,为各地区政府提供公平的财政能力,是 21 世纪初我国通过财政体制改革、促进城市化进程的重要举措。

3．调整乡域行政区划,促进地方中小企业的积聚和小城镇的规模化发展

在成熟的市场经济条件下,行政区划与生产要素流动、与城镇的规模化发展并没有必然的联系,因为生产要素可以无障碍地自由流动,追求规模经济和利润最大化的天性必然促使投资者将企业配置在规模相对较大、投资环境相对较好的城镇发展。但是,我国当前处于体制转轨时期,各种制度向规范的市场经济体制过渡的过程正在进行之中,许多传统体制的框框仍然束缚着社会经济的发展。其中之一就是政府职能转变尚未完成,块块分割依然严重,生产要素的区际流动不畅。省与省之间如此,县与县之间、乡与乡之间也是如此。而乡镇作为我国最基本的行政区域,乡镇政府所在地作为民间中小企业生产要素积聚的基本空间依托,乡镇与乡镇的分割造成了小城镇的分散发展。而乡镇的合并就成为扩大基本行政区域,从而为小城镇规模化发展创造条件的重要路径。因此,调整乡域行政区划,是我国在特定的体制转轨时期,促进民间小企业生产要素能够在相对较大的范围内流动,从而促进小城镇的规模化发展的必然选择。

根据《国务院关于行政区划管理的规定》,[①] 乡一级行政区划

---

① 《国务院关于行政区划管理的规定》(1985 年 1 月 15 日),载于北京大学法制信息中心:《中国法律法规大全》(CD – ROM),北京大学出版社 1998 年版。

的调整及政府驻地的迁移,省级政府就可以审批,而县一级行政区划的变更需由国务院审批。因此,乡一级行政区划的调整更具有易操作性。

当前,在江苏、浙江、北京等发达省市的部分地区,已经开始顺应小城镇规模化发展的要求,调整乡域行政区划,从而在全国产生了一定的示范效应。但是,在已经进行的乡域行政区划调整中,普遍没有得到很好解决的问题是缺乏相对科学的标准。因此,需要尽早研究调整乡域行政区划的原则和方法。作者认为,进行乡一级行政区划调整,至少需要达到以下一些要求:

第一,以条件较好的中心镇为中心,进行乡镇行政区的合并。增长极模式是区域初始发展的基本模式。乡域行政区划的调整如果有一个发展条件相对较好的建制镇作为增长极,就可以通过该增长极的极化效应和扩散效应带动区域的发展。这里所谓"条件较好"是指规模相对较大(镇域人口达到2万人以上)、经济比较发达(中心镇域的人均收入高于区域平均水平的20%以上),并且具备良好的区位条件(包括地理位置、交通条件以及城镇发展所需要的用地和用水条件等等)。

第二,合并后的乡镇总人口以在5—8万人之间为宜。这是因为我国处于工业化中期阶段,在这一发展阶段,第三产业得以广泛发展需要一定的"门槛"市场。一般而言,只有当城镇人口达到2—5万人时,第三产业特别是一些为提高人的基本素质所必需的相对较高层次的服务业(如图书馆、文化馆、体育馆等),才能得到有效发展。以初步实现城市化,城市化水平达到50%—60%计算,为满足2—5万城镇人口的积聚,所在区域的总人口应达到5—8万人。

第三,合并后的乡镇面积一般应在100平方公里以上。这主要是由于近年来交通、通讯条件大大改善,以及乡镇政府的职能逐步规范,乡镇政府的管理能力有很大提高。为了发挥乡镇政府的管理效能,提高其管理效率,应增加乡域面积,扩大其管理范围。一般而言,乡镇一级政府的管理范围,应该考虑在乡镇领导下基层开展工作时,1小时内能够到达为宜。如果乡镇面积为100平方公里,平均管理半径为5.6公里,完全在乡镇政府管理可及的范围内。

中国地域辽阔,区域差异很大,在调整乡域行政区划时,各地不能"一刀切"。当前在经济较发达、人口密度较大的沿海地区及中西部的部分较发达地区可以参照上述标准,而在山区、地广人稀的地区,则要根据当地情况斟酌调整。

(六) 简化并降低市的设置标准,促进城市化进程

我们认为,中国设市的标准只需要考虑一个指标:常住人口达到3万人的人口集聚区就可以设置市的建制。其理由是:

第一,人口是城市化的核心指标。"城镇人口占总人口的比重"是世界上通行的衡量城市化水平的指标。《城市规划基本术语标准》给城市化水平的定义是:"衡量城市化发展程度的数量指标,一般用一定地域内城市人口占总人口的比例来表示。"[①] 以常住人口集聚规模为标准来设置城市,就保证了城市之所以成为城市的根本条件。

---

① 国家质量技术监督局和中华人民共和国建设部联合发布:《城市规划基本术语标准》(中华人民共和国国家标准),中国建筑出版社1999年版,第2页。

第二,人口集聚规模与城市非农产业的发展有直接的因果关系。市区常住人口达到一定的规模,必然意味着市区非农产业达到一定的水平和规模,特别是第三产业,因为3万人口的集聚本身就是一个较大的第三产业市场。因此,在市场经济条件下人口集聚规模标准可以在相当程度上反映并能够替代其它经济指标。在我国城市体系的现实运行中,也是人口集聚规模越大,城市的经济越发达,现代化水平也越高(参见附表4.3)。

第三,市区人口集聚程度可以在相当程度上反映所在区域的经济发展水平,从而可以在设置城市时忽略相应的区域性指标。在市场经济条件下,生产要素根据比较利益原则选择区位,中心城市必然是先进生产要素积聚的首选区位。如果区域经济越发达,工业化程度越高,非农产业必然也越发达,非农人口集聚规模也必然越大。因此,市区人口集聚规模通常相应地反映区域经济发展水平,从而可以在考虑设置城市标准的指标时,替代其它区域性经济指标。

第四,简便易行,可操作性强。我们所指的市区常住人口达到3万人,其中市区的界定以国家统计局《关于统计上划分城乡的规定》(国统字[1999]114号)中关于"市区"的规定为依据。所谓"常住人口",是指持续居住时间达半年以上的人口。市区常住人口的统计简便易行。与《国务院批转民政部关于调整设市标准报告的通知》(国发[1993]38号)规定的13个统计指标而言,这一方法的可操作性强,且不易弄虚作假,可以真实地反映出中国的城市化水平。在现实的操作中,衡量指标越复杂,基层作假的可能性越大,反映出来的情况就越失真。

第五,3万人口是迄今为止世界上关于城镇设置标准的最高限。根据周一星教授的研究,当前在城镇设置中,有 80 多个国家和地区包含有人口下限指标(其中有 50 多个国家单纯以人口下限指标作为设置城市的指标)。在这些国家中,下限标准最低的是乌干达,仅 100 人;最高的是日本,为 5 万人。其他主要国家的人口下限指标是:美国为 2500 人,英国为 3000 人,法国和德国均为 2000 人,加拿大为 1000 人,意大利为 10000 万,印度和韩国均为 5000 人。① 实际上,日本设市标准的人口下限也是 3 万人。因为日本规定的 5 万人的标准,是指整个市域的人口,如果居住在中心镇区的户数占总户数的 60% 以上,即大约为 3 万人,就可以设市。② 从实践上看,1995 年日本有 5 万人(即市区人口 3 万人)以下的市 224 个,其中 3 万人(即市区人口 1.8 万人)以下的市 68 个,分别占日本城市总数(665 个)的 33.7% 和 10.2%。③

　　显然,我国现行的设市人口标准定得太高。城市设置标准太高,直接的负面效应是大批在客观上已经具备城市发展条件的镇不能成为城市,就不能够以城市的建设标准去进行建设,从而限制了城镇建设的发展。实际上这就相当于降低了城市的建设标准,使我国与国外同等规模的城市相比,基础设施落后,投资环境差,居民生活质量低。而且,城市设置标准太高,使大部分建制镇觉得城市距离自己非常遥远,是不可及的,从而放弃发展为城市的努力。因此,设市标准太高,实际上不利于城市化进程。

---

①　周一星:《城市地理学》,商务印书馆 1995 年版,第 33—36 页。

②　在日本的《辞林》(三省堂 1993 年版,第 867 页)中,对市的定义是:人口在 5 万以上,居住在中心镇区的户数占总户数的 60% 以上,并且具备一些必要的基础设施。由此推算,日本城市中心镇区的人口下限标准大约为 3 万人。

③　〔日〕总务厅统计局:《日本的统计》,1997 年版,第 17 页。

第四章　城镇发展支持系统：
关于城市化速度、结构
和质量问题的探讨

　　当城市化进程具有强大的经济拉力和良好的制度环境时,城镇自身的合理发展就成为推进城市化需要直接解决的问题。本章着重讨论三个问题:第一,中国的城市化速率与城市化的目标问题,即中国的城市化以怎样的速度在多长时间内持续推进方能把中国推向现代城市社会? 我们在分析的基础上提出了预测方案;第二,通过对中日城镇规模结构的比较研究,指出中国城镇规模结构的问题所在;第三,研究中国城市化的质量,设计衡量城市现代化的指标体系,并对中国城市现代化状况进行评价,提出加速城市现代化是中国建设城市社会的重要内容。

一、城市化速度与实现目标
的预期时间表

　　最近几年来,城市化的速度逐步成为人们研究城市化时所关注的问题。所谓城市化速度,是指各年的城市化水平较之前一年的增长幅度,或若干年内城市化水平年增长的平均幅度,通常用城镇人口占全部人口比重(城市化水平)提高的百分点来表示。

在最近一些学者的有关论著及有关政府部门的研究报告中,越来越多的人持这样的观点:为了加速推进中国的城市化进程,必须加快城市化速度,使城市化平均每年提高 1 个百分点甚至更高。我们认为这样的提法把问题过于简单化和欠科学。

诚然,城市化速度是动态地研究城市化问题的重要内容。但是该指标不是人为规定的,城市化速度作为一种反映经济社会动态变化的现象,它也有自身的规律,并因国情区情的不同而不同。研究中国的城市化速度至少在理论和实践上需要考察如下五个方面的相关问题。

(一) 城市化的阶段性

关于城市化的阶段性,许多学者已经进行了科学的概括,提出随着经济发展水平的提高,城市化呈现出"S"型的变动轨迹,并将其全过程划分为三个阶段:低速增长阶段(城市化水平低于30%)、高速增长阶段(城市化水平在30%—60%之间)和成熟的城市社会(城市化水平高于60%)。这一阶段性理论精辟地概括了工业化与城市化的相互关系,提出进入工业化中期的国家会同时进入城市化的高速发展阶段,对指导发展中国家的城市化具有重要的意义。但是,这一划分太过粗略,对于城市化低速和高速增长的很长历史时期的变化规律缺乏进一步的阐述。为了使城市化阶段性划分的理论更为深入细致和具体,更具有可操作性,我们根据城市化过程中城镇人口和乡村人口相对关系的变化,提出城市化的五阶段论。

城市化过程最直接地表现为乡村人口进入城市。城乡人口增长的对比关系是城市化过程中最基本的比例关系。在整个城市化的历史过程中，这一比例关系呈现出三个重要的转折，即城镇人口增长规模超过乡村人口的增长规模、乡村人口总规模由上升转为下降、城镇人口总规模超过农村人口，这三个历史性的转折点正是我们划分城市化发展阶段的基本依据。

为了更好地将城市化发展的阶段性与城乡人口增长的对比相联系，我们设置了一个衡量城市化发展阶段的基本指标，即城镇人口增长系数(K)，它是指城镇人口增长规模与总人口增长规模的比值。这样，我们将整个城市化过程划分为五个阶段：

第一阶段：K < 0.5，为前城市化阶段。K < 0.5 意味着城镇人口的增长规模小于乡村人口的增长规模，城市化水平很低，增长缓慢。这一时期的经济发展一般是处于工业化的起步阶段。

第二阶段：0.5 ≤ K < 1，为城市化前期阶段。K ≥ 0.5 意味着城镇人口的增长规模持续超过乡村人口的增长规模，这是城市化过程中的第一个重要转折点，意味着城市化开始进入快速增长时期。这一时期，由于乡村人口规模相对庞大，尽管其增长规模小于城镇人口的增长规模，但乡村人口的绝对量仍然增长着。这一时期的经济发展一般处于工业化的前期阶段，是轻工业大发展的时期，由此引致的劳动力第一次转移浪潮正是推动城镇人口增长系数跨过0.5 这一历史性转折点的基本动力。

第三阶段：K ≥ 1，城市化的中期阶段。K ≥ 1 意味着总人口的增长全部表现为城镇人口的增长，乡村人口的绝对规模开始由上升转为下降态势。乡村人口绝对规模由增长转为下降，是城市化过程中第二个重要的转折点，它意味着工业化过程中非农产业吸收劳动力的能力大大提高，以至于随之而来的乡村人口进入城镇的规模大于乡村人口自然增长的规模。这一时期的经济发展一般处于工业化的中期阶段,重工业化过程正在不断深化,第三产业获得大规模发展,由此引致的乡村劳动力转移的第二次浪潮正是将城镇人口增长系数提升超过 1 的基本动力。

实现城镇人口增长系数由小于 1 到大于 1 的转变,具有十分重要的现实意义。乡村人口绝对下降,意味着农村土地的人口压力开始减少,人地矛盾开始缓和,农业的规模化和现代化经营的条件正在形成,从而农业产业开始由低效率向高效率转换,从事农业与非农产业的收入差距开始减少,城乡二元结构得以淡化。而这正是城市化和城乡一体化的重要物质基础。另一方面,城镇人口的持续大规模增长可以为城镇第三产业的发展提供广阔的市场,城镇经济的繁荣又进一步增加其吸纳劳动力的能力。因此,通常乡村人口绝对量由增长转为下降,意味着城市化开始进入良性循环,并往往会真正进入高速成长阶段。

第四阶段:城镇人口比重≥50%,初步进入城市社会。城镇人口比重≥50%,表明城镇人口绝对量超过乡村人口,意味着该国家(或地区)已经初步实现城市化。随着乡村富余劳动力两次转移浪潮的接替跟进,迅速使城市化水平达到并超过 50%,一半以上的居民得以生活在城市,这是城市化过程中第三个重要的转折点。与工业化相联系,这一时期处于工业化的中后期阶段,技术密集型的制造业和新兴第三产业迅速发展,成为支持城市化水平进一步提高的主要产业。由于这一时期的经济发展已经由高速增长转向低速持续的推进阶段,因此城市化水平也开始由高速增长向低速增长过渡,城市化速度会低于城市化的前期和中期阶段,但高于成熟的城市社会。

第五阶段:城镇人口比重≥65％,进入成熟的城市社会。这时的工业化已经走到尽头,进入后工业化社会或现代社会,现代城市文明广为普及,城乡居民只是居住空间及就业岗位差别,生活水平和生产生活方式基本趋于一致,城乡一体化作为城市化的终极目标已经成为现实。

（二）发达国家城市化过程中的速度及经验

世界万事万物的发展皆有其自身规律,城市化的速度亦是如此。表4.1反映出世界发达国家总体及德国、美国、日本城市化迅速增长期的城市化速度。

表 4.1　发达国家城市化速度

	城市化水平的起止点	相应的起止时间	所用时间	平均每年增长百分点
世界发达国家	26.1—52.5	1900—1950	50 年	0.53
德国	36.1—54.4	1871—1900	29 年	0.63
美国	30.5—60.1	1885—1950	65 年	0.46
日本	32.7—63.5	1930—1960	30 年	1.02

资料来源:1.周一星:《城市地理学》,商务印书馆 1995 年版;2.李成勋:《1996—2050 年中国经济社会发展战略》,北京出版社 1997 年版;3.王章辉:《欧美农村劳动力的转移与城市化》,社会科学文献出版社 1999 年版,第 220 页;4.〔日〕总务厅统计局:《日本统计年鉴》1991 年版。

由表 4.1 可见,在城市化的高速成长期,不论是发达国家总体,还是具有典型代表意义的德、美、日等国家,城市化的平均年增长速度大多低于 1 个百分点。德国是西方大国中工业化和城市化过程所用时间最短的国家之一,因而也是城市化高速成长期城市化速度最快的国家之一。从 1871—1900 年用了 29 年时间,德国基本上实现了由农村社会向城市社会的过渡,这一期间城市化速度为年平均提高 0.63 个百分点。

　　日本是一个特例。日本是后起的发达国家,在战后短短的几十年中迅速崛起于世界强国之林,并完成了工业化和城市化过程,其城市化的速度也是世界大国中最快的。表 4.2 进一步剖析了日本在 20 世纪大部分时间中的城市化速度。

表 4.2　日本 1920—1990 年城市化的速度

	市人口比重(%)	前5年平均每年增长的百分点		市人口比重(%)	前5年平均每年增长的百分点		市人口比重(%)	前5年平均每年增长的百分点
1920	18.0		1945	27.8	-1.98	1970	72.2	0.81
1925	21.6	0.71	1950	37.5	1.94	1975	75.9	0.75
1930	24.0	0.47	1955	56.3	3.77	1980	76.2	0.06
1935	32.7	1.75	1960	63.5	1.44	1985	76.7	0.11
1940	37.7	1.00	1965	68.1	0.92	1990	77.4	0.13

资料来源:〔日〕总务厅统计局:《日本统计年鉴》1991 年版。

　　可见,20 世纪 30 年代至 50 年代的 30 年中,除了处于侵略战争时期的 1941—1945 年,日本的城市化速度都达到很高的水平,其中 1951—1955 年最高时年均增长达 3.77 个百分点。这是由日本战后经济的高速增长所决定的。日本城市化的高速成长实际上一直延续到 70 年代末。1980 年日本城市化水平达到 76.2%,此后城市化速度迅速减缓。

　　从世界发达国家的城市化历程看,在城市化高速成长期间,城市化的年增长速度一般不超过 1 个百分点。但是,如果有迅速发展的工业化作为经济支持,那么城市化速度也可以达到更高的水平。

（三）中国城市化速度的轨迹及启迪

图 4.1 反映出中国 1952—1998 年城镇人口比重比前一年增长的百分点数。

半个世纪以来,由于多方面的原因,中国城镇人口的增长有15 年出现负值。这 15 年分别是 1955 年、1961—1963 年、1965—1972 年、1974 年、1991 年和 1994 年。从总的来看,70 年代中期以来,中国的城市化水平一直呈现出不同程度的增长,但是增长速度很不稳定。在 1979—1998 的 20 年时间里,城市化速度高于 1 个百分点的高增长年份有 4 年(1979、1984、1992 和 1993 年),占总年数的 20%;属于 0.5—1.0 个百分点的较高增长年份有 7 年,占总年数的 35%;年增长 0.5 个百分点以下的较低增长年份有 9 年,占总年数的 45%。不仅如此,如第一章表 1.2 所示,如果以每 5 年作为一个观察时期,那么"七五"以来城市化的平均速度是下降的:1981—1985 年城市化的年平均增长速度是 0.86 个百分点;1986—1990 年为 0.54 个百分点;1991—1995 年为 0.53 个百分点,1996—1998 年进一步降到 0.45 个百分点。近 20 年是中国经济增长最快的时期,但是城市化的高增长年份并不多,而且年增长速度呈下降趋势,增长乏力。这里有经济的、制度的以及其它种种复杂的原因。但是,这也从另一个方面告诉我们,在中国近 13 亿人口的国度里推进城市化,其艰难性和复杂性是世界上任何国家所不可比拟的。一些研究者简单地设定将来 10—20 年间中国城市化年增长速度为 1 个百分点,并以此为前提来研究中国城市化,其结论显然是需要讨论的。

研究中国的城市化速度,只假设一年增长几个百分点推算需

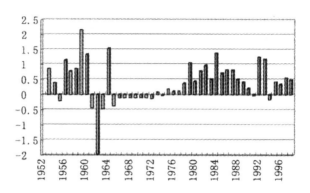

图 4.1　城镇人口比重比前一年增长的百分点

要多长时间把中国送达城市社会,单靠这种简单算术计算是不够的。要进一步更为详细地研究进入城市社会之前城市化进程的几个关键性阶段,进而研究不同的速度与实现城市化阶段性目标的时间关系,最后通过分阶段的努力,最终实现中国的城市化目标。

根据前面关于城市化阶段的划分标准,从总体上看,中国当前正处于城市化的前期阶段,并且即将走完这一阶段,向城市化的中期阶段过渡。

1979 年是中国城市化历史上具有重要转折意义的一年。这一年中国城镇人口增长系数完成了大于 0.5 的转折,城市化完成了第一阶段,进入第二阶段。附表 1.1 及第一章图 1.3 告诉我们,在此之前的绝大部分年份里,中国乡村人口增长规模大于城市。1978 年乡村人口增长了 709 万,比城市人口多增长 133 万。1979 年乡村人口增长规模下降到 33 万,而城镇人口增长规模迅速上升到 1250 万。在此后的绝大部分年份里,中国城镇人口的增长规模都超过乡村人口,城镇人口增长系数在变动中呈现逐步提高的态势。1998 年城镇人口增长系数达到 0.80。

中国是人口大国,即便是 1998 年城镇人口增长系数达到 0.80,乡村人口仍然增长了 231 万。因此,我们现在研究城市化速度,首先要研究中国城市化以怎样的速度在什么时候可以完成城市化的第二阶段,进入城市化的中期阶段,实现乡村人口由增长到下降的转折;以怎样的速度在什么时候可能实现城镇人口的绝对规模超过乡村人口,即初步实现城市化,最后才研究可能会在什么时候中国进入成熟的城市社会。

(四) 城市化速度与实现城市化阶段目标的预期时间表

图 4.1 显示,在改革开放以来的大部分时间里,中国城市化平均增长速度在 0.5 个百分点左右,1981—1985 年最高达 0.86。我们分别以年平均增长 0.5、0.6、0.8 和 1.0 个百分点,测算中国城市化的未来轨迹(见附表 4.1),通过附表 4.1 可以整理出我国不同的城市化速度对实现城市化目标的预期时间表(见表 4.3)。

表 4.3　中国的城市化速度与实现城市化目标的预期时间表

实现年份＼城市化速度　城市化目标	年增长百分点数			
	0.5	0.6	0.8	1.0
城镇人口增长系数≥1	2012 年	2003 年	2000 年	2000 年
初步进入城市社会	2038 年	2031 年	2023 年	2019 年
进入比较成熟的城市社会			2042 年	2034 年

表 4.3 告诉我们,中国的城市化是一场持久的变革过程。根据前 20 年中国高速经济增长时期的城市化速度,我们没有理由以年提高 1 个百分点的速度来设计中国城市化的时间表。未来

20—30 年间,如果能够实现城市化水平年提高 0.8 个百分点的平均增长速度就是一个奇迹。以此最乐观的估计,那么 2000 年就可以完成乡村人口由增长到下降的历史性转折,2023 年前后中国可能初步进入城市社会。20 世纪 90 年代是中国深化各项制度改革的关键时期,从长期看对经济增长将起到巨大的促进作用。但从近期看,在体制转轨时期,经济增长受到诸多方面的障碍,加之受到亚洲金融危机的冲击,近年来的经济增长速度明显放慢,对城市化的拉动显得力度不足。进入 21 世纪,随着市场经济体制的逐步建立健全,经济增长速度会加快,城市化的相关制度障碍会随之减弱,城市化速度会有所提高。但是,如第三章所展示的,中国城市化的制度障碍还足够多,这些障碍的消除需要假以时日。因此,未来一段时期,城市化速度难以大幅度提高。1990—1999 年,中国城市化平均年增长 0.50 个百分点。我们可以将 0.5 作为低限,0.6 作为努力的目标。如果未来 15 年的城市化速度低于 0.5 个百分点,那么中国城市化的第二阶段将会持续很长时间,乡村人口规模在未来 10 多年中还会继续增加,城市化过程中的矛盾(包括农村人地矛盾、流动人口问题、城乡收入差距问题等等)会不断积累和加剧。因此,我们可以将年增加 0.5 个百分点作为中国城市化速度的临界点,只有高于该速度,我国城市化第二阶段的目标才有可能在 10 年内完成,使乡村人口实现由增长到下降的历史性转折。无论多么困难,我国政府都需要采取科学、有力的措施,防止城市化速度的继续下滑,而将其保持在年增加 0.5 个百分点以上。如果能实现年增加 0.6 个百分点的速度,那么在 2003 年前后,中国就可望使城镇人口增长系数达到并超过 1,中国城市化可望进入良性循环。因此,我们把城市化水平年增加 0.5 个百分点作为目标的底限,将 0.6 作为期望目标,0.8 作为激励目标。果真如此,那么中国可望在 2030 年前后初步进入城市社会。这一目标既是积极的,又是比较稳妥的,经过努力是可以实现的。实际上,中国作为人口大国,要实现未来 30 年平均 0.6 个百分点的持续城市化速度,应该说是一个了不起的历史发展过程。据此,我们可以初步得出结论:如果中国的改革进程得以比较顺利的进行,城市化速度不低于年增加 0.5 个百分点的话,那么未来 20—30 年是中国实现农村社会向城市社会转变的关键时期。不管人们愿不愿意,这一历史的车轮将滚滚向前,我们唯一需要做的是顺应历史的发展趋势,为城市化创造相应的条件和环境,迎接中国城市社会灿烂的明天。

（五）中国城市化水平的预测

上面是我们对中国未来时期城市化几种可能速度的分析评价,并据此对中国实现城市化阶段目标提出了预期时间表。现在我们将进一步通过数学模型对城市化水平进行预测。

根据 1978 年以来中国城市化的变化轨迹,我们采用时间序列预测模型拟合出中国的城市化趋势。经过分析比较,我们选择逻辑曲线作为预测模型:

$$y = k/(1 + ab^t)$$

式中:t:时间,设 1978 年为 0,1979 年为 1,……1999 年为 21

……

　　y:城镇人口比重(%)

　　a、b 为回归系数

　　k 为常数

经过多次拟合,我们将常数 k 确定为 0.8。这样,根据 1978—
1999 年的城市化资料就可以拟合出回归系数分别为:

a = 3.2002　　b = 0.9648

从而得到中国城市化的预测模型:

$$y = 0.8/(1 + 3.2002 \times 0.9648^t)$$

(相关系数 r = 0.984,决定系数 r^2 = 0.967)

根据这个模型,我们可以预测出 2010 年($t = 32$)的城市化水
平为 39.7%,2020 年($t = 42$)的城市化水平为 46.8%,2030 年的城
市化水平为 53.5%。

表 4.4　中国城市化水平预测方案

	预测值	平均年增长百分点
2010 年	39.7	0.80
2020 年	46.8	0.71
2030 年	53.5	0.67

这样,我们得到的预测方案与表 4.3 中对城市化速度的分析
结论基本吻合。如果中国的制度改革继续深化,中国的经济发展
状况良好,那么在 21 世纪初的 10 年中城市化水平可望达到年增
加 0.80 个百分点,这是一个低于日本、高于美国,与德国高速城市
化阶段的平均速度基本相当的速度。果能如此,在"十五"期间中
国就可望完成城市化的第二阶段目标:城镇人口增长系数超过 1,
乡村人口规模由持续增长转为持续下降,迈入城市化的中期阶段。
约在 21 世纪 20 年代后半期,中国可望实现城市化的第三阶段目
标,即城镇人口比重超过 50%,初步完成由农村社会向城市社会
的转换。

需要指出的是:任何预测都是相对的、有前提的。我们对中国

城市化进程预测的前提条件是第二章中提到的中国重工业化过程中的各项障碍被逐步消除,中国的工业化进程得以富有效率地持续推进,以及第三章论证的城市化过程中的主要制度障碍被消除,一个有利于生产要素有效流动和集聚的制度逐步得到建立。如果失去了应有的经济支持和制度支持,那么中国由农村社会向城市社会的转变将困难重重;如果支持力度不够,那么城市化也将步履蹒跚。因此,我们强烈呼吁政府要从经济社会结构发生根本性变革的角度来看待城市化,为城市化构筑庞大的支持系统。只有这样,才能在中国真正地建设现代化的城市社会。[1]

二、关于中国城市规模结构的探讨

(一)中国的城市发展方针及问题

我国现行的城市发展方针是在 1989 年制定的《城市规划法》中明确规定的,该法第四条指出:"国家实行严格控制大城市规模、合理发展中等城市和小城市的方针,促进生产力和人口的合理布局"。笔者认为,我国当前的城市发展方针有三个有待深入探讨的问题:

第一,本方针只涉及城市规模,未涉及城市质量,不利于促进

---

[1]　国家计委已将"十五"城市化战略规划作为"十五"规划的 10 项重点专项规划的第一项,正在组织公安部、民政部、财政部、劳动保障部、国土资源部、建设部、农业部、环保总局、体改办等单位进行编制。这是值得欢迎的一项重大举措,必将有力地促进中国未来时期的城市化进程。10 项重点专项规划分别是城市化、西部开发、信息化、适应 WTO 战略、人口与就业和社会保障、科技与教育、生态建设和环保、水利、综合运输体系、能源。参见 2000 年 10 月 16 日《北京青年报》第 18 版文章:《聚焦"十五"新创意》。

城市发展质量的提高。

第二,"严格控制大城市规模"有其科学的内涵,但是在执行中经常被理解成"严格控制大城市"以及"控制中等城市发展成为大城市",使得一些具有良好发展条件的大城市也因带有紧箍咒而受到限制,特别是许多很有发展前景的中等城市在向大城市迈进的过程中也困难重重。

第三,对建制镇这一在数量上最为庞大的环节缺乏规范。

第四,"促进生产力和人口的合理布局"不宜作为城市化的目标。布局是人的主观行为,而城市化是一个客观的经济社会发展过程;其次,生产力和人口的城乡布局只是空间布局的一个方面,即便城乡布局合理了,也不一定意味着生产力和人口的整体空间布局就合理了。

近几年,关于城市发展方针中"控制大城市规模"的弊端,以及小城镇过度发展的问题、大城市发展的积极意义等问题,已经有许多著作加以深入讨论,这些观点也得到越来越多的认同。笔者认为:在中国这样一个人口众多、国土面积辽阔的发展中国家,各级各类城市都有其自身存在和发展的价值,不能够笼统而简单地提出哪一级城市重要,或者哪一级城市不重要,要视具体情况而定。如果要以城市的规模结构为核心内容,提出城市发展方针的话,我们认为可以这么表述:"提高、完善大城市,积极发展中小城市,促进建制镇的适当集中,有力推进城乡一体化进程。"其内涵是:大城市在适当增加数量的同时,重在发展质量的提高,中小城市还需要大量增加,建制镇要减少数量,促进集中,城市化的最终目标是达到城乡一体化。

（二）中日两国10万人以上城市规模结构的
比较及讨论

日本已经进入了成熟的城市社会,建立了比较合理的城市规模结构。为了更加具体地分析中国城市规模结构的合理性及其问题,我们将中日城市的规模结构做一个比较详细的比较研究。

我们从两个角度对中日城镇规模结构进行比较:一是10万人以上城市规模结构的比较,二是10万人以下的城镇规模结构的比较。

中日两国的设市标准不同。为了便于进行同口径比较,我们选其10万人口以上的市与中国的城市进行规模结构比较如表4.5:

表 4.5　中日城市规模结构的比较

		城市个数		城市人口	
		（个）	（％）	（万人）	（％）
中国	特大城市	37	5.5	10419	36.3
	大城市	48	7.2	4379	15.3
	中等城市	205	30.7	8051	28.1
	小城市	378	56.6	5817	20.3
	合计	668	100.0	28666	100.0
日本	特大城市	11	5.0	2529	33.8
	大城市	11	5.0	714	9.5
	中等城市	84	38.0	2681	35.8
	小城市	115	52.0	1561	20.9
	合计	221	100.0	7485	100.0

资料来源:《建设部城市人口统计资料》;《日本的统计1997》,〔日〕总务厅统计局1997年版。日本城市是指10万人以上的城市。

从表4.5中可以看出,中国的城市规模结构与日本的城市规模结构没有太大的差异。如果说有差异的话,差异最大的一级是中等城市。中国中等城市的个数比重和城市人口比重分别较日本的中等城市低 7.3 个百分点和 7.7 个百分点;小城市和 50 万人口以上的城市各有不同,小城市的人口比重与日本基本相当,个数比重高出 4.6 个百分点;大城市和特大城市的个数比重略高于日本,人口比重则高出 8.3 个百分点。在这里,我们得出一个与许多研究成果不同的结论:中国的大城市比重,特别是人口比重并不低。

在不少研究成果中,都提出由于"控制大城市规模"的城市发展方针,使得中国大城市发展受到严重限制,导致 100 万人以上大城市的人口比重不足 20%,远远低于欧美及日本等发达国家约 35%—40% 的水平。这一观点源于对 100 万人口以上大城市人口比重的计算。根据《中国城市统计年鉴》中各级城市人口的统计资料,大、中、小城市均有市区资料,其中大、中城市的市区人口基本上是建成区的概念,与《中国统计年鉴》中统计的城镇人口,口径基本一致。但是小城市的市区则是一个区域的范畴。如县级小城市,其市区应当是原来的县城,但却统计为包括全市所有乡镇的人口,而不是市政府所在地城区的人口。这样,由于小城市的人口中包含有大量的乡村人口,在计算各级城市人口比重时,大城市和中等城市人口比重低于实际比重,而小城市人口比重则高于实际比重。如根据《中国城市统计年鉴》(1996)的资料计算,得出特大城市人口比重为 18.2%,大城市为 8.6%,中等城市为 30.2%,小城市为 43.0%。

在 1984 年和 1989 年两次修订的城市发展方针中,都有"严格控制大城市"或"控制大城市规模"的内容,但是在现实的城市规模结构中,大城市人口比重又并不低。这是由于在城市化过程中,大城市因其特殊的集聚效益和吸引力而产生强大的生命力,加之中国的市场经济体制逐步建立,生产要素在一定程度上已经服从于比较利益原则而不断调整空间布局,先进的生产要素仍然突破重重行政障碍,不可阻挡地向大城市集中。因此,大城市在政府一再重申要"严格控制"声中蓬勃地发展着。表 4.6 告诉我们,1989 年中国有特大城市 30 个,它们自 1989 年以来,市区人口全部呈增长态势,其中除了鞍山、抚顺、兰州和齐齐哈尔人口增长不足 10 万以外,其余城市市区人口增长都达十多万、数十万乃至数百万。在市场经济条件下,大城市具有巨大的魅力,对中小城市和农村的居民有着挡不住的诱惑。

表 4.6 1989—1997 年各大城市市区总人口的增长

单位:万人

	市区人口		1990—1997 年增长		市区人口		1990—1997 年增长
	1989 年	1997 年			1989 年	1997 年	
上海	777.8	1018.6	240.8	青岛	203.6	227.2	23.6
北京	692.1	920.1	228.1	鞍山	137.6	145.5	7.9
天津	569.8	593.8	24.0	抚顺	133.5	140.9	7.4
沈阳	450.2	479.1	28.9	兰州	148.2	150.7	2.4
武汉	370.7	524.1	153.5	郑州	166.2	200.0	33.8
广州	354.4	395.7	41.3	昆明	150.5	169.7	19.2
哈尔滨	279.8	296.5	16.7	淄博	243.3	263.0	19.7
重庆	295.9	558.4	262.5	长沙	130.1	163.4	33.3
南京	246.9	273.3	26.4	杭州	132.8	169.3	36.5
西安	270.8	373.5	102.7	南昌	132.6	157.0	24.4
大连	236.9	259.7	22.9	齐齐哈尔	136.5	143.0	6.5
成都	277.6	321.9	44.3	石家庄	126.7	154.6	27.9
长春	206.9	278.8	71.9	乌鲁木齐	111.1	136.1	25.0
太原	190.7	221.8	31.0	唐山	148.9	162.8	14.0
济南	221.5	254.8	33.3	吉林	125.3	140.8	15.5

资料来源:《中国城市统计年鉴》,中国统计出版社 1990 年版、1999 年版。

事实告诉我们,政府的政策必须符合经济社会发展的客观规律,政策的作用在于为各个经济社会领域按照客观规律的要求运行创造条件,强化其有利因素,淡化或消除其不利因素,从而促进社会的发展。一旦政策违背了客观规律,那么如果是在传统的计划经济体制下,其结果就是限制了国民经济的发展;如果是在市场经济体制下,其结果就是一方面在一定程度上限制经济社会的发展,另一方面在市场的强大作用下,会使政策绩效大幅度下降甚至无效。

因此,我们认为,从整体上看,当前中国城市问题不是规模结构问题,而是城市的数量太少。日本 1995 年人口 12557 万,拥有 10 万人以上的城市 221 个,每百万人口拥有 1.8 个 10 万人口以上城市;中国 1998 年有 124810 万人,近乎于日本的 10 倍,而只有 10 万人口以上城市 668 个,约为日本的 3 倍,每百万人拥有 10 万人以上城市 0.5 个。日本 1995 年 10 万人以上城市人口 7485 万,占全国人口的 59.6%,而 1998 年中国该比重仅为 23.0%,其中的差距主要不在于规模结构,而在于城市数量。可见,城市数量是关键的问题,在中国当前已经初步形成市场经济体制的条件下,如果城市数量增加了,各类生产要素必然根据优胜劣汰的市场法则,分别流向特大城市、大城市、中等城市及小城市,从而形成相对合理的、宝塔型的城市规模结构,并同时实现城市规模的递次升级。因此城市化过程必然是伴随着一大批村庄,由村发展为镇进而发展为小城市、中等城市再到大城市的过程。对于城市化来说,关键在于作为整个城市体系基础的小城市的多寡。

从大力发展整个城市体系的基础——小城市的角度看,很有必要降低设市标准。这不仅仅是因为降低设市标准可以直接增加小城市数量,更重要的是降低设市标准,可以成为具有发展前途和发展潜力的建制镇加速发展的巨大激励力量,从而促使其实现由镇到市发展的质的飞跃。我们从下面对日本小规模城镇结构的分析中可以看出小城市发展的重要性。

(三) 中日两国 10 万人以下居住区规模结构的比较及讨论

为了便于与中国不同规模等级的建制镇进行比较,我们将日本 10 万人以下的所有市町村① 分为四个规模等级:3—10 万人,1—3 万人,0.5—1 万人以及 0.5 万人以下。由于缺乏中国所有建制镇的规模结构资料,这里仅以小城镇较发达的浙江省台州市的 103 个建制镇为例,分析其规模结构及与日本 10 万人口以下的市町村规模结构的差异(见表 4.7,台州市 103 个建制镇的基本情况参见附表 4.2)。

如果说表 4.5 反映出 10 万人以上的城市规模结构中,中日差别不大的话,那么表 4.7 反映出中国与日本 10 万人以下市町村的规模结构相比,建制镇的规模结构明显太小。在 4 个规模等级的居民点中,中国台州市的前三个等级无论是个数比重还是人口比重都低于日本,差异最大的是 5000 人以下的居民点等级,中国 5000 人以下的建制镇个数比重高达 83.5%,人口比重达 17.9%;而日本 5000 人以下的町村个数及人口比重仅分别为 22.5% 和 4.1%。在日本,居住在 5000 人以下的町村中的人口已经寥寥无

① 日本的地方行政管理分为都道府县和市町村两级,市、町、村在行政上是一个级别,互不隶属。

几,而在中国 5000 人以下的建制镇人口比重近 1/5。这里特别需要指出的是,在台州市选取的比较对象是被视为"城镇"范畴的建制镇,还有占总人口 2/3 的居民居住在比建制镇更小的乡镇和村落中;而日本选取的是所有居民点,也即拿我们的城镇与日本的村庄比,我们的镇规模仍然太小,说明中国建制镇确实是过于分散了。

表 4.7 台州市建制镇与日本 10 万人以下市町村规模结构的比较

			3—10 万人	1—3 万人	0.5—1 万人	0.5 万人以下	合计
台州市	城镇个数	(个)	5	7	5	86	103
	比重	(%)	4.9	6.8	4.9	83.5	100
	城镇人口	(万人)	28.45	11.4	3.7	9.5	53.05
	比重	(%)	53.6	21.5	7	17.9	100
日本	市町村个数	(个)	557	919	859	677	3012
	比重	(%)	18.5	30.5	28.5	22.5	100
	市町村人口	(万人)	2740	1498	624	210	5072
	比重	(%)	54	29.5	12.3	4.1	100

资料来源:《台州市统计年鉴 1999》,中国统计出版社 1999 年版;《日本的统计 1997》,〔日〕总务厅统计局 1997 年版。

其次,从表 4.7 中我们还可以看出,日本 3—10 万人的城市是城市体系中重要的一个环节,达到该规模的市町村个数占 10 万人以下市町村个数的近 1/5,其绝对量是日本 10—20 万人城市个数的 4.8 倍。正因为如此,日本 10 万人以上的城市体系发育有一个良好的更小规模等级的城市作基础。而中国台州市 3—10 万人的建制镇只有 5 个,个数比重仅占 4.9%。台州市这 5 个 3—10 万人的建制镇都是县城,非县城的建制镇没有一个达到该规模等级。根据统计,中国农村建制镇镇区的平均人口是 4518 人,[①] 距离能

———————————

① 全国农业普查办公室:《中国第一次农业普查资料综合提要》,中国统计出版社 2000 年版,第 353 页。

够发展成为小城市的10万人口的标准还十分遥远,城市体系的发育缺乏低一层次城镇的充分发展做物质基础。从调整城镇规模结构、促进城市化进程的角度看,当前最紧迫的问题是要建立和发展一大批3—10万人的小城市,为大中城市的发展奠定坚实的基础。而要做到这一点,必要的措施是通过制度创新,降低设市标准,拉开3万人以上城市与农村建制镇的距离。果能如此,那么中国的大部分县城都可望在短期内发展成小城市,另外一大批发展良好的中心建制镇也可以通过努力发展成为城市。这样,3—10万人口规模等级的城市数会大大增加,从而为更大规模等级城市的发展创造最基本的载体和物质条件。

另一方面,3—10万人的城市应该也是对中国农民最富有吸引力的城市等级。对于大部分农民来说,对到大中城市工作和生活觉得不现实,认为距离自己十分遥远,而且还缺乏安全感;而对于附近的可望又可及的小建制镇,又觉得缺乏新鲜感,而且建制镇规模小,能够提供的各项服务十分有限,对农民吸引力不大。只有比小建制镇发达又能够融入其中的是大建制镇,或者说是我们所建议的3—10万人的小城市。在这里,他们觉得既可以安定地工作与生活,又确实提高了生活质量和社会地位。因此,降低设市标准,大力发展3—10万人口的城市,是符合广大农民的意愿的,也是中国比较可行的城市化的重要内容。

三、关于中国城市化质量的研究

与工业化一样,城市化进程也表现为量与质两个方面。如果说可以用乡村人口进入城市的规模及城镇人口比重来作为衡量城市化量的指标,那么城市现代化和城乡一体化程度则是衡量城市化质的方面。一般而言,在城市化初期主要表现为城市化量的增加,城市化提高到一定水平以后,人们开始重视城市建设,发展社会事业,提高城市化质量。只有当城市化进程成为量与质的共同提高以及二者的有机结合时,城市化才真正走上良性循环的轨道。

中国已经进入城市化的持续上升时期,必须在重视增加城镇人口比重的同时,充分重视城市化质量的提高。特别是在中国城市化的初期阶段,粗放型增长特征十分明显,经济发展和城镇建设水平都较低的小城镇充当了城市化的主体,严重限制了城市化量的提高。为了避免矛盾的长期积累和持续恶化,从现在开始,就必须注意重视提高城市化的质量。

关于城市化质量,国内已经有不少学者开始重视这个问题,并陆续有著作发表。从总的来看,目前的研究内容主要是论述提高城市化质量的意义,以及从定性方面来探讨应该从哪些方面来提高城市化质量。这些研究对于唤醒人们提高城市化质量的意识及深化城市化研究极为必要。但是,至今为止,对城市化质量系统的定量分析研究尚不多见。笔者认为要真正把提高城市化质量落到实处,还需要对城市化质量进行定量分析,建立一个可度量的指标体系。本节的研究即是以此为核心展开的。

(一) 衡量城市化质量的指标体系

我们认为,城市化质量的研究可以从如下两个方面进行:一是城市化的核心载体——城市的发展质量,即城市现代化问题;二是城市化的域面载体——区域的发展质量,即城乡一体化问题。如果说城市现代化是城市化质量的核心内容的话,那么城乡一体化则是在城市现代化水平不断提高的前提下,提高城市化质量的终极目标。如果在一个国家或地区的城市化过程中,城市现代化水平不断提高,同时城乡一体化进程也不断推进,那么就意味着在城市化的过程中,农业和农村也在发生着巨大的变革。随着城市现代化水平的提高,农业和农村现代化水平也不断提高,农业与非农产业的生产效率差距不断缩小,农村居民和城镇居民的生活方式和生活质量趋于一致,城乡差距正在被淡化和消除,这正是实现由"传统农村社会向现代城市社会过渡"的城市化的真正内涵。鉴于此,我们研究城市化质量的指标体系也就包括两个方面:一是城市现代化的指标体系;二是城乡一体化的指标体系。

1.城市现代化的指标体系及计算方法

城市现代化是城市素质的综合反映,它体现在城市发展水平的方方面面。选择衡量城市现代化的指标不能过于单一,又忌过分繁杂和难以操作。这样我们通过分析和研究,将城市现代化的指标体系划分为三大类11个指标:

第一类:反映经济现代化水平的指标,包括人均GDP、第三产业增加值占GDP的比重和第三产业从业人员占全部从业人员的比重3个指标。与城市化需要经济支持一样,城市现代化首先需要城市经济的现代化来支撑,或者说,城市经济的现代化水平决定着城市现代化的总体水平。经济现代化的内涵同样十分丰富,我们根据其核心内容及《中国城市统计年鉴》中指标的可用性,选用了经济发展水平(以人均GDP表示)及经济结构的现代化(分别以第三产业增加值结构及就业结构表示)为主要考核指标。

第二类:反映基础设施现代化水平的指标。从总体上看,城市基础设施现代化是经济现代化的内容之一，但是，它作为城市一切社会经济活动赖以进行的基础，对城市现代化的发展具有特殊重要的意义。因此，需要把它独立出来加以衡量。这里我们选取了4个指标来衡量基础设施的现代化水平，即人均铺装道路面积、万人拥有公共汽车、万人拥有医生和百人拥有电话机数(包括移动电话)，分别反映交通基础设施、医疗卫生设施及通信基础设施的发展水平。

第三类：反映人的现代化水平的指标。现代化经济是人本经济，它包含有两个方面的涵义：一是指人力资本是现代经济社会发展中具有决定性意义的资本形式，劳动力素质决定着经济发展水平和城市的现代化水平；二是指提高人的生活质量是现代经济社会发展的核心内容和最终目标。据此，我们分别以人的素质与人的生活质量为内容设置了4个衡量人的现代化水平的指标，即万人拥有在校大学生数、人均拥有公共图书馆藏书、人均绿地面积和人均居住面积。

有了上述3大类11个指标组成的衡量城市现代化水平的指标体系，我们就可以用综合评价法来分析计算城市的现代化水平，具体方法是：

第一步，根据三大类11个指标的重要性分别赋予权重，权重之和为100；

第二步，确定各指标现代化的目标值，我们以中国20世纪末最发达的城市，上海和北京的平均值为基准，考虑到该平均值与东京、纽约等世界现代化城市的差距作适当调整，在调整时兼顾世界现代化城市的水准和中国国情。

第三步，计算中国各级各类城市现代化水平得分，计算公式：

$$S = \sum \frac{P_i}{M_i} \times Q_i \qquad (约束条件:\frac{P_i}{M_i} \leqslant 1)$$

式中:S:城市现代化水平得分;

　　　P_i:城市第 i 指标的实际值;

　　　M_i:第 i 指标的目标值;

　　　Q_i:第 i 指标的权重。

　　　$\frac{P_i}{M_i}$:表示城市第 i 指标现代化目标的实现程度;

约束条件 $\frac{P_i}{M_i} \leqslant 1$,是当城市第 i 指标实际值高于目标值时,视为城市在该方面已经实现了现代化,设定 $\frac{P_i}{M_i} = 1$。

第四步,城市现代化水平评价,我们将城市的现代化水平分为 4 个等级:A:$S > 90$,高度现代化城市;B:$70 < S \leqslant 90$,中等水平的现代化城市;C:$50 < S \leqslant 70$,初步现代化的城市;D:$S \leqslant 50$,现代化前期的城市。

2. 城乡一体化的指标体系和计算方法

城乡一体化是指城乡之间的生产生活方式逐渐趋于一致的过程。与城乡一体化相对应的概念是城乡二元结构。

从理论上讲,反映城乡一体化的指标体系应该包括城乡间经济社会联系的指标,以及生产生活水平及方式城乡差异的指标,具体可包括如下 4 个指标:第一产业与第二、第三产业平均利润率(反映生产效率),城乡之间的物质流和信息流状况(反映社会经济联系),城乡居民收入差异(反映生活水平)、城乡居民恩格尔系数的差异(反映生活质量)等等指标。但由于受统计资料的限制,反映城乡生产效率差异及经济社会联系的指标无法获得,因而只能选择后两个指标来计算中国当前城乡一体化的水平。

(1)城乡居民收入差异系数

$$S = 1 - \frac{S_1}{S_2}$$

式中:S:城乡居民的收入差异系数

S_1:农村居民的人均纯收入

S_2:城镇居民的人均可支配收入

我们认为,当 S≥0.5,即农村居民人均纯收入不到城镇居民人均可支配收入的一半时,处于城乡二元结构状态;当 0.2≤S<0.5,即农村居民人均纯收入相当于城镇居民人均可支配收入的一半至 80%时,处于由二元结构状态向城乡一体化过渡的时期;当 S<0.2,即农村居民人均纯收入相当于城镇居民人均可支配收入的 80%以上时,基本上完成了城乡一体化的过程。

(2)恩格尔系数[①] 的差异程度。城乡居民恩格尔系数的差异程度,可以定义为乡村居民的恩格尔系数减去城镇居民的恩格尔系数之差。根据对恩格尔系数的分析比较,一般认为当恩格尔系数差异程度小于 5 个百分点时,可以认为城乡居民在生活质量上基本趋于一致;当差异程度在 5—10 个百分点之间时,生活质量差异较大,属于由二元结构向城乡一体化的过渡时期;当差异程度大

---

① 恩格尔系数是指食物支出在消费品总支出中的比重。人们通常以此来作为判断生活水平高低和生活质量的标准:当恩格尔系数 e<25%时,为富裕型生活;当恩格尔系数 25%≤e<45%时,为小康型生活;当恩格尔系数 45%≤e<55%时,为温饱型生活;当恩格尔系数 e>55%时,为贫困型生活。在世界发达国家,恩格尔系数都比较低,发展中国家则相对比较高。1993年美国为 11.4%,日本 19.9%,韩国 29.7%,法国 18.3%,英国 20.7%,菲律宾 57.3%,印度 53.0%。

于 10 个百分点时,则认为城乡生活质量还存在很大差异,城乡二元结构明显。

下面我们根据设计的城市化质量指标对中国的城市化质量状况进行分析评价。

(二) 中国城市化质量分析

1. 中国城市现代化质量的分析与评价

根据前面确定的城市现代化指标体系及评价方法,我们计算出中国 1996 年城市现代化水平、各级城市现代化水平以及东中西部城市现代化水平及其差异(见附表 4.3)。

1996 年,中国城市现代化的基本特征是总体水平比较低,各类城市之间差异大。1996 年中国城市现代化水平的平均得分是37.34 分,从整体上看,还处于城市现代化的前期阶段。从城市现代化结构看,基础设施现代化水平最低,合计得分 7.88 分,现代化程度仅为 26.3%,可见中国城市基础设施落后的现象普遍存在。人的现代化指标相对比较高,现代化的实现程度为 42.9%,经济结构的现代化程度居中,为 41.2%。需要指出的是,我们选择反映人的现代化的指标能够分别反映人的文化素质、文化环境、自然环境和居住水平,但是这些硬指标还难以反映软环境,比如人的道德观念、责任感、进取心、纪律性及管理的规范性和科学性等等。就中国城市现代化建设中人的现代化来看,硬指标已经达到了一定的水平,但由于难以以数值反映的软指标较差,所以在社会经济运行中体现出来的人的素质仍然比较差。因此,在中国城市人的现代化建设方面,主要难点在于伦理道德教育和行为的规范化,它在很大程度上依赖于经济管理体制的改革和企业管理制度的完善,以及社会的成熟。

另一方面,中国各类城市的现代化水平差距很大。就不同规模的城市看,超大城市已进入了中等现代化阶段,特大城市和大城市刚刚进入城市初步现代化阶段,而中等城市和小城市尚且处于现代化的前期阶段,数以万计的小城镇距离现代化更加遥远。从三大地带城市的差异看,东部地区城市现代化水平相对比较高,已经达到初步现代化的水平,中西部地区则相对落后。中国三大地带之间城市现代化水平的差距要小于不同等级城市之间现代化水平的差距。

从个体城市的差距看,差别更大。评价数据表明,1998年,北京、上海、深圳、广州等城市已基本达到中等现代化水平,南京、大连、天津等城市已达到初步现代化的水平,而西部的一些城市尚处于现代化前期阶段。

2.中国城乡一体化进程的分析与评价

(1)对城乡居民收入差异及其变动的分析。图4.2反映出中国城乡居民收入差异状况。

1998年中国城乡居民收入差异系数为0.60,大于0.5,属于二元结构型收入差距性质,说明从总体上看,中国城乡居民的收入差距仍然很大,城镇居民的生活水平较之农村要高得多,这正是中国城市化最大的拉力所在。

从城乡居民收入差异的变化看,首先表现出城乡居民收入的绝对水平都呈现出快速上升的态势。从1979—1998年的20年间,城镇居民收入的年平均实际增长率为6.1%,乡村居民为7.9%。其次,城乡居民收入差异系数曲线表现为降—升—降的变

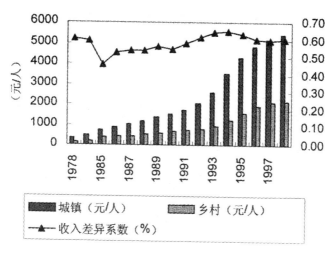

图 4.2　中国城乡居民人均收入差异的变化

动轨迹。在改革开放初期,由于农村土地承包责任制的实施及乡镇企业的发展,农民收入迅速上升。这一期间城市体制改革尚未展开,城镇居民收入上升相对缓慢,从而城乡居民收入差异系数大幅度缩小,由 1978 年的 0.61 下降到 1984 年的 0.46。此后农村的制度改革由于没有进一步更深入的举措,原来制度改革的效益潜力已经基本挖掘,加上乡镇企业由于"小而散",效益提高困难,表现为农民收入增长速度减缓;而同时城镇改革开始走上快速道,改革绩效首先表现为城镇居民收入的迅速增长,从而使城乡居民的收入差异又开始持续 10 年的扩大,到 1994 年差异系数扩大到 0.65。这期间,虽然城乡居民的生活水平都绝对地提高了,但是城乡差距也拉大了。90 年代中期以来,中国的体制改革进入攻坚阶段,乡镇企业在二次创业中崛起一批优秀企业,为农民提供了相对较高的收入,城镇非国有企业也在此期间获得较大规模的发展,大约 6000—8000 万农民工人进城打工,他们所获得的收入几乎使农村 1/3 的农户受益,从而在一定程度上提高了农民的收入;相反,在此期间城镇国有企业改革却困难重重,城镇出现大批下岗工人,他们的收入水平甚至绝对地下降了。从而导致城乡居民收入差异系数开始降低,到 1998 年又缩小到 0.60。

(2)对中国城乡居民恩格尔系数差异程度的分析。图 4.3 反

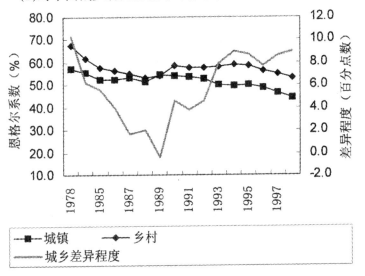

图 4.3 中国城乡恩格尔系数及其差异程度的变化

映出中国改革开放以来城乡恩格尔系数及其差异程度的变化。1998 年中国城镇居民的恩格尔系数为 44.5%,刚刚进入小康阶段;农村居民的恩格尔系数为 53.4%,刚刚进入温饱型生活。城乡居民的恩格尔系数差异程度为 8.9 个百分点,处于由二元结构向城乡一体化过渡的时期,总体上看差异程度仍然比较高,二元结构特征仍很显著。另一方面,从动态角度看,图 4.3 中城乡居民恩格尔系数差异程度呈现出先降后升的变动轨迹。城镇居民恩格尔系数虽然下降也不稳定,但是总体上看变动小,主要呈现下降态

势。特别是 90 年代以来,城镇普遍进入温饱型生活并开始部分向小康型生活过渡,恩格尔系数表现出稳步下降的趋势;而乡村居民的恩格尔系数却是起伏很大,在 80 年代末曾达到 53.4%,但是此后由于前面多次分析的原因又开始上升。这说明在整个城市化过程中,农村居民是变动的群体:城市化进程顺利推进,那么收益增长最快的无疑是农民群体;但是一旦各项制度改革和经济发展受挫,那么在动荡中损失最大的也必然是农民群体。实际上,在中国城市化的过程中,农民承受了巨大的成本,这种成本在微观上表现为数亿乡村居民生活的动荡,在宏观上表现为在中国社会发展的历史长河中的时间成本。也就是说,虽然城市化是历史必然趋势,但是如果我们对其复杂性和艰巨性不能充分认识,各项具体制度改革进程中对既得利益的妥协过多,犹豫不决,那么必然延误城市化的进程,延长由农村社会向城市社会转换的时间,这种时间的代价是巨大的、历史性的。

这里还需要对 1989 年城乡居民恩格尔系数差异为 –0.4 个百分点作一点解释。我们定义当恩格尔系数差异程度小于 5 个百分点时,城乡生活质量趋于一致,其前提是当城市现代化进程不断加速,城市居民生活水平进入一个较高的水准时,城乡居民的恩格尔系数差异程度如能低于 5 个百分点,说明中国能够在较高的程度上达到城乡一体化,而这才是提高城市化质量的真正内涵。1989年中国城镇居民的恩格尔系数为 54.5%,农村居民的恩格尔系数为 54.1%,都处在 55% 贫困型生活临界点的边缘,这样一种低生活水平的城乡一致性并不是城乡一体化,不符合我们的要求。

(三) 提高中国城市化质量的对策

提高城市化质量是一个比增加城镇人口远为复杂和艰巨的任务。这有待于整个国民经济质量的提高,包括产业发展质量的提高、企业质量的提高及民众基本素质的提高;有待于中国整体的改革进程的深入;有待于中国社会主义市场经济体制的建立、健全和完善。从城市化过程本身看,要提高城市化质量至少需要采取如下对策:

1.进行相互配套的城市化具体制度的改革,促进城市化进程

提高城市化质量始终是与增加城镇人口比重密切相关的问题。只有提高城市化水平,进一步提高城市化质量才有基础。区别在于我们不能只满足于让农民进入城市,满足于以城镇低水平扩张的形式来获取城市化水平的提高,而必须追求城市化的质量,努力推进城市现代化和城乡一体化进程。要推进城市化进程,首先需要做的就是如第三章所提出的进行互为配套的各项城市化具体制度的改革。渠道不浚,水流必然不畅。城市接纳乡村人口的制度不建立,城市化过程必然难以顺利进行。

2.提高工业化质量,为提高城市化质量奠定经济基础

如果说工业化是城市化的经济支持,那么提高工业化质量便是提高城市化质量的经济基础。这里需要指出的是,提高工业化质量应该是指以提高第二产业质量为核心的,包括第一产业和第

三产业在内的三大产业的整体质量。因为工业化过程不仅是指国民经济结构中非农产业比重提高的过程,同时更重要的是三大产业在结构转换的同时同步提高质量、走向现代化的过程。只有第一产业与第二、三产业发展质量的差距缩小了,中国的城乡二元结构才能真正得以淡化和消除。

提高工业化质量的核心环节是提高制造业质量。因为第一,制造业质量的提高可以为三大产业提供现代化的技术装备,从而为提高第一、三产业的发展质量提供物质基础;第二,高质量的制造业企业为先进的第三产业提供广阔的市场,是现代第三产业发展的市场基础;第三,第二、第三产业质量的提高能够为其员工提高收入,居民收入水平的提高正是传统的和现代化的生活性服务业扩展的市场前提;第四,第二、第三产业规模的扩大增强了非农产业吸收劳动力的能力,而大量农村富余劳动力的转移正是解决农村人地矛盾、推广农业规模经营、提高农业质量的基本条件。

在提高三大产业质量的过程中,需要加强对第二、第一产业的政策诱导和扶持。第二产业由于其规模经济效益显著,投资起点高,实现技术进步难度大;第一产业则是由于从总体上看属于低效率的产业,特别是根据中国国情,农业在很长时间内还很难改变其弱质性,加之它与自然再生产过程相结合,具有很强的不确定性,因此需要政府的政策支持。第三产业从总体上看投资门槛低,容易进入,同时比较容易获得平均利润率,是三大产业中最容易受市场规律作用得到发展的产业,也是提高产业质量难度相对较低的产业。只要有第一、第二产业的现代化为第三产业提供足够的市场基础,第三产业现代化水平必然会受市场诱导得以不断提高。在这里,政府所要做的主要是规范市场规则。

3. 加强城市基础设施建设,为城市现代化提供高质
   量的载体

从中国城市现代化水平的综合评价中看出,城市基础设施现
代化是我国城市现代化三大领域进程中最薄弱的一环,而城市基
础设施又是城市一切社会经济活动赖以进行的基础,所以加强城
市基础设施建设是中国城市现代化的重要环节。

改革开放以来,基础设施是我国投资最多、发展最快的领域之
一。80 年代中期以来,我国基础设施投资基本上都相当于 GDP 的
6%—8%左右,该比重远远高于发展中国家平均 4%左右的水平。
城市基础设施又是基础设施中增长最快的部分(如表 4.8),大部
分城市基础设施年增长率都在 10%以上。近 20 年来,中国城市基
础设施得到大幅度的改善。

表 4.8 中国 1985—1998 年城市基础设施的增长

		实际值					1986—1998 年年均增长(%)
		1985	1990	1995	1997	1998	
自来水供应量	(亿吨)	128	382.3	496.6	476.8	470.5	10.5
用水普及率	(%)	81	89.2	93	95.2	96	1.3
公共汽车总数	(万辆)	4.52	6.22	13.68	16.91	18.9	11.6
铺装道路长度	(万公里)	3.83	9.48	13.03	13.86	14.52	10.8
铺装道路面积	(万平方米)	35872	89160	135810	152664	163993	12.4
下水道长度	(公里)	31556	57787	110293	119739	125943	11.2
城市绿地面积	(公顷)	159291	474613	678310	682238	745654	12.6

资料来源:《中国统计年鉴 1999》,中国统计出版社 1999 年版。

但是,中国城市的基础设施仍然非常欠缺。这是由于在传统
体制下基础设施的历史欠账太多,改革开放以来经济的增长又不
断产生对基础设施的新的需求。因此,中国基础设施特别是城市

基础设施的建设,既要弥补传统的工业社会需要发展的最传统式的基础设施;又要实现与发达国家的基础设施相对接,建设包括信息高速公路在内的最现代化的基础设施,中国基础设施建设任重而道远。

城市基础设施的建设可以借鉴浙江、广东、江苏等较发达地区的经验,拓宽融资渠道,尽可能吸引民间资本参与参股甚至控股,或者发行项目债券。政府的作用主要是制定标准、监督检查,在民间资本不足时可以参与投资,但是一般不要控股,政府的稀缺资金要起到"四两拨千斤"的作用。

与区域性基础设施不同,相对而言,城市基础设施投资规模相对较小,而且收益较高。同时,城市基础设施门槛效应显著,较高质量的基础设施建设必然要求一定的服务规模,从而与城镇规模相联系。从这个角度出发,也要求适度对小城镇进行集中建设,有条件的小城镇努力发展到3万人以上的小城市,为现代化基础设施提供起码的服务市场。

4. 建立现代化的城市经济体系,支撑城市经济的迅速发展

建立现代化的城市经济体系包括两个方面,一是尽可能加快各级城市技术进步和产业结构升级,二是尽快消除城市经济发展中"大而全"、"小而全"的现象,确立主导产业和专业化部门在城市经济发展中的主导地位,并加强各城市之间的商品贸易往来和经济技术合作,促使各级各类城市经济都能够发展成为整个国民经济产业体系中的有机组成部分。

大城市经济是现代化城市经济体系的龙头。大城市产业结构

的现代化首先要求努力发展第三产业,提高第三产业的比重。在很多大城市,第三产业可以发展成为重要的支柱产业。此外,要加速大城市制造业结构的调整,要尽快改变"大而全"的格局,避免低水平的重复建设。在制造业中,可以选择3—4个主导产业,以若干个大型企业集团为核心加以重点发展。这样,可以集中力量对主导产业的技术进行研制、开发,提高优势产业在全国甚至在世界市场上的竞争力,使大城市真正发展成为我国城市经济现代化的先锋力量。

中小城市是大城市与小城镇联系的纽带,我国需要建设一批富有特色的、专业性强的中小城市,每一个城市集中发展1—2个产业或产品,这些产业和产品的选择可以建立在加工地区优势资源的基础之上,也可以与其附近大城市相联系,为大城市生产初级加工品或配套零部件,加入大城市现代化产业的循环,成为大城市发展的一个组成部分。以大城市为中心,以若干企业集团为龙头来组织区域经济,是我国未来时期产业组织的主要方向。

小城镇经济的发展需要减少"土"味,增加现代经济内涵。长期以来,我国城乡二元结构、工农二元结构的问题没有得到很好解决,虽然乡镇企业突破了二者之间对立的格局,成为城市与乡村、工业与农业联系的纽带,把工业文明带给了农村。但是总的来看,我国乡镇企业的发展仍然主要依附于"三农"——原材料来源于农业,市场在农村,职工是农民,与大工业联系很少,小城镇发展缺乏现代经济内涵,产业扩张空间十分有限。今后,中国的现代化必然要求包括乡镇企业在内的大量中小企业步入现代化,要求小城镇步入现代化。为此,除了需要把地方中小企业的发展适度集中于小城镇以外,更重要的是把地方中小企业纳入大工业发展的轨道,把小城镇经济逐步纳入城市现代产业发展的轨道,随着城市经济的发展而发展。我们认为:"离土不离乡"和"离乡不离土"都不是小城镇发展的良好选择,"离土又离乡"才能够使中国的农业、农村和农民真正走上现代化发展之路,中国的城市化才能够真正得以发展并具有后劲。

5. 增加人力资本投资,强化人力资本的积累

根据舒尔茨的人力资本理论,劳动力实质上是一种不同质的生产要素。当人们通过对劳动力进行投资,使一定量的资本与劳动力相结合,就会使劳动力质量升华,从而产生出一种新的生产要素——人力资本。人力资本实质上就是能够应用专业知识驾驭现代生产设备、从事高效率经济社会活动的高素质的劳动力。现代经济发展的速度与质量,主要取决于人力资本的丰裕程度,与此相比,自然资源的丰瘠及资本的多寡显得不太重要。发展中国家经济发展的根本问题在于人力资本的匮乏而非物资资本的短缺。因此其发展的根本出路在于增加人力资本投资,强化人力资本的积累,逐步改变经济发展的资源禀赋,将一般劳动力富余的资源劣势变为人力资本丰富的资源优势。

人力资本投资包括教育投资和健康投资。其中教育投资又包括基础教育投资、专业教育投资及自我教育投资。在中国现阶段,最迫切需要解决的人力资本投资是基础教育投资。根据对近20年中小学生入学与毕业人数的对比分析,得出的结论不尽如人意,中国目前约有1/4的适龄少年儿童不能完成九年义务教育,其直接的结果是若干年后中国的就业大军中有1/4的劳动力属于文盲半文盲状态,这样的一支劳动大军如何能把中国送入城市社会?

如何能建设中国的现代化？其中的根本问题是农村中小学（包括部分城市中小学）教育质量差，家长对孩子上大学无望，以及中小学各种名目收费太高，家长因支付学费困难而被迫让孩子辍学。而这两方面的问题都是由于政府对基础教育投入不足所致。交不起学费，而不能去接受所谓的"义务教育"，本身是一个具有重大讽刺意味的现象。政府不仅要下大力气巩固和提高现在的九年义务教育，而且还要在有条件的较发达地区，逐步提高基础教育的年限，由 9 年延长至 12 年，这是中国未来工业化、城市化高质量发展对劳动力素质的基本要求。

政府在加强人力资本投资时，要特别注意对农村地区进行投资。这里不仅需要真正的义务性基础教育，而且十分需要各种专业技术教育。只有当农村劳动力很好地掌握了现代农业技术知识，掌握了现代农业的管理和市场运作规律，提高农业发展质量才充满希望。因此，要在城市化过程中将知识和城市文明加速向农村传播，必须加速农村人力资本的投资。只有这样，广大农村地区才能够伴随着城市化的过程同时走向现代化。

6. 建立城市社会新秩序，迎接中国城市社会的到来

未来 30 年是中国城市化迅速推进的时期，30 年后将有一半左右的中国人口生活在城市。未来 30 年将是中国社会发生大变革、大转型的时期，是中国实现由农村社会向城市社会转型的关键时期。为了迎接城市社会的到来，必须从现在开始，逐步建立城市社会新秩序。其内容至少包括进一步完善市场经济体制，建立开放及公平竞争的经济秩序；努力发展基础设施和各项公共服务，建立先进、良好的社会秩序；制定并完善各项法律法规，加强执法的

公正性,建立完备的法律秩序;培养国民自尊、自爱、自律、自强的现代精神,为城市社会新秩序的建立提供活的源泉。

第五章 两个案例

在本书的最后一章，我们进行两个案例的研究。我们选择的两个案例，一个是浙江省台州市的城市化问题，一个是广东省开平市的镇级经济与城市化问题。台州市是一个地级市，开平市是一个县级市，两市同属于我国发达地区，1999年的人均GDP分别为11178元和13157元，分别高于全国平均水平的71.1%和1倍。但是这两个城市都不同程度地存在着城市化不足的问题，并且成为制约城市经济社会发展的重要因素。

台州市和开平市城市化问题的类型各不相同，台州市是民营经济和地方小城镇发展较好，但是缺乏具有一定规模和凝聚力的中心城市，从而限制了城市综合竞争力的提高；开平市则是中心城市发展快，具有活力，但是镇级经济相对薄弱，小城镇发展难度大。台州市和开平市的城市化问题属于两种不同的类型，这两种类型的问题在我国各个地区的城市化发展中都具有代表性。在本章我们将剖析台州市和开平市经济社会发展中的城市化问题，研究其产生的根源，并且根据城市化规律和两个地区的具体区情，提出城市化发展的对策。

一、促进城市化进程,提升
台州城市竞争力

台州市地处浙江省东南部的沿海地区,这里与温州同时成为我国改革开放的前沿阵地之一。1979年最早一批股份合作制企业在这里诞生,此后民营企业的发展如雨后春笋,支撑起台州市经济的迅速崛起。1998年台州市人均GDP为10314元,比全国平均水平(6307元)高出64%,比温州市(9495元)高出8.6%。但是,与温州市相比,台州市的知名度和城市综合竞争力都比较低。1998年末,台州市全市总人口比温州市仅少24.9%,但当年台州市固定资产投资仅125亿元,比温州市低74亿元,其中市区的固定资产投资为48亿元,而温州市为100亿元;台州市吸引外商投资1990万美元,温州市达2648万美元,当年接待国际旅游人数7300人,更只相当于温州市(48000人)的15.2%。加速城市化进程,提升竞争力,是台州市发展面临的重大课题。

(一)台州市城市化与经济发展相互关系评价

1. 台州市城市化水平及进程评价

1998年,台州市市镇人口占总人口的比重为27.9%,比同年全国平均水平低2.5个百分点,与1997年世界低收入国家28%的平均水平相当,处于城市化发展的前期阶段。

从城市化进程看,90年代以来台州市的城市化进入快速增长阶段。1980—1990年,台州市城市化水平由10.7%增长到

19.0%,年均增长 0.83 个百分点;1990—1998 年,城市化水平由
19.0%提高到27.9%,年平均增长1.11个百分点,比前10年每年
平均多增长0.28个百分点。从与全国90年代以来城市化进程的
横向比较看,全国1990—1998年的城市化水平由26.4%提高到
30.4%,年平均提高0.5个百分点,可见台州的城市化水平虽然低
于全国,但城市化进程快于全国平均水平。

随着台州市城市化水平的提高,台州市农村居民数量已经开
始呈现绝对下降的态势。1991年是台州市城市化进程的转折点。
从这一年开始,台州市农村居民数量开始出现绝对下降。在此之
前,虽然台州市城市化水平在不断提高,但是由于向市镇迁移的农
村人口少于农村自然增长的人口,农村人口的绝对量仍然是增长
的。1980—1990年,台州市农村人口净增长5万人,年平均增长
5000人。1990年台州市农村人口419.1万人,达到历史最高峰,从
1991年起开始下降,到1998年台州市农村人口已经降到389万
人,8年共下降30.1万人。农村人口绝对量下降对城市化具有十
分重要的意义。它意味着依赖于土地求生存的人口开始减少,土
地承受的人口压力开始下降,以及农业规模化、专业化和现代化经
营条件的不断改善。在这一点上,台州市走在全国的前列。虽然
全国的城市化水平高于台州,但是全国的农村人口总量仍然以每
年340万人的规模在不断增加,1990—1998年全国农村人口共增
长2726万人。

可见,90年代后半期,尽管台州市城市化水平比较低,但已经
呈现出较好的发展态势。

2.台州市城市化水平与经济发展的关系

城市化是经济发展的必然结果和空间表现形式。因此,在正

常情况下,经济发展必然带来城市化水平的提高。但是,"城市
化水平滞后于经济发展水平"是当前经济学界和政府对当前中国城
市化问题所达成的共识。台州市经济发展水平高于全国平均水
平,而城市化水平又低于全国平均水平,那么台州市城市化滞后就
成为无需证明的结论。所谓城市化滞后,并不是指城市化水平本
身的高低,而是指与经济发展已经达到的水平比较,城市化水平偏
低,还没有达到应该达到的水平。或者说,其经济发展水平可以孕
育出更高的城市化水平。那么,台州市的城市化水平与经济发展
水平的相互关系到底怎样呢?

　　经济发展水平可以从量与质两个角度来考察。从量的角度
看,衡量经济发展水平的核心指标是人均 GDP(国内生产总值)以
及非农产业产值比重。台州市和相关地区城市化水平与经济发展
水平相互关系的比较见表 5.1:

表 5.1　1998 年城市化水平与经济发展相互关系的比较

	台州市	世界下中等收入国家	全国	浙江省
人均 GDP(美元)	1246	1250	762	1353
非农产业比重(%)	83.6	69	82.0	87.6
城市化水平(%)	27.9	40	30.4	33.0

注:1.人民币对美元汇率按国家统计局公布的 1998 年平均汇率 1 美元 = 8.28 元人民币
计算;2.世界下中等收入国家,是指 1997 年人均 GDP 在 786—3125 美元之间的国家。
这一标准是由世界银行确定的,表中为 1997 年数据。
资料来源:(1)《中国统计年鉴 1999》,中国统计出版社 1999 年出版;(2)世界银行:《1998/
99 年世界发展报告》,中国财政经济出版社 1999 年出版;(3)《台州统计年鉴 1999》,中
国统计出版社 1999 年出版。

　　从表 5.1 可以看出:与世界下中等收入国家相比,台州市经济
发展水平基本相当,非农产业增加值比重高于后者 14.6 个百分

点,但是城市化水平却低于后者 12 个百分点;与全国相比,台州市人均 GDP 比后者高出 64%,非农产业增加值比重也略高于全国,但是城市化水平却低于全国 2.5 个百分点。因此可以得出结论:与台州市经济发展水平在量上所达到的水平相比,台州市城市化进程确实是滞后了。那么与经济发展的质量相比,台州市城市化水平又如何呢?

3.台州市经济发展弱质是城市化滞后的经济根源

在区域经济发展中,工业化和城市化相互关系的一般规律表现为如下的过程:随着区域工业化水平的提高,非农产业就业比重相应提高,非农产业就业人口及其家属向城市集中,引起城市人口比重的提高,工业化进程导致城市化;城市规模的扩大,为工业发展提供良好的外部环境,吸引工业企业进一步集中,城市化反过来又促进工业化进程。但是,由于台州市的特殊发展历史,致使台州市非农产业就业比重的提高速度滞后于工业化水平的提高速度,同时市镇人口比重的提高速度又滞后于非农产业就业比重的提高速度,这双重滞后终于导致台州市的城市化进程滞后于工业化。图 5.1 可以明显地反映出相关地区经济发展过程中工业化与非农产业就业比重及城市化水平的相互关系,同时也特别反映出台州市城市化过程中的双重滞后。

上图反映出:世界下中等收入国家 1997 年第二产业及非农产业增加值比重均低于浙江省及台州市,但是其城市化水平却高于后者,说明城市化滞后的现象不论在浙江省以及台州市,都是普遍存在的,其中尤以台州市为甚。

与浙江省及世界下中等收入国家相比,台州市的第二产业增

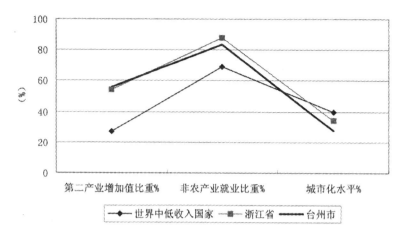

图 5.1　台州市与相关地区产业结构和城市化水平的比较

加值比重是最高的，但是其城市化水平却是最低的。台州市不论与世界范围内相近发展水平的国家相比，还是与省内其它地区相比，都呈现出显著的城市化过程双重滞后的特征。

台州市的非农产业就业比重滞后于工业化水平，关键是第三产业就业比重的滞后。实际上，台州市的第二产业就业比重高于世界中低收入国家的平均水平以及浙江省的平均水平，其原因在于两点：一是台州市的第二产业增加值比重高，因而吸收劳动力的规模也较大；二是台州市的第二产业生产率比较低，1998 年台州市第二产业的劳动生产率 27793 元/人，比浙江省的平均水平（34506 元/人）低 6713 元，更比下中等收入国家的平均水平（47792 元/人）低 2 万元。由于劳动生产率低，因此等量的财富需要更多的人来创造。第二产业较低的劳动生产率正是台州市工业化弱质的重要表现。

与此相比，台州市第三产业的生产率并不太低。1998 年台州市第三产业每个劳动者创造的增加值为 20181 元，而同年浙江省为 21758 元,虽然有差距,但不太明显。可是台州市第三产业就业比重明显滞后主要是源于第三产业生产的不发达,而第三产业生产的不发达又主要是由于第二产业的弱质所决定的。

从区域经济发展的角度看,一个地区工业化的过程,也即非农产业比重不断提高的过程。而非农产业的两大部分第二产业和第三产业在工业化过程中具有不同的作用:第二产业带有技术密集型特性,具有较高的生产率,是工业化过程中创造财富的主体;第三产业具有劳动密集型特性,是工业化过程中吸收劳动力的主体。因此,在一个地区中,如果没有第二产业的充分发展,就不能够创造大量的财富,正所谓"无工不富";如果没有第三产业的充分发展,就不能够吸收大量的劳动力,就会产生农村劳动力的富余,制约城市化水平的提高。

第三产业作为服务业,它的发展主要取决于第一、二产业,特别是第二产业的规模和质量。一方面,一定规模的第二产业需要第三产业为之提供服务;另一方面,同等规模的第二产业,由于其实现主体的不同,发展水平和发展质量也不同,对第三产业的服务需求有着极大的差别。发展水平较高的第二产业要求有更多的第三产业服务,而弱质工业则只需要较少的服务。1995 年我国城市第二产业每万名从业人员需要 8200 个第三产业从业人员为其提供服务,而等量的乡镇企业从业人员只需要 2500 个服务人员。在台州市经济发展的过程中,乡镇企业、民营企业为主体,这些企业为台州市的经济发展做出了卓越的贡献。但是,毋庸讳言,与大工业相比,台州市当前的民营企业大部分规模小,技术水平低,布局过于分散,它们的发展没有造就相应规模的第三产业的市场需求。因此导致台州市第三产业发展滞后,进而导致第三产业就业比重滞后。

此外,台州市城市化还因为市镇人口比重又滞后于非农产业的就业比重而显得更加滞后。台州市的民营企业作为工业化的主要动力,提供了绝大部分非农产业就业机会。但是这些企业的就业职工大部分是"离土不离乡"、"进厂不进城,"他们并没有真正向城市或建制镇集中,其职业非农化了,而居民身份并没有城市化,致使市镇人口比重的提高滞后于非农产业人口比重的提高。而这些民营企业之所以无须进入城镇也能得到发展,重要的一点是因为其发展质量低。实际上,这部分工业有一些仍然属于手工业的范畴。

可见,台州市工业化的弱质性,直接导致了非农产业就业比重滞后于工业化水平,以及市镇人口比重又滞后于非农产业就业比重,这就是台州城市化滞后的经济根源。因此,台州市要加速城市化进程,主要的问题在于必须提高工业化质量。

4. 台州市中心城市规模小,现代化水平低,综合竞争力弱

中心城市是区域经济发展的核心。一个健康发展的地区,城市的规模结构呈金字塔型分布。中心城市规模最大,产业结构及技术结构最先进,聚散功能和辐射功能强大。它既能够通过集聚效应吸引所在地区最先进的生产要素,实现自身的经济扩张和产业结构升级;又能够通过扩散效应向周围地区传播先进的技术、资金、信息,带动腹地经济的发展。

台州市城市化进程中的另一个问题是中心城市发展薄弱。首先表现为规模小。一是人口规模小。台州市 1998 年市区非农业

人口 23.6 万,台州市第二人口大市温岭市的市区非农业人口 13.1
万人,台州市的人口首位度(即中心城市与第二大城市人口的比
值)为 1.82,远低于温州的人口首位度 3.1 的水平。二是经济规模
小。台州市区与温岭市区的 GDP 之比是 1.39,而温州的经济首位
度为 1.93。中心城市首位度低,很难产生集聚效应。

其次,台州市城市发展的现代化水平低。城市现代化包括经
济结构的现代化、基础设施的现代化和人的现代化三个方面。我
们用这三个方面共 11 个指标,按照第四章设计的方法分别计算出
1998 年台州市的现代化水平得分仅为 33.83 分。按照第四章设计
的城市现代化水平的四个等级标准,台州仍然处于现代化前期阶
段,与城市现代化有较大的差距。

从台州市区实现城市现代化的结构看,经济结构的现代化实
现程度为 39.3%,基础设施的现代化实现程度为 36.0%,人的现代
化实现程度为 26.5%,城市发展的各方面的现代化程度都有待于
提高。因此,在台州市未来的发展中,要想提高台州市的整体竞争
力,就必须在发展经济的同时,加强基础设施建设,改善人的生存
环境和生活质量,提高人的基本素养。

(二)台州市城市化发展的战略目标与格局预测

由上述分析可以看出:台州市城市化进程喜忧参半。一方面,
台州市城市化进程呈现出良好的态势;另一方面,台州市的工业化
弱质和中心城市薄弱对城市化有较大制约。在未来的发展中,如
果能够最大程度地提高工业化质量,为城市化提供良好的经济支
撑,同时加强中心城市的建设,使其真正成为具有带领台州全市产
业和技术升级的能力,那么,台州市在未来时期就能够比较顺利地

进入城市化高速成长阶段。我们以此为前提来预测台州市未来时期的城市化进程及格局。

1. 城市化水平预测

根据台州市改革开放以来城市化进程散点图的分布,结合城市化进程呈现出"S"型阶段性规律发展的特征,我们采用逻辑曲线预测法建立预测模型如下:

$$Y = K/(1 + ab^t)$$

公式中:t:表示时间,以 1978 年为 0,1979 年为 1……;

Y:表示市镇人口比重(%)。

考虑到台州市处于工业化中期阶段,在一个比较长的时期内城市化水平一定会低于发达国家 70% 左右的水平。因此,设参数 $K = 0.7$。根据 1978—1998 年台州市城市化资料拟合得出参数值:

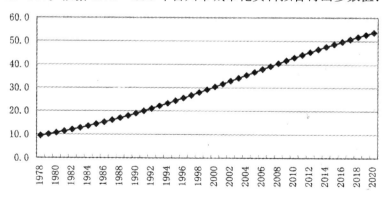

图 5.2　台州市 2000—2020 年城市化预测曲线

a = 6.442333　　　　b = 0.92988

那么,台州市 2000—2020 年的城市化水平预测模型为:

$$Y = 0.7/(1 + 6.442333 \times 0.92988^t)$$

（相关系数 $r = 0.9678$）

这表明,该预测模型能够比较好地拟合和解释台州市的城市化进程。根据此模型,可以预测出台州市 2000 年($t = 22$)城市化水平为 30.4%,进入城市化的高速成长阶段;2010 年($t = 32$)城市化水平为 43%,仍然处于高速成长期;2020 年($t = 42$)城市化水平为 53.7%,初步进入城市社会。

1978—2020 年台州市城市化预测曲线如图 5.2。

这样,我们可以将改革开放以后台州由城市化初期发展到初步进入城市社会的进程,分为如下四个阶段:

第一阶段:1980—1990 年,城市化的起步阶段。城市化水平由 10.7% 提高到 19.0%,年平均增长 0.83 个百分点。

第二阶段:1991—2000 年,城市化的快速增长阶段,城市化水平由 19.0% 提高到 30.4%,年平均增长 1.14 个百分点。

第三阶段:2001—2010 年,城市化的高速增长阶段,城市化水平由 30.4% 增长到 43.0%,年平均增长 1.26 个百分点。

第四阶段:2010—2020 年,城市化水平仍然不断提高,城市化水平由43.0%提高到 53.7%。但是,城市化水平提高的速度开始下降,年平均提高 1.07 个百分点。

此后,随着台州市进入工业化后期阶段,步入城市社会,城市化水平提高缓慢,并逐步接近 70% 左右。

2. 台州市城市化格局的预测

根据上述预测,到 2010 年,台州市城市化水平为 43%。若按1990—1998 年市域总人口 5.7‰ 的平均增长速度继续增长,那么到 2010 年,台州全市总人口约为 578 万人。届时的市镇人口为

248.4 万人。与 1998 年相比,市镇人口净增长 100 万,年平均增长
8.3 万人。与此同时,台州市城乡人口对比发生重大变化,乡村人
口由 1998 年的 389 万下降到 330 万,绝对减少 59 万,相当于 1998
年黄岩区的总人口。因此,随着台州市城市化水平的提高,不仅城
市需要有一个大规模的建设与发展,而且农村规模化、现代化发展
的基础条件也日趋完善。伴随着农村现代化的工业现代化和城市
现代化,才是台州市现代化的真正内涵。

从城市自身的发展格局看,到 2010 年应该形成比较合理的城
市规模结构:大城市 1 个,中心城市台州市区人口约为 80 万左右;
平均规模约为 35 万人的中等城市 2 个:温岭市与临海市,平均规
模为 15 万人的小城市 8 个:它们分别是三门、玉环、仙居、天台 4
个县城以及大溪、泽国、坎门、杜桥 4 个镇;平均规模约为 5 万人的
重点镇 16 个左右;其他一般建制镇 100 个左右。

从城市的空间格局看,大城市和中等城市及大部分小城市空
间格局已经确定,关键是重点镇的空间格局的选择。为此,我们对
台州市 103 个建制镇进行了综合实力指数评价。考察的指标包括
乡镇总人口、镇区人口(乡镇总人口减去该镇的乡村人口)、工业劳
动力比重、通汽车行政村的比重、乡镇企业总产值以及财政收入六
大指标(见附表 4.2),然后采取几何平均数的方法计算出各镇的
综合实力指数。按照综合实力指数的高低对所有的建制镇进行排
序,结果如表 5.2。

观察排序表可以看出,综合实力指数在 100 以上的 22 个镇
中,除了各县城关镇以外,全部都分布在市区(6 个)、温岭市(5
个)、玉环(3 个)和临海市(1 个),而北部和西北部的仙居县、天台
县和三门县一个也没有。说明台州市域范围内未来时期城市化的

表 5.2　台州市建制镇综合实力排序

排序	镇名称	综合得分	排序	镇名称	综合得分	排序	镇名称	综合得分
1	黄岩城关镇	461.9	36	温峤镇	78.4	71	钓浜镇	39.1
2	太平镇	336.3	37	下梁镇	78.4	72	邵家渡镇	38.7
3	临海城关镇	336.0	38	石塘镇	76.7	73	鲜迭镇	37.7
4	玉环城关镇	279.2	39	东山镇	75.2	74	白鹤镇	37.2
5	坎门镇	252.2	40	山市镇	73.3	75	东浦镇	35.7
6	泽国镇	206.9	41	北洋镇	67.5	76	白塔镇	35.6
7	仙居城关镇	194.4	42	平桥镇	65.6	77	干江镇	35.4
8	大溪镇	177.5	43	锦屏镇	65.3	78	岙环镇	35.3
9	天台城关镇	161.9	44	箬山镇	59.6	79	河头镇	35.0
10	楚门镇	151.1	45	长屿镇	57.6	80	大闾镇	33.2
11	洪家镇	149.7	46	塘下镇	57.3	81	双港镇	31.9
12	金清镇	139.7	47	潘郎镇	57.0	82	三合镇	31.6
13	松门镇	132.1	48	涌泉镇	56.9	83	亭旁镇	30.4
14	箬横镇	124.3	49	坦头镇	56.4	84	横溪镇	30.3
15	海游镇	123.6	50	头陀镇	55.1	85	石桥头镇	28.2
16	前所镇	120.0	51	横河镇	55.1	86	六敖镇	25.7
17	院桥镇	119.0	52	下各镇	53.9	87	官路镇	25.6
18	杜桥镇	117.7	53	淋川镇	52.6	88	新街镇	25.4
19	陈屿镇	116.9	54	桐屿镇	51.4	89	健跳镇	24.9
20	新河镇	110.7	55	宁溪镇	50.5	90	浦镇	22.6
21	蓬街镇	109.2	56	芦浦镇	50.0	91	桃渚镇	21.8
22	峰江镇	104.9	57	江口镇	49.0	92	街头镇	21.7
23	横峰镇	98.8	58	沙埠镇	47.7	93	沙门镇	21.0
24	新桥镇	98.6	59	上盘镇	47.1	94	小雄镇	19.6
25	横街镇	95.8	60	尤溪镇	46.4	95	沙柳镇	19.0
26	清港镇	92.8	61	水洋镇	46.0	96	田市镇	18.6
27	三甲镇	91.1	62	珠岙镇	45.6	97	朱溪镇	18.4
28	牧屿镇	86.8	63	白水洋镇	45.2	98	新中镇	18.0
29	章安镇	85.4	64	洪畴镇	43.7	99	石梁镇	17.0
30	新前镇	83.4	65	小芝镇	43.4	100	花桥镇	16.2

（续表）

排序	镇名称	综合得分	排序	镇名称	综合得分	排序	镇名称	综合得分
31	下陈镇	83.2	66	红光镇	42.9	101	埠头镇	14.6
32	东塍镇	83.1	67	东洋镇	42.3	102	大陈镇	13.8
33	澄江镇	81.3	68	联树镇	41.2	103	横渡镇	8.9
34	石粘镇	80.7	69	张家渡镇	41.2			
35	大田镇	80.4	70	汛桥镇	40.5			

资料来源:《台州统计年鉴1999》,中国统计出版社1999年版。

区域基础很不平衡,市区及市域中部、南部地区人口密集,经济相对发达,对城市化的要求比较迫切。同时,这里已经形成一批经济强镇,成为台州市跨世纪城市化发展的重要依托。三门、天台、仙居人口少,1998年三县合计人口139万(温岭一个市人口就达113万),同时经济发展水平比较低。因此台州市未来的城市化重点在中部以及南部地区,同时兼顾北部和西部三县的城市化推进工作。

在温黄平原,经济发达,客观上需要一个金字塔形的城市规模结构。除了形成台州中心城区一个大城市、温岭与临海两个中等城市以外,还需要形成几个小城市作为中等城市和重点镇的过渡环节。根据各城镇的综合实力指数以及区位条件,我们认为可以考虑将大溪、泽国、坎门、杜桥4镇发展为小城市。这样,到2010年,台州市将形成包括玉环、仙居、天台、三门以及大溪、泽国、坎门、杜桥8个小市。同时集中力量形成一批重点镇。重点镇的选择主要考虑各镇的综合实力和发展基础,兼顾区位均衡。16个重点镇是天台的平桥、三门的健跳、仙居的横溪、临海的大田、玉环的楚门和陈屿、温岭的松门、箬横和新河镇,以及市区的洪家、前所、金清、蓬街、峰江、院桥和宁溪镇。这样,到2010年,台州市基本能够形成包括大城市、中等城市、小城市、重点镇和一般镇在内的五级市镇体系的比较合理的城镇规模结构。

在空间格局上，大致形成"Y"型的点轴分布格局。该格局由三大城镇点群组成：在左上枝，以高速公路为主干，以大田、临海、黄岩、院桥和大溪镇为核心的城镇点群；在右上枝，以高等级公路为主干，以杜桥、前所、椒江、洪家、路桥、桐屿、峰江、泽国为核心的城镇点群；下半枝以泽国至坎门的快速公路为主干，以泽国、温岭、楚门、玉环和坎门为核心的城镇点群。从杜桥直至大溪将有可能形成以椒江到路桥连片大城市区为核心的城镇带，成为整个台州市的精华之所在。因此，未来时期台州市发展的空间格局，可以以杜桥—大溪为一级轴线，以"Y"状的左上枝和下半枝为二级轴线扩展开来，以市中心为主核心区，以中等城市和小城市为副核心区，以点带线，以线带面，最终促进整个台州市经济社会的发展。

（三）台州市城市化对策

要加速台州市的城市化进程，需要从以下几个方面采取对策：加强中心城市建设与发展，提高工业化质量，建立与城市化要求相适应的管理体制框架，制定有利于人口和产业集聚的多种政策，还要加快农业以及农村经济的发展，为城市化提供良好的区域基础。

1. 加强中心城市的建设与发展，把台州市建设成为浙江沿海中部的中心城市

缺乏一个强有力的中心城市是台州市跨世纪经济社会发展中的一个关键性的制约因素，也是未来提升台州区域竞争力的主要障碍。因此加强中心城市的建设与发展是台州市经济社会发展的首要任务。

第一,台州市中心城市建设已经具备良好的区域基础。

中心城市的建设,必须依赖于良好的经济社会基础。台州市在改革和开放以来的发展中,已经初步具备了这样的基础。

我们从人均 GDP、人均工业资产规模、人口结构、消费水平、智力资源、交通通讯水平等方面,对浙江省 11 个市地的区域经济社会发展水平进行比较分析。我们选择了 7 个指标(见表 5.3),并赋予人均 GDP 以双倍的权重,用几何平均数的方法计算出各个市地经济社会资源丰度:

表 5.3　1998 年浙江经济社会资源的地区差异评价

	人均 GDP	人均工业资产	人均地方财政收入	非农业人口比重	非食品支出比重	技术人员比重	每万人汽车拥有量	每百人电话拥有量	经济社会资源丰度
	(元)	(元)	(元)	(%)	(%)	(%)	(辆)	(部)	(%)
杭州	18611	12301	604.3	34.5	55.3	4.09	201	25.3	152.6
宁波	18219	10614	781.6	24.4	60.5	3.52	123	29.6	141.6
温州	9495	2591	372.5	17.4	52.4	1.15	94	24.5	76.7
嘉兴	13502	9494	346.8	22.2	56.8	2.07	102	25.5	106.7
湖州	12742	6590	228.1	23.2	55.1	1.43	73	13.4	83.2
绍兴	15164	11469	330.6	16.9	53.6	1.58	128	15.3	100.8
金华	10968	3584	244.3	15.2	61.0	1.58	96	13.9	76.6
衢州	5879	3689	155.7	15.4	58.3	2.12	43	7.9	56.2
舟山	9493	4961	404.8	26.1	55.5	2.07	66	18.7	87.3
台州	10314	3408	302.4	14.1	59.7	1.46	60	20.0	74.5
丽水	4718	1776	191.9	13.0	57.1	1.68	52	8.2	49.5
合计	12619	6760	397.1	20.5	57.0	2.15	105	20.2	100.0

注:1.非食品支出比重是指居民非食品支出与总消费之比;2.技术人员比重是指技术人员与从业人员之比;3.本表资料根据《台州统计年鉴1999》(中国统计出版社1999年版)整理。

从表 5.3 中可以看出,台州市的经济社会发展水平在浙江省居于第 9 位,高于衢州、丽水,而与金华、温州相当。台州市比温州市优越的指标主要有人均 GDP、人均工业资产及每万人拥有专业技术人员数,主要是经济技术方面略为领先;台州市与金华市相比,人均 GDP、人均工业资产等指标基本持平,人均地方财政收入、通讯水平则明显高于后者。温州、金华与杭州、宁波已经被确定为浙江省的四大中心城市。从区域经济基础看,台州市也基本达到了相应的水平。因此,台州市具备形成中心城市的区域经济基础。

另一方面,如果说宁波是浙江省东北部地区的经济中心,温州是东南部的经济中心,金华是西部的经济中心的话,那么,浙江省沿海中部地区处于上述三大中心城市的辐射末梢,很难接收到它们的辐射与带动。因此,台州市十分需要一个自己的中心城市。

第二,加强主导产业的发展,树立台州市的经济形象。

中国城市跨世纪发展要解决的一个重大问题是调整产业结构,集中力量发展主导产业,改变当前普遍存在的产业结构"大而全"、"小而全"的状态。台州市是一个年轻的城市,没有许多城市的传统型产业结构的包袱,应该利用这一难得的条件,集中力量选择并发展好主导产业。

从台州市产业发展的比较优势看,台州市主城区主导产业的选择不是十分明显。机械制造业、医药制造业是台州市域的优势产业,也可以作为台州市中心区主导产业的主要选择。同时,要注意选择高新技术产业,作为潜导产业(潜在的主导产业)加以培育和发展。在区域经济格局和区际关系中,主导产业是代表地区经济形象、谋取地区经济利益的产业。一个地区的主导产业一旦确定,在未来时期的发展中,至少应该注意解决如下问题:

一是选择先进的技术武装主导产业。一个地区主导产业的发展是否成功，关键在于其技术水平和产品竞争力。作为主导产业的产品至少在全国应该是一流的，不论经济效益指标还是技术指标都应该是属于最好的，只有用最先进的技术来武装的主导产业才能够在市场竞争中立于不败之地。很难想象，技术水平低、成本高、质量差、需要依赖政府保护才能得以生存的产业能够很好地支撑区域经济发展。

二是培育大型企业集团作为地区主导产业发展的载体。地区主导产业必须是在市场中富有竞争力的产业，主导产业要得到良好的发展，需要及时获得国内外同行业的最新信息，需要不断地实现创新和产品换代，需要多方面跨区域的经济技术合作。所有这一切，一般的中小企业难以胜任，只有资金雄厚、技术先进的大型企业集团才能够及时掌握国际国内技术动态，投入足够的资金进行研究与开发，从而为主导产业发展提供条件。当前，台州市的所谓"造大船"行为，采取一厂一策，着重培育十大企业集团的做法，很值得提倡。还可以加大支持力度，并鼓励各产业的大集团把研究与开发活动集中于市中心区，把生产车间放在各个中小城市和重点建制镇。这样，通过企业集团的发展，能够带动整个台州市经济的发展。

三是应该拥有全国一流的研究与教育产业。比如成立摩托车研究所、摩托车学校（或者是武汉汽车学院的摩托车分校），使其具有足够的研究与开发力量支持主导产业的发展。同时建设全国最好的主导产业职工队伍，保证主导产业生产的高质量与高效率。

当前，我国许多城市都在追求树立城市形象，并且相当一部分城市将其落实到具体的具有特殊标志的建筑物上。实际上，城市形象更重要的是要有其经济内涵,要靠大规模、高质量并富有竞争力的主导产业来组成。尤如中关村的计算机、上海的别克汽车、大庆的石油、山西的煤炭,以及山东寿光的蔬菜等等,就是区域经济形象的极好例子。

第三,加强基础设施建设,提高城市整体现代化水平。

基础设施是被运用于一切经济社会活动的公共服务产业,建设现代化的基础设施系统是实现城市现代化的前提条件。目前台州市的基础设施还比较落后,无论是交通系统、通信系统、公共教育系统、环境系统的建设都是比较薄弱的。这与台州市中心城市建设的要求很不适应。

与其它的竞争性产业相比,基础设施产业投资规模大,建设周期长,经济效益相对比较低。因此,政府通常成为第一投资主体。实际上,要在短期内进行大规模的基础设施建设,对于政府来说难度也很大。另一方面,基础设施投资具有很强的聚集效应,等量投资如果相对集中,则能够较快地改善一片地区的投资环境,形成良好的城市景观;相反,如果过分分散,就难以形成较好的投资效果。这里涉及到台州市主城区的空间格局问题。

台州市主城区的组团式格局,无疑具有超前性和一定的优越性,特别是与"摊大饼"状的大城市相比,不容易产生所谓的"城市病"。但是,在台州市发展处于高速成长期时,特别是在亟需形成一个具有较强凝聚力的现代化主城区时,需要把资金相对集中。当前,台州市主城区的空间架构主要有如下三种方案:(1)三个城区(椒江、黄岩和陆桥)独立发展,并且逐步连接成片,形成绿心组团式的格局;(2)将椒江区作为主城区建设主要依托,形成"一主两辅"的城市格局;(3)以台州经济开发区为核心建设台州的主城区。

我们认为,第二方案和第三方案相结合是比较好的选择。台州市主城区的建设必然有大面积新的建筑物形成,如果仅仅依托椒江区,那么势必很难处理新建城区与椒江老城区的关系。台州经济开发区客观上已经开始了连片的新城区建设,可以以此为依托进行主城区的设计,并逐步沿着椒江——路桥快速路延伸,同时兼顾市政府所在地椒江区的改造与发展。因此。我们认为,近期可以考虑重点改造椒江区,新建并完善经济开发区,通过经济开发区的扩展向路桥方向延伸,逐步形成一个带状的主城区。从整体上看,则形成一点(黄岩)一线(椒江到路桥)一区(台州西区,下面将具体论及)的台州城市空间格局,其中近期以经济开发区为核心、以线为重点。到2005年,争取形成台州市以经济开发区为核心,并由椒江向路桥延伸的带状主城区,主城区的城市建设能够达到初步现代化的水平,从而形成较强的城市凝聚力和吸引力。

　　另一方面,从提高台州市级调控能力、保护市区水源地的角度出发,我们考虑可以设立台州西区。台州西区在地理位置上是指目前黄岩的西部地区,也即将现在的黄岩一分为二,成为两个市辖区——黄岩区和台州西区。在目前台州市的三个区中,由于历史的原因,黄岩无论面积、人口,还是经济总量都要比其它两个区要高得多,从而很难形成三个市辖区的相对均衡态势,不利于市政府对全市的发展进行宏观调控。同时,黄岩西部以山区为主,经济发展水平比较低,仅靠黄岩难以带动。特别是这里有长潭水库,是台州市的水源地,经济发展在很多方面受到限制,必然需要上一级政府的大力支持,黄岩也很难做到。鉴于此,我们建议设立台州西区,直接归市政府管辖,主要职能是保护水源地不受污染,并以此为基础,进行山区开发,发展绿色农业和农产品加工工业。

　　第四,建立庞大的第三产业体系,强化中心城市的辐射功能。

　　中心城市之所以成为中心,关键是两方面功能的建立与完善:一是聚集功能。通过中心城市先进产业的发展和现代化基础设施的建设,使之对腹地产生强大的吸引力,这就是所谓的极化效应。这种极化效应吸引着周围地区先进的生产要素进一步向中心城市集中。城市聚集功能的强弱直接取决于产业的发展水平和基础设施的建设水平。二是服务功能。由于中心城市的发展水平客观上高于周围地区,自然会对周围腹地产生经济技术辐射,这就是所谓的扩散效应。中心城市服务功能的强弱主要取决于服务业的发展水平。因此,台州市要强化中心城市的发展,必须建立强大的服务产业体系。台州中心城市的服务业包括传统的服务业部门和新兴的服务产业。传统的服务业部门包括商业、饮食、卫生以及交通、通信业等,这一类服务业可以随着人口规模和产业规模的扩大而发展。新兴服务业包括金融、信息、房地产、娱乐业、咨询业、广告业、研究与开发以及教育产业。这类产业的发展与区域经济发展水平密切相关,并且与传统的服务业相比,具有更高的需求收入弹性,因而具有更大的发展空间。这里需要特别提出的是发展教育产业,这是一个发展空间大又容易被忽略的产业。

　　教育是一个既古老又新兴的产业。严格地说,它是一个古老的领域,新兴的产业。所谓教育产业,[①] 与九年义务教育不同,主要是面对成人群体。在台州市,应该说经济发展总量已经达到一定的水平,人均 GDP 与世界中低收入国家基本相当。但是,从总体上看,经济发展质量不高,也就是存在着工业化弱质的问题。要

---

①　这里讲的是狭义的教育产业,广义的教育产业应包括学校义务教育。

提高台州市的经济发展质量，根本的是需要提高人的素质。台州提升经济竞争力，需要三类人才：一是高技术人才，二是企业家，三是能够以积极状态从事高效率工作的技术工人。从三类人才的供给看，高技术人才可以借助于上海、北京、杭州等各大院校以及大型企业的科技力量，通过外聘的方式解决。而企业家和技术工人则只能主要通过本地发展教育来逐步培育。

　　传统经济的发展观与现代经济发展观的一大差别在于：传统的发展观认为只有自然资源是可以进行加工的生产要素，因此主要把资金投向各种自然生产要素（土地、矿产和其它自然资源），生产的过程主要表现为对自然资源加工的过程，也即制造业的发展过程；现代经济发展观则主张人是最主要的、并且是可加工的生产要素，把资金投入劳动力这一特殊的生产要素，使劳动力与资本相结合，就可以把一般的劳动力转化成一种新的生产要素——人力资本。人力资本与一般的劳动力不同，后者只能被动地从事一般性劳动，并且在生产过程中容易处于消极状态；而人力资本则具有较高的知识素养和专业技能，以及追求进步、敢于创新和善于自律的品格。人力资本学说的创始者美国经济学家舒尔茨认为，现代经济的发展速度和质量主要取决于人力资本的丰裕程度，与此相比，自然资源的丰瘠以及资本的多寡则显得不太重要。在经济欠发达国家，经济之所以落后，根本的原因在于人力资本的匮乏而非物质资本的短缺。因此在这些国家和地区，即使输入大量的物质资本，也难以在短期内实现经济的快速增长，根本问题在于没有实现人的能力与物质资本的等速发展，从而变成经济发展的限制性因素。这种重视人力资本的现代发展观非常适用于台州市当前的发展需求。

如果说教育投资是人力资本投资的主要形式,那么学校就是造就现代化人才的工厂。为了造就台州市新一代高素质的劳动力,使台州市在未来的发展中形成人力资本优势,就需要大规模地发展教育产业。首先要发展的是面向广大劳动者的各级各类文化教育和职业教育。目前,在发达国家及中国的许多发达地区,都已经要求员工至少高中毕业,以便具备良好的知识素养及对新技术、新思想的接受能力。我们认为,台州市要在未来时期大幅度地提高经济竞争力,在对劳动者素质的要求上需要提高一步。在这一点上,政府可以统一调控,可以要求企业优先录用具有高中文化水平的劳动力。为此首先要发展普及性的高中教育,对能够较好完成学业者发放就业资格证书。在一个过渡期后,比如说到2005年,开始实行持证上岗制度,没有就业资格证者不得录用。高中毕业是台州市大部分产业21世纪从业人员文化水平的底限。另外,还需要根据台州市经济社会的发展,兴办各种职业教育和专业技术教育,包括生产性的技术教育和生活性的服务业技术教育,后者比如厨师、理发师、美容师以及家政学校、缝纫学校等等。教育的方式可以多种多样,电视教学、广播教学、通过计算机互联网的网络教学、函授教学、定期面授等等。总之,一方面通过政府的若干政策规定,要求企业提高对从业人员素质的要求,迫使劳动者接受教育成为必要;另一方面,提供各种教育机会,使劳动者很方便地接受各种教育成为可能。这样,数年以后,既可以在台州市培育出一个庞大的教育产业,又可以使台州市全民素质得以大幅度的提高,从而为台州市提升竞争力提供根本的保证。

企业家是一种更为稀缺的人力资本。针对台州市企业家们愿意外聘高技术人才而不愿意放弃企业管理权的特性,应该加强对本地企业家的培训,使他们能够经常有提高的机会。为此,可以不定期(一年一次、一年两次或一个季度一次)地开设企业家论坛,请国内外著名经济学家、高层次政府官员以及成功的企业经营者来讲授有关经济学知识、技术动态以及企业管理、市场营销等方面的知识和经验,并广泛开展企业家交流,以提高台州市企业家的素养。企业家是区域经济发展中最宝贵的财富。如果台州市能够逐步培育出一支精干的企业家队伍,那么,提升区域竞争力就指日可待。

2．提高工业化质量,为城市化提供经济支持

台州市城市化滞后的根本原因是工业化弱质。提高工业化质量,除了前面论及的中心城市建设以外,还需要关注如下问题:

第一,调整区域产业结构,促使区域产业结构的整体升级。

台州市当前的产业可以分为两大群体:一是不可提升的产业,二是可提升的产业。

不可提升的产业,比如塑料制品、制鞋等等。这类产业绝大部分具有劳动密集型特性,投资小,技术密集度低。这类产业的发展会产生两大问题:一是,产业层次低,与台州市提升产业发展质量、建立现代化的产业体系不相符合;二是,由于其劳动密集型特性所决定,在未来时期很容易被中、西部地区所取代。中西部地区由于劳动成本低,距离市场近,因而更加具有发展该类产业的比较优势。因此该类产业是台州市产业结构调整中应该逐步放弃、淘汰并向中、西部地区扩散和转移的产业。

在台州市的产业发展中,可提升的产业占主体。台州市可以在这类产业中选择主导产业,加以发展。从产业增加值比重看,目

前排在前五位的产业分别是能源工业、交通运输设备制造业、电气机械及器材制造业、工艺美术品制造业以及医药制造业。这些产业从总体上看都带有技术密集型特性,在生产技术、产品种类和产品质量上都有很大的提升空间。另一方面,台州市在这几大产业上已经形成产业群,比如交通机械制造业的生产,从模具制造、零部件加工、车辆总装乃至全国性的销售网络都已经形成,这些产业群体共同构成台州市未来产业发展的整体优势。台州市要充分利用这些产业基础,提高产业质量。

目前,这些产业要作为台州市主导产业来发展,还存在着如下两个方面的不足:一是规模不足,二是技术水平以及产品质量有待进一步提高。地区主导产业选择的条件有 4 个方面:其一,具有较高的专业化水平,一般要求区位商大于 2。上述五大部门中有四个产业的区位商都大于 2,只有电气机械及器材制造业相对比较低,但也达到 1.74。其二,能够代表区域产业的发展方向,并与区内其他产业具有较大的关联性,从而能够通过乘数效应带动整个地区经济的发展。台州市上述五大产业也与此基本相符。上述五大部门中有四个产业都是制造业,这些制造业属于深加工工业,并且具有技术升级和发展的空间,可以成为工业化中期以及中后期主导产业发展的良好选择,并且它们都具有较大的带动效应。根据考察,摩托车产业的就业关联效应为 1:4。其三,主导产业在区域中要占有较大比重,从而能够成为区域发展的主体。一般要求主导产业的增加值比重在 15% 以上,至少要求不低于 10%。台州市符合该条件的只有能源产业和交通运输设备制造业,其它产业的比重均在 10% 以下。因此说这些产业要成为台州市的主导产业,规模还有待于扩大。其四,主导产业要有较高的技术密集型特

性。台州市上述五大产业虽然带有技术密集型特性，但在实际的
生产过程中，都主要体现为劳动密集型特性，大部分产业没有很好
地利用先进设备进行规模化生产，因而劳动生产率比较低。规模
化和技术化发展正是未来时期台州市主导产业发展中要解决的两
大问题，也是提升台州市产业质量的主要环节之一。

　　第二，强化中小城市以及重点镇的产业特色，把台州市主导产
业的规模化、技术化发展落实到具体的城镇。

　　当前，台州市已经发展了许多专业城镇，这是一个非常好的态
势。随着经济的发展和技术水平的提高，地区之间的分工与协作
会不断加强，一个城市或一个城镇主要发展一个产业、生产一种产
品，其至是一种产品的一个部分。专业化分工越细，特性越强，地
区形象也就越突出。成功的专业化发展必须伴随着规模化和技术
化。因为大规模外销的产品要有很强的市场竞争力，必须同时降
低成本和提高质量。因此，在未来台州市中小城市和重点建制镇
经济的发展中，要发扬其专业性强的特性，继续强化各城镇之间的
专业化分工与协作。各城镇可以根据各自的产品特性，成立专业
性很强的公司。这些公司可以加入台州市大中型企业集团，作为
这些企业集团的子公司存在和发展。这样，以台州市各大产业集
团为核心，把主要的产业集团最关键的生产部分以及公司总部放
在台州市的城区，将大部分零部件的生产放在各中小城市以及重
点镇，通过产业集团的发展，把台州市域范围内的经济联系成为一
个整体。由于企业集团有较强的技术开发能力，通过这些产业集
团的技术进步可以广泛促进整个台州市产业结构的升级。

　　第三，建设城镇工业小区，为大部分散落在乡镇、行政村以及
自然村落的企业提供外部聚集经济效益。

建设城镇工业小区,集中发展地区经济的路子在台州市已经走通,大溪镇的泵业开发区、塑料制品生产小区已经是成功的范例。在这一点上,台州市走在了全国的前列。但是从现在的情况看,工业小区建设过分分散。我们建议工业小区可以以重点建制镇为核心展开,跨乡镇组织,有的乡镇可以不搞,这样等量的企业集中在少数点上发展,更容易带来外部规模经济效益。如果工业小区过分分散和小规模发展,必然会造成基础设施的大量浪费,而城镇分散建设的浪费比企业分散重复建设的浪费后果要严重得多。

3. 建立与城市化要求相适应的管理体制框架

管理体制包括行政制度、财政制度、土地制度、金融制度、企业制度等等。这里主要从城市化的角度提出相应的行政制度、财政制度和土地制度的改革问题。

关于行政制度。由于特殊的发展历史所决定,与一般的地级市相比较,台州市政府的行政权力及行政能力相对较弱。特别突出地表现为台州市与三个城区的关系上。市政府承认并尊重各区在历史上形成的既得利益,但也因此降低了市政府对城市发展的控制能力,致使市政府的许多发展意图难以贯彻。这一点又突出地表现在与之相适应的财政制度上。在成立台州市以前,台州行署不是一级政府,因而没有一级财政,也没有自己的企业。成立地级市以后,由于没有自己独立的财源,其财政收入主要依靠与各区分成,并且市政府拿小头,各区拿大头。这样,市政府的很多发展设想,由于缺少财政能力而落空。

我们认为,虽然承认各区既得利益,在一定程度上有利于稳定，但是也因此致使市政府难以形成核心力量，来调节、领导全市经济社会的发展。并且由于投资分散，各区之间甚至相互竞争，内耗太大。因此市政府应该借鉴成熟的地级市的管理经验，适当弱化区一级政府的能力，其职能主要是贯彻市政府的发展意图。对于市政府来说，该集中的权力要坚决集中，集中力量办大事，才有利于稳定发展。与此相适应，在三个城区的发展当中，要突出以椒江和经济开发区为主并不断向南延伸的主城区建设。只有这样，才能够在不远的将来，真正创造出一个规模较大、富有活力、现代化的台州市。

浙江省目前仍然实行省直接对县的财政管理体制。但是，在浙江省，建立省对市、市对县的财政管理体制的呼声已经很高，从省政府、到市政府以及学术界都有许多这样的声音。浙江省在不久的将来很可能要进行大的财政体制改革，实行以省对市、市对县的财政体制。台州市应该抓住这次机遇，调整好市与区、县的财政关系，把重点力量放在发展中心区的建设上，在市域范围内也要有轻有重，向中小城市以及重点镇大幅度倾斜。只有这样，才能够有助于促进中小城市及重点镇的规模化发展，从而形成其集聚效应，加速城市化进程。

土地制度改革也可以根据相应的思路进行。特别是在土地限量使用的情况下，土地作为一种稀缺资源，指标分配要改变当前以均衡为主的原则，要向市中心的经济开发区以及各中小城市、重点建制镇倾斜。必要的话，可以将重点镇直接纳入市土管局管理，以免指标分到各县后造成各县内各乡镇的平均分配。总而言之，各项制度的改革都要有利于台州市中心城市的建设，有利于促进台州市整体的城市化进程，最终也是有利于台州市整体经济的发展。

4. *彻底放开户籍政策，还农民以自由迁居的权利。*

中央政府已经逐步改革户籍管理制度，台州市在这方面走得更快。从总体上看，户籍制度本身已经不是城市化进程中的制度性障碍。但是，由于改革的不彻底，对城市化仍然有着较大的限制性影响。

之所以说户籍制度已经不是城市化的制度障碍，是因为农民进城居住已经不存在制度规定上的限制。农民可以任意进城居住并择业。只要购买住房，并缴纳相应的城市建设费，就可以获得城镇户口。农民拿到城镇户口以后，在就业、子女上学等方面与城镇居民同等待遇。另一方面，如果不购买住房，不要城镇户口，也能在城镇居住并就业，其差别是孩子就学需要缴纳一定数额的赞助费。一句话，农民进城的硬门槛（制度障碍）已经拆除，但是软门槛仍然很高。如果农民要进城，并获得与城镇居民同等待遇，需要支付一定量的资金（或者购买房屋，并缴纳城镇建设费，或者向学校缴纳赞助费），而这正是户籍制度改革不彻底的表现，构成限制农民进入城镇的软门槛。这个软门槛是人为设置的，但是也实实在在地限制着城市化进程。

如果城市化面对的只是少量技术人才或者是老板，那么由于其高收入，购买住房和给学校交纳赞助费是很容易的事情。但是，我们的城市化面对的是数百万民众，确切地说，是数百万农村居民，他们的收入并不高。1998 年台州全市城镇居民平均每人每年可支配收入 7880 元，农民的纯收入更低。在这种收入水平上，要让他们进城，以数万元购买住房是很困难的，即便是只交纳 2—3 万元的赞助费也是很不容易的事情。因此，对愿意进入城市的农民来说，购买住房和缴纳赞助费仍然是一个很高的门槛。这个门槛在一定程度上限制了农民进入城镇。

近20年来,台州市的改革一直走在全国前面。我们认为在户籍改革上,也要勇于突破。农民也是合法的中国居民,他们的孩子也有享受九年义务教育的权利,不论这些孩子在何处,他们受教育的权利都应该受到政府保护。另一方面,农民进城,只要以他们的素质和技能,能够寻找到合适的就业机会,那么,租借房屋也好,购买房屋也好,是他们自己的事情,不应该成为他们是否具备合法城镇居民身份的条件。当然他们的孩子可以无需交纳赞助费而能够顺利地进入城镇的中小学学习。外地打工人员应该同等对待。如果说有差别的话,那么不是有没有购买住房,而是可以在这些人的素质上差别对待。比如说在2005年以内必须达到初中以上文化水平的人方可以在城镇居住,2005年以后,必须达到高中文化水平或同等学力以上的人员方可在城镇居住,并与城镇居民享受同等待遇。总而言之,我们的政策应该是鼓励进步,而不是嫌贫爱富。只有这样,台州市的城市化才能够既快速、又长期持续地、高质量地得到发展。

二、开平市镇级经济与城市化发展战略[①]

开平市地处珠江三角洲地区,属于广东省江门市管辖,毗邻港

[①] 2000年夏,应开平市政府的邀请,中国社会科学院李成勋教授领导的课题组对开平市作了为期15天的考察研究,并形成了近15万字的研究报告《开平市经济社会发展战略研究》(2001—2010年)。本书作者承担了开平市镇级经济和城市化问题的考察研究工作,撰写了研究报告《开平市镇级经济与城市化发展战略》。本节内容即是根据该研究报告整理的。

澳,是我国著名的侨乡。1993 年撤县建市。1999 年末土地面积
1659 平方公里,68 万人口。1999 年实现 GDP89.55 亿元,地方财政
收入 30138 万元,城镇居民人均可支配收入和农民人均纯收入分
别为 8120 元和 4141 元,明显高于全国平均水平,是我国比较发达
的地区。

　　开平市经济发展已经处于工业化的中期阶段。1999 年城市
化水平为 40.9%。从 1990 年起,开平市进入城市化的中期阶段,
城镇人口增长系数①为 1.89,农村人口规模处于绝对下降之中。
开平市的城市化已经远远走在全国的前列。但是,在开平市的经
济发展中,镇级经济发展普遍困难,地方企业难以积聚,第三产业
得不到应有的发展,小城镇吸引力弱,成为限制开平市进一步发展
的重要因素。发展镇级经济,促进城市化进程,是开平市发展面临
的重大课题。

（一）镇级经济和城市化的现状与问题

　　从总体上看,开平市随着经济快速发展,镇级经济和城市化具
有较好的发展态势,并呈现如下特征:

　　1. 城市化水平高于全国,处于城市化的中期阶段
　　首先,存在着一个对开平市城市化水平的再判断问题。1999
年开平市非农业人口比重为 28.6%,这也是当前被开平市认可的
城市化水平。实际上开平市的城市化水平会高于这个比重。因为
城市化水平的计量方法是城镇人口占总人口的比重,而不是非农

---

　　①　城镇人口增长系数(K)是指城镇人口增长规模与总人口增长规模的比值。

业人口占总人口的比重。而开平市的城镇人口比重会高于非农业人口比重。城镇人口包括居住在城市市区和建制镇镇区的总人口,在这些人口中有相当一部分是农业人口,他们有可能从事农业产业,也有可能从事非农产业,但是这些人口生活并且居住在城镇,属于城镇人口的范畴。为此,我们可以采用我国通常采用的方法来纠正城市化水平的偏差。这就是以非农业人口占城镇人口的比重(0.70)作为测算系数,来推算各地区的城市化的大概水平。据此,可以大约推算出开平市的城市化水平为 40.9%(28.6%/0.70)。1999 年全国的城市化水平为 30.9%。因此,可以认为开平市的城市化水平高于全国。

在城市化的历程中,根据城镇人口增长系数(K)的大小,将整个城市化过程划分为五个阶段:

第一阶段:K<0.5,为前城市化阶段。K<0.5 意味着城镇人口的增长规模小于乡村人口的增长规模,城市化水平很低,增长缓慢。

第二阶段:0.5≤K<1,为城市化前期阶段。K≥0.5 意味着城镇人口的增长规模超过乡村人口的增长规模,这是城市化过程中的第一个重要转折点,意味着城市化开始进入快速增长时期。

第三阶段:K≥1,城市化的中期阶段。K≥1 意味着总人口的增长全部表现为城镇人口的增长,乡村人口的绝对规模开始由上升转为下降态势。乡村人口绝对规模由增长转为下降,是城市化过程中第二个重要的转折点。这一时期的经济发展一般处于工业化的中期阶段,重工业化过程正在不断深化,第三产业获得大规模发展,由此引致的乡村劳动力转移的第二次浪潮正是将城镇人口增长系数提升超过 1 的基本动力。

实现城镇人口增长系数由小于1到大于1的转变,具有十分重要的现实意义。乡村人口绝对下降,意味着农村土地的人口压力开始减少,人地矛盾开始缓和,农业的规模化和现代化经营的条件正在形成,从而农业产业开始由低效率向高效率转换,从事农业与非农产业的收入差距开始减少,城乡二元结构得以淡化。而这正是城市化和城乡一体化的重要物质基础。另一方面,城镇人口的持续大规模增长可以为城镇第三产业的发展提供广阔的市场,城镇经济的繁荣又进一步增加其吸纳劳动力的能力。因此,通常乡村人口绝对量由增长转为下降,意味着城市化开始进入良性循环,并往往会真正进入高速成长阶段。

第四阶段:城镇人口比重≥50%,初步进入城市社会。城镇人口比重≥50%,表明城镇人口绝对量超过乡村人口,意味着该国家(或地区)已经初步实现城市化。与工业化相联系,这一时期处于工业化的中后期阶段,技术密集型的制造业和新兴第三产业迅速发展,成为支持城市化水平进一步提高的主要产业。

第五阶段:城镇人口比重≥65%,进入成熟的城市社会。这时的工业化已经走到尽头,进入后工业化社会或现代社会,现代城市文明广为普及,城乡居民只是居住空间及就业岗位差别,生活水平和生产生活方式基本趋于一致,城乡一体化作为城市化的终极目标已经成为现实。

90年代以来,开平市的农村人口一直处于下降之中,1990年开平市农村人口43.95万人,1999年为40.2万人,9年共下降3.75万人。这期间,开平市城镇人口增长系数为1.89,已经明显地具备城市化中期阶段的特征。在这一点上,开平市走在全国的前列。目前,全国的农村人口总量仍然以每年340万人的规模在不断增加,1990—1998 年全国农村人口共增长 2726 万人。

开平市 1990—1999 年城镇人口、农村人口以及城市化水平的
变化见图 5.3:

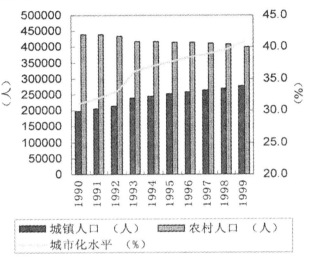

图 5.3　开平市 1992—1999 年城市化历程

2. 在江门各市中镇级经济实力属于中等水平

我们在考察中,普遍反映开平市镇级经济薄弱,一方面许多镇
都需要财政补贴,另一方面,与周边地区相比,开平市的镇级财政
收入占全市财政收入的比重仅 30.9%,低于台山、鹤山甚至于恩
平。我们全面对比开平市与周边各市的镇级财政状况做进一步的
比较,发现实际上开平市的镇级经济在江门市处于中等水平,2000
年第一季度的镇级财政收入高于除了新会以外的各市,平均每个
镇的财政收入和人均财政收入弱于新会和鹤山,强于台山和恩平。
但是增长速度较慢,1999 年第一季度开平市平均每个镇的镇级财

政收入和人均财政收入还好于鹤山,2000年第一季度这两个指标就已经被鹤山赶上并超过,台山在1999—2000年镇级财政收入的增长速度也快于开平。因此,我们要有紧迫感。

表 5.4　江门各市2000年第一季度镇级财政收入的比较

	全市财政收入（万元）	镇级财政收入（万元）	镇级财政收入比重（%）	城镇个数（个）	平均收入（万元/个）	人均镇级财政收入（元/人）
开平市	7144	2204	30.9	18	122	32
新会市	9389	4578	48.8	18	254	53
台山市	5924	2861	48.3	28	102	28
恩平市	1448	682	47.1	18	38	15
鹤山市	3268	1992	61.0	12	166	57

资料来源:江门市镇级经济工作领导小组。

3．城市化滞后于工业化

所谓城市化滞后,是指与经济发展已经达到的水平相比,城市化水平偏低,还没有达到应该达到的水平。或者说,现在的经济发展水平可以孕育出更高的城市化水平。那么开平市的城市化水平是否滞后呢? 为了回答这个问题,我们以世界相近发展水平国家的城市化水平作为参照系。1995年世界不同发展水平的国家人均GDP与城市化水平的对应关系如表5.5:

表 5.5　1995年世界不同发展水平的国家和地区的城市化水平及与开平市的比较

单位:美元/人、%

	低收入国家			中等收入国家		高收入国家	中国	广东省	开平市
	下低收入	中低收入	高低收入	下中等收入	上中等收入				
人均GDP	217.6	362.2	630.3	1670	4260	24923	756	1346	1589
城市人口比重	22.7	38.2	42.3	56	73	75	30.4	39.3	40.9

注:1.中国和广东省为1998年资料,开平市为1999年资料;2.低收入国家中不含中国的

资料;3.资料来源:世界银行《1997年世界发展报告》,中国财政经济出版社1997年版;国家统计局《中国统计年鉴1999》,中国统计出版社1999年版;《开平市统计年鉴1999》,开平市统计局。

从经济发展与城市化的国际比较看,1999年开平市人均GDP为1589美元,远远高于1995年世界高低收入国家的平均水平,而接近下中等收入国家的平均水平。但是开平市的城镇人口比重仅为40.9%,不仅远远低于下中等收入国家56%的平均城市化水平,甚至低于高低收入国家42.3%的平均水平。这说明与世界经济发展水平相应的国家相比,开平市城市化水平严重滞后于经济发展水平和工业化水平。换言之,开平市当前的工业化水平可以孕育出更高的城市化水平。

城市化水平滞后于工业化是我国许多地区共同存在的问题,发达地区表现得更为明显。主要原因是经济布局过分分散,以及城市化过程中存在着多方面的体制障碍。开平市也是如此。

4. 中心城市积聚功能突出,已经成为开平市经济发展的重要动力

开平市中心城市发展很快,中心城区人口由1983年的3.6万人发展到1999年的24万人,积聚功能突出。近年来,这种积聚功能得到进一步强化。表5.6反映出中心城市在开平市发展中所占的比重。

表5.6　中心城市在开平市主要指标增长中所占的比重

	人口 (人)	工业总产值 (万元)	税收 (万元)	固定资产投资 (万元)
全市增长	2256	224716	1791	5200
市区增长	9521	97043	996	988

(续表)

	人口 (人)	工业总产值 (万元)	税收 (万元)	固定资产投资 (万元)
15镇合计	– 7265	127673	795	4212
市区增长所占比重(%)	422	43.2	55.6	19.0
15镇增长所占比重(%)	– 322	56.8	44.4	81.0

注:1.《开平市国民经济统计资料》1997、1998、1999,开平市统计局;2.人口与工业总产值
为 1997—1999 年的增长,税收是 1998—1999 年的增长,固定资产投资为 1999 年的实
际发生额。

可见,中心城市是全市经济社会发展的主要动力。1997—
1999 年全市增加的工业总产值中中心城市贡献了 43.2%,1999 年
对 1998 年的税收增长中市区的贡献率更达 55.6%。1999 年全市
实现的固定资产投资中有近 1/5 分布于市区。该比值虽然低于前
二者,而这正是说明了中心城市投资的产出效率远远高于其它各
镇。图 5.4 非常直观地反映了市区在全市经济发展中的贡献。

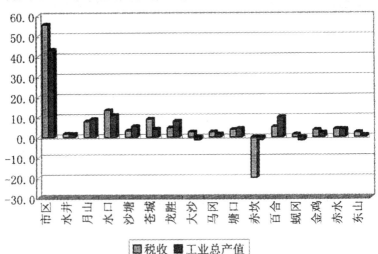

图 5.4   开平市区及各镇对经济增长的贡献(%)

人口的增长状况更加突出地说明市区的吸引力。1997—1999年全市的人口增长集中表现为中心城市的增长,中心城市人口增长规模是全市人口增长的4倍多。实际上在其它各镇中,除了龙胜和马冈有较多的人口增长之外,水井、水口、沙塘、苍城、大沙都处于相对滞长状态,更有月山、塘口、赤坎、百合、蚬冈、金鸡、赤水和东山人口总量绝对下降,1997—1999年该8镇人口共减少9777人。

可见,开平市已经呈现出以中心城市为主的空间发展格局。

5．小城镇建设分散,中心镇对周围地区的带动作用比较薄弱

与我国沿海其它许多地区一样,开平市也存在小城镇建设过分分散的问题。以小城镇为核心、离土不离乡、进厂不进城的工业化道路是我国80年代改革开放初期,在渐进式改革模式的导引下选择的发展道路。小城镇发展虽然在较短的时间内实现了地方经济的快速扩张,以及农村生活水平的提高。但是,小城镇分散建设存在着一系列根本性的问题,严重限制着这些镇的长期发展:

第一,造成了工业布局过分分散,企业由于缺乏外部规模经济效益而难以提升发展质量,大量企业低水平重复建设,市场竞争力弱,发展不稳定。

第二,由于工业企业的普遍弱质和城镇规模太小,整体购买力低,难以形成第三产业发展的有效市场需求,因此小城镇第三产业的发展普遍困难。

第三,小城镇的分散建设还造成工业污染由点向面扩散,大大提高治理成本,甚至形成区域性的污染事件。

第四,小城镇规模小,对农村居民缺乏吸引力,他们不愿意在城镇购买昂贵的商品房,而宁愿仍然居住在农村,造成了农民离土不离乡,他们的职业非农化了,居民身份没有相应地城市化。这正是我国城市化滞后于工业化的重要原因。

国外把中国这样的工业化道路称之为低效的、非城市化的工业化道路。这样的工业化道路不能够实现中国的现代化。减少小城镇数量,提高其发展质量,是我国跨世纪城市化发展战略的重要内容。突出发展中心镇正是在这样的背景下提出的。

在开平市也存在小城镇建设过分分散的问题。我们的15个建制镇,镇镇都有工业开发区,每个开发区都占用一片土地,搞基础设施建设,各镇政府为了使开发区达到"三通一平",可谓之竭尽全力。招商引资,发展企业,增加财政收入几乎成为镇政府的头等大事。但是由于规模太小,层次太低,吸引力十分有限。有的镇多少年都很难上一个项目,已经建设的企业发展很好的为数不多。从总体上看,这样的产业投资效益比较低。从表5.6中可以明显看出,各镇占用相当于全市80%的固定资产投资,而经济发展贡献不足50%。

另一方面,由于镇镇都建开发区,使得中心镇对周边地区的作用力大大减弱。水口虽然经济总量增长比较快,但是除了外来投资,基本上都是本镇居民的投资,市内其它镇的投资者甚少。苍城也基本上如此。赤坎受到市区的强烈辐射,自身对周边地区的凝聚力几乎不复存在。

我们认为,当前,开平市政府在认识开平市镇级经济发展思路方面有一个误区:试图通过各个小城镇各自为政来发展工业和进行小城镇建设,富裕各自的农民,并解决各镇的财政问题。

这是一个封闭式的发展思路,其问题在于对现代产业积聚发展的基本要求缺乏深刻的认识。在执行过程中表现为各镇政府在"强镇富民"的压力下,将招商引资作为自己的头等大事,为此全力以赴,不辞辛劳。执行的结果是:相当一部分镇由于确实缺乏现代产业发展的基本条件,能够真正吸引来并得到很好发展的企业不多,镇的财政问题仍然难以解决。1999 年全市除市区以外 15 个镇,只有水口、苍城和月山三个镇有财政上解,12 个镇都要补贴。

实际上,镇镇都各自谋求发展,最后都难以得到真正发展的教训不仅开平有,全国各地也都普遍存在。正因为如此,在近几年来,我国学术界关于"防止工业发展过分分散,促进小城镇的集中发展"的呼声越来越高,中央政府也对此予以高度重视,体现在政策上则是越来越鼓励条件较好的重点镇和中心镇的发展,以及在户籍管理体制上不断突破,小集镇、小城镇、小城市乃至于中等城市对于农民的落户都不再有政策上的限制,为企业和人口逐步集中和规模化发展创造条件。

在这样的大背景下,开平市镇级经济的发展应该跳出"各自为政"的老框框,选择一个全新的、符合市场经济发展规律的思路,这就是:统筹规划,突出个性,以农兴镇,协调发展。

(二) 战略方针

根据开平市经济社会发展和城市化进程的特征,我们认为在未来 10 年,城市化和城市经济发展的战略方针可以表述为:强市富民,城乡一体,以农兴镇,协调发展。

强市富民是全市镇级经济发展和城市化的基本指导思想。开平市的发展要以中心城市为核心,迅速提升城市经济质量,培育一批市场竞争力强的企业,以此形成现代化的产业体系,从而扩大就业,促进城市化进程。通过中心城市的发展,带动中心城镇经济总量的扩张和质量的提高,促进小城镇特色产业的发展,以及农业发展的现代化。强市富民要求加快所有产业的现代化进程,使大部分民众都能够有机会和可能参与高效率的生产活动,并享受到经济社会发展的成果。

城乡一体是城市化的高级境界。要求在城市现代化的前提下,加速城市文明的扩散。城市化过程是一个城市文明不断发展并向广大乡村渗透和传播的过程,也是农村和农民的生产方式和生活方式文明程度不断提高的过程,这就是所谓的城乡一体化。因此城市化不能够简单地理解为只发展城市,或者只是让农民进入城市的过程。城市化过程是一个城乡协同发展的过程,更是一个经济社会深层结构发生根本性变革和进步的过程,是开平市由传统的农村社会向现代城市社会转变的关键。

以农兴镇,协调发展,是对开平市镇级经济发展思路的一个概括。我们在上文提出开平市镇级经济的发展要跳出"各自为政"的框框,选择"统筹规划,突出个性,以农兴镇,协调发展"的基本思想。其主要内容包括:

第一,统筹规划。镇级经济是开平市经济发展的一个组成部分,镇级经济的有效发展有赖于全市经济的健康发展,特别是中心城市和中心城镇的发展和城市化进程的持续推进。以中心城市为核心的全市经济的发展可以为镇级经济提供好的发展依托、发展环境和发展机会。因此我们提出开平市"一主两辅"的空间格局。也即在全市建立以开平市区为主、以水口和苍城为辅,其它城镇协调发展的城镇空间结构。

一个地区经济的发展需要提高其整体竞争力,而地区竞争力又集中体现在中心城市的发展水平上。开平市之所以对于恩平、甚至于对台山都有吸引力,关键就在于其中心城市初具规模,具有比较优势。实际上开平市区也已经成为开平市经济发展的主要动力。在未来时期还需要利用已有的条件和优势,提升中心城市的经济发展质量,使之成为一个对周围广大地区,以及外商都富有吸引力的经济文化中心。

中心城市的发展至少可以在如下两个方面带动和促进镇级经济的发展:一方面,中心城市以其他小城镇所难以具备的吸引力吸引外部资金,发展大规模、高技术的企业,从而为其他小城镇提供关联产业发展的机会。开平正在引进的液晶显示器项目,总投资9000万美元,液晶显示器投产后,它所需要的包装盒生产就足以支撑其一个镇。这样的项目以小城镇的投资环境是很难吸引来的,但是中心城市就可以。而项目吸引来以后,受惠的就不仅仅是中心城市,它为小城镇发展关联产业和配套产业提供了机会。这就是我们通常所说的依托中心城市发展小城镇经济的内涵。

另一方面,中小城市的发展,为各镇的农民提供了大量非农产业就业机会,减少农民正是富裕农民、发展镇级经济的基本前提。

"强镇富民",强镇是手段,富民是目的。而根据中国国情,富裕农村的根本路径是减少农民。农民的绝对数量减少了,大量的土地集中在为数不多的农民手中,农业的规模化经营才成为可能。农民经营土地的数量增加了,才有可能投入时间、精力和资本去获取新技术、采用新品种,才有可能提高农业生产效率,推进农业的现代化进程,农民致富才能真正成为现实。

因此,我们提出突出中心城市的发展,不是否定小城镇,更不是放弃小城镇的发展,而要对全市的发展统筹规划,在更高层次上营造小城镇发展的环境,使各镇在开平市全市经济的整体发展中谋求发展的空间和机会。

第二,突出个性,创立名牌。积聚与专业化是城镇发展的生命力之所在。积聚就是要将产业适度集中发展,谋求规模效益。专业化就是要根据各地区情,选准产业或产品,规模化、高效率发展。专业化是提高发展质量、出精品的前提,是树立地区经济形象,在激烈的市场竞争中立于不败之地的前提。专业化在镇级经济发展中就表现为突出个性,创立名牌。

当前,开平市的许多镇也有自己的特色产品。比如水口的水龙头、大沙的小水电、塘口和百合的不锈钢、马冈的木材加工、龙胜的小五金和小橡胶等等。但是这些特色产品质量还不够高,生产也不规范。这些小工业如果停留在现在的这种低水平的建设上,一是难以有持久的竞争力,另一方面是很容易就被内地的企业模仿,并抢占市场。因此需要创立名牌。为此,政府至少可以在如下三个方面创造条件:一是对于重点企业,一厂一策,特殊扶持;二是对于广大中小企业,要优化服务环境,降低投资者和老板们的交易成本,提高效率;三是加大人力资本的投入,特别是培养企业家的创新意识,可以经常性的聘请全国有名的学者或成功的企业家来开设各种讲座,可以是专业性的,也可以是知识性的、信息性的,为我们的企业家们开阔眼界,拓宽思路。

从小城镇个性产业的选择看,一般有三种方式:一是与周围大中城市服务配套的产业,一是以地方工农业资源为基础的产业,一是直接吸引外部资金发展的产业。其中,前两种形式占绝大多数,成功的比例也比较大;后一种形式在具体操作中,由于城镇规模小、投资环境较差、信息量少、市场开拓能力低等原因,成功的概率比较小。

根据开平市小城镇发展的资源环境条件,我们认为一部分有条件的城镇,可以利用已有的产业基础,发展各种加工业。大部分城镇则应该立足于我们丰富而独特的农业资源,以农兴镇,以农富镇。

第三,以农兴镇。"以农兴镇"的基本含义是以现代农业为基础,发展加工业和服务业体系,繁荣城镇。

"以农兴镇"的基本路径是:

路径之一:加速城市化,减少农民,促进规模经营。

路径之二:更新农产品品种,发展优质高效的优良品种。不同品种之间商品的市场价格差别很大,优质品种的价格可以数倍于一般产品的品种。

路径之三:区域分工,树立品牌,培育名镇,赢得市场。开平市发展绿色农业的环境条件得天独厚,各镇也都有自己的优势产品,如水口的白菜、马冈鹅、大沙可以发展奶牛等等。一镇以一品为主,与广东省甚至是全国最好的农业新产品开发机构联系,专业化生产,以优质产品的规模化生产永远是开拓市场的物质基础。

路径之四:延长农产品的产业链,提高附加值比重。包括种子培育、农产品加工。比如马冈鹅,一旦真正成为全国市场认可的名牌,培育鹅仔本身就可以成为一个大的产业;同时,还可以发展鹅的各种加工业,可以冷冻直接送往各大城市的大宾馆、饭店,可以加工成为各种熟制品在大城市的自选市场,等等。这里,非常关键的一条就是要出精品。

路径之五:要搞好营销,将开平市的农产品作为整体推向市

场。开平市毗邻港澳,区位条件优越;农业科技进步快,碧水蓝天,
具备发展高效绿色农业得天独厚的条件。因此,开平市农产品的
营销可以考虑利用现代化的电子商务技术,整体包装,整体推向市
场。在互联网上开辟网页,专门系统宣传开平市绿色农业发展的
资源优势(比如水怎么好,空气怎么好,土质怎么好,产品完全达到
绿色产品标准),以及主要绿色产品的品种、性能特征及其特殊功
效,并宣传各镇的重点产品,培育一批专业化名镇,整体推向市场。

第四,做好村镇规划,节约镇级财政支出。当前开平市镇级财
政困难有两个原因:一是农业低效率,工业又发展不起来,税源少;
一是农民多,享受公益事业服务的队伍庞大,财政支出大。这样,
入不敷出造成财政困难。

解决镇级财政问题也需要分别从这两个角度进行:一是如上
所述发展现代农业,可以通过多种路径发展城镇经济,增加税源,
一是做好村镇规划,节约镇级财政支出。农民减少了,政府财政需
要提供服务的对象也绝对减少了。最直接的表现,比如说农民人
口减少,享受义务教育的儿童数量就会减少,需要的老师数量也减
少,而现在教师工资的支出占镇级财政支出的比重都比较高。教
师数量减少无疑会减轻镇级财政负担。

实际上农民减少能够从多方面减轻镇级财政负担,包括农民
富裕了,民政需要救助解困的对象也少了;农民减少了,自然村甚
至是村民委员会的数量也会相应减少,各种公益性基础设施的建
设工程量下降;政府的服务对象减少了,政府机构精简的空间就扩
大了,政府自身维持运转所需要的支出也减少了。

从全市来看,为了在农民减少了之后减低政府的管理成本,可
以考虑调整镇域行政区划,减少镇一级的政府数量,从而减少政府

管理的固定成本。比如水井 1999 年总共才 5409 人,4 个村民委员会,管理半径不足 5 公里,也有一套人马在运行,管理成本很高,镇级财政必然困难。建议考虑将其合并,减低镇级财政负担,提高政府的管理效率。

第五,建立全市的财政转移支付制度,促进各镇之间协调发展。这里要说的是要加强市一级财政的调控功能,为那些地方经济发展确实缺乏条件的镇提供转移支付,提高这些镇政府的财政能力。由于发展不平衡的普遍性,在任何国家和地区都存在一些经济发展困难、地方政府财政入不敷出的地区。在这样的条件下,共同的做法是建立财政转移支付制度,通过上一级财政的调控,为各地方政府提供相对公平的财政能力,保证这些地区的政府有相应的财政支持,以便履行政府发展公益事业的职能。

(三) 战略目标

建立"一主两辅"的城镇空间格局,强化中心城市的增长极功能,促进城市现代化和城乡一体化进程,在 2010 年城市化水平达到 60%,较好地进入城市社会。

1. 建立"一主两辅"的城镇空间格局

"一主两辅"的城镇空间格局是指在全市建立以开平市区为主、以水口和苍城为辅,其它城镇协调发展的城镇空间结构。适度积聚,获取规模经济效益,是提高现代经济效率的基本路径。开平市城镇的空间布局不宜过分分散,应该遵循现代经济的基本要求,适度集中,建立"一主两辅"的城镇空间格局。

首先要突出中心城市,促进企业和人口向中心城市集中发展,强化中心城市的增长极功能,吸引周边地区的人口和企业到中心城市发展,特别是使市区成为吸引外部资金,发展高新技术产业的基地。到 2010 年中心城市城镇人口规模达到 40 万人左右,占全市人口的一半以上。更为重要的是要提高城市的整体发展质量,在未来十年初步实现中心城市现代化。

"两辅"是指水口和苍城作为两个辅助性中心城镇来发展。在县级市,中心镇不宜太多,一般 100 万人口以内的城市可选择 2—3 个中心镇建设。开平市中心城市已经具有明显的优势,对全市都具有巨大的吸引力;原来选择的 3 个中心镇都有一定的发展基础和区位优势,但是经过近几年的发展,情况出现了很多变化,我们认为赤坎可以适度淡化其中心地位,而水口和苍城可以加强其发展。水口和苍城无论是地理位置还是经济实力都比较好,而且,相对而言开平北部地区大部分镇的经济发展活力大于南部各镇,客观上需要有比较发达的中心城镇提供更多更好的各类服务。预计到 2010 年水口发展到 6—8 万人,苍城发展到 5—6 万人,成为开平市地方经济发展的次中心和特色产业的发展基地。

赤坎作为传统的中心城镇,对开平的发展曾经起到巨大的作用,近年来,它的作用有所下降。这种下降有一定的客观必然性:赤坎是华侨最多的镇之一,对外联系便捷,出国谋求发展的人多;另一方面,赤坎距离中心城市太近,市区的迅速发展使之显得大为逊色,对周围地区失去了往日的吸引力。因此在短期内不适合在经济上作为中心城镇来发展。但是,悠久的发展历史和较好的文化底蕴赋予了赤坎镇独特的发展优势:随着开平市发展规模的扩大和整体发展质量的提高,发展可以考虑将开平市大型的文化教育设施建设放在赤坎,逐步将其发展成为开平市的后花园,成为开平市文化产业集中发展的特色镇,以及中高档收入层次的居住区。

从当前经济发展来看,"一主两辅"是未来十年开平市城镇空间格局的良好选择。

2. 小城镇成为区域性经济社会生活的服务中心和交流中心,以及特色产业的发展基地

除了中心镇以外,其它城镇一般不宜过分追求建设工业小区,特别是区位条件较差、经济基础薄弱、特色产业发展优势不突出、对外缺乏吸引力的镇原则上不建工业小区,以免造成基础设施投资的低效益。但是,这些城镇作为小区域居民的活动中心、交流中心和重要的居住中心,城镇建设仍然十分重要。随着城市化水平的提高,农村人口的持续下降,自然村以及村民委员会个数都会有所减少,同时,随着农业规模化、现代化的发展以及农民生活水平的提高,将有更多的农民集中居住在小城镇,以便享受到更加现代化的生活服务和生产服务、更加丰富的社会交往、以及便捷的对外联系。因此小城镇将成为区域性社会经济生活的服务中心和交流中心,必须要建设好相关的基础设施,包括较好的教育和医疗保健服务、足够多的体育文化设施、现代化的农村产业服务体系等等。

3. 城市化水平达到60%,基本实现城乡一体化

我们初步预测,开平市到2010年达到60%的城市化水平,完成省定的"率先基本实现现代化主要指标体系"中的城市化水平指标是完全有可能的。我们的预测依据是:

第一,根据未来时期开平市的区域定位判断。开平市将发展

成为珠江三角洲西部地区的重要经济中心城市。开平市具备吸引更大范围内经济要素积聚的条件,如果得到科学地规划和发展,不仅能够吸引台山、恩平以及西南、中南诸省的资金、劳动力和技术人才,同时也能够大规模地吸引外商来开平投资发展产业,人口的机械增长将成为开平市城市化的重要源泉。到 2010 年开平市外来居住的人口将可能达到 15—20 万左右,其中一半以上分布在市区。

第二,根据开平市 90 年代以来城市化进程的轨迹判断。从 1990 到 1999 年 9 年,开平市城市化水平由 31.0% 提高到 40.9%,年平均提高 1.1 个百分点。到 2010 年城市化水平要达到 60%,年平均增长速度为 1.74 个百分点。我们认为实现这一更快的速度是可能的。从开平市城市化所处的阶段看,开平市目前正处于城市化的高速成长期,城市化进程出现加速度是完全可能的;从全国关于城市化制度的改革进程看,90 年代下半期以来,关于农村人口流动的制度安排创新力度很大,鼓励农民进入城镇定居的新政策不断出台,成为推进全国城市化的大背景。这种有利的制度背景,为本来就走在改革开放前列的开平市更大幅度的开放,从而加速城市化进程创造了良好的外部环境;从具体的城市化进程与全国的对比看,1990—1999 年全国的城市化水平由 26.41% 提高到 30.9%,年平均增长 0.5 个百分点,而同期开平市的城市化速度达到 1.1 个百分点,是全国平均速度的 2.2 倍。城市学界比较公认的预测是在未来 10 年,城市化速度要远远快于 90 年代,城市化水平的年增长速度在 0.8—1.0 个百分点左右。开平市经济发展和制度创新都走在全国的前列,保持其先发优势和城市化高速增长的态势,在未来 10 年城市化速度达到 1.74 个百分点是完全有可能的。

第三,根据发达国家的经验判断。在发达国家的城市化过程中,都不同程度地经历了城市化的高速增长期,一般而言,当城市化水平达到 30% 以后进入该高速增长期,直至达到 65% 以上,进入成熟的城市社会。比如德国是在 19 世纪的后 30 年基本完成城市化进程,在当时的生产力水平下,1871—1900 年 30 年城市化的平均增长速度达到 0.63 个百分点;本世纪实现工业化和城市化最好的典范日本 1945—1970 年期间城市化水平由 27.8% 提高到72.2%,年平均增长 1.78 个百分点,其中最高速增长的十年1950—1960 年年平均增长速度达到 2.6 个百分点。应该说,开平市的城市化比日本整个国家的城市化问题要简单得多,而且现在的技术经济环境也于城市化非常有利,因此,在下一个十年开平市实现城市化的飞跃是完全有可能的。而城市化实现飞跃的过程实质上也是一个地区经济社会发展实现飞跃的过程,它将为开平市率先实现现代化和城乡一体化铺平道路。

(四) 战略阶段与战略任务

根据开平市镇级经济和城市化的现状、发展的形势和任务,我们认为开平市可以分为两个阶段来实施发展战略:

第一阶段,2000—2005 年,加速城市化和中心城市现代化进程,发展现代农业,缩小城乡差别。主要任务是包括理顺机制,敞开大门,让愿意进城的本地与外地人口真正成为城市居民,增加人气和城市凝聚力,大力开拓城市服务业市场,发展第三产业;其次按照现代化城市和城镇建设的要求对市区和苍城进行城市规划,水口的规划也需要根据新的要求进行适当修改,提高城市规划的严肃性和执行城市规划的强制性。科学规划,严格管理,用5年的时间真正把开平市区和两个中心镇建设成为现代化的城市和小城镇,市区建设成为最具现代魅力和吸引力的城市;保持农村人口的持续下降,通过农民的减少减轻镇级财政负担,同时及时通过多种路径促进土地的集中,培育一大批农业生产大户和农业企业家,提高农业生产效率,依靠兴农富裕滞留于农村的农民,兴农强镇,缩小城乡差别。

第二阶段,2006—2010年,初步实现城市现代化和城乡一体化。到2010年中心城市已经初步实现现代化,建立以技术密集型为主体的产业结构,基础设施完备,人居环境良好。在各镇发展独具特色的农产品的区域化生产,农业生产效率大幅度提高,农民人均收入与城镇居民的可支配收入差距逐步缩小,大部分农民居住在附近的小城镇。这样,城乡之间的生产方式和生活方式逐步趋于一致,城乡一体化格局初步形成。

(五)城市化的战略重点和战略对策

1. 加强中心城市的现代化进程,提高其积聚与扩散效应

中心城市现代化的要求要远远高于市域现代化的基本要求,包括经济现代化、基础设施现代化和人的现代化三大类12个指标来衡量。

中心城市的经济现代化要求提高产业的技术含量,主要发展技术密集型的企业,特别是技术含量大、规模经济效益显著的外资企业,以及与之相适应的现代化第三产业,导引全市产业结构升级;加大基础设施建设力度,建设好交通道路系统、园林绿化系统、

表 5.7　城市初步实现现代化的指标体系

指标类别	指　　标	目　标　值
经济现代化指标	1.人均 GDP	8000 美元(1990 年美元)
	2.第三产业就业比重	50%
	3.第三产业增加值比重	60%
	4.高新技术产品产值占工业总产值的比重	40%
基础设施现代化指标	5.人均铺装道路面积	5 平方米
	6.信息化综合指数	65%
	7.万人拥有公共汽车	8 辆
	8.万人拥有医生数	50 人
人的现代化指标	9.适龄青年高等教育入学率	30%
	10.人均拥有公共图书馆藏书	1.2 本
	11.人均公共绿地	15 平方米
	12.人均居住面积	12 平方米

医疗卫生系统、现代化的通信系统;提高人的现代化水平是实现城市现代化的关键,城市要为提高居民的基本素质和生活质量创造条件。

在中心城市的建设与规划中,需要加强功能区的划分,进行分区规划建设。其中,合理规划建设工业区十分重要。工业区需要适度集中,有序发展。目前,在开平市区有开平工业园、开平纺织工业园、三埠勒冲开发区、三埠燕山工业园、长沙塔三工业园共5个工业园区,占地4890亩。市区和三个镇各自为政,分散建设,分散布局,占地多,基础设施投资效益低。建议市政府与三埠、长沙、沙冈合作,同时考虑两级四方工业发展的需要,统一规划建设工业区,提高基础设施投资效益。

2. 发展建设好水口、苍城两个重点镇,将它们建设成为全市民营企业发展的基地

中心城镇的基本特点在于,突破镇域的行政界限,在全市范围

内起到积聚与扩散的作用,带动其他小城镇经济的发展。中心城镇与市区的工业区可以表现为产业层次上的差别,也可以表现为功能分工,或者二者兼而有之。

当前的乡镇企业、民营企业大部分分散在各镇、各村,缺乏良好的外部环境和规模经济效益,将来可以在水口和苍城两个镇建设市一级的民营工业开发区,以自愿为原则,适度集中发展。

市一级民营工业开发区的建设,要适当提高基础设施水平和服务水平,采取比在各镇发展更加优惠的政策。对于不同实力的民营企业可以采取两种不同的管理方式。对于实力比较雄厚、初具规模的民营企业,可以鼓励投资者在开发区购买土地,建设厂房;对于很多实力比较薄弱、需要发展又难以在工业区购买土地的个体企业和小型民营企业,则可以建设标准厂房,统一出租,统一管理。后一种做法,在其他一般建制镇由于民营企业相对少,缺乏投资效益。但是,如果集中在水口和苍城建设,面向全市招商,必然有它的吸引力和规模效益。这也是温州小城镇促进民营企业集中发展的重要经验。

3．合理开发利用废旧村落

在城市化的过程中,随着农村人口的绝对减少,一个个空村不断出现,如何利用废旧村落是一个重要的问题。一般情况下,在旧村庄中,人去楼空,留下一片废旧房屋,废旧村落的开发主要是考虑宅基地的复垦,宜农则农,宜草则草,宜林则林。由于大部分房屋建设都在自然条件相对较好的平坦地块上,因此大部分都适宜于复垦。复垦废旧宅基地正是在城市化过程中,增加耕地面积,减少土地流失的重要举措。开平市也需要十分重视这项工作。

开发利用废旧村落的工作可以与开展村镇规划统一进行。在城市化的过程中,由于农村人口迅速减少,除了产生一些空村以外,更多的村是走出一部分人,留下一部分人。这时,可以通过进行合理的村镇规划,引导村民将新建住宅向重点村和中心镇转移,以便腾出空村,进行成片开发。

在开平市废旧村落的开发利用中,有一个特殊性,即许多房屋属于华侨的,他们希望保存好这些房屋。对于这些房屋的处理,应该尊重主人的意见。由于开侨众多,因此我们建议对这些开侨老宅的保护进行产业化经营。成立一个开侨民宅保护公司,接受主人委托,将需要保护的民宅登记入册,根据其不同的需要进行相应的保护、维修。如果经营有方,这些侨宅还可以作为旅游观光的重要景点,为旅游业的发展开辟新的资源。

4.以人为本,提高城镇的整体质量

"以人为本",是城市(镇)建设和城市化的基本理念。具有双重含义:一是决定现代城市社会发展的主要因素是人,要提高经济社会发展质量,必须首先提高人的质量,包括建立一支高素质的劳动就业队伍,一批具有创新能力的企业家,地方主导产业前沿技术领域的技术开发人才,以及勇于开拓、敢于创新的地方领导干部队伍;二是城市(镇)发展要以人的需求为中心,除了必须满足人的基本需求以外,还需要创造条件,更多地满足人们多方面的发展需求和提高生活质量的需求。特别是政府一系列政策的制订一定要贯彻"以人为本"的思想。

根据以人为本的思想,在开平市要突出教育的发展,不仅要做好"两基"教育,还应该根据现代化经济发展的要求,逐步提高基础

教育的年限,由 9 年延长至 12 年。中国正在处于一个工业化、城市化大发展的时代,在这一过程中,谁先行投资于人力资本,谁就将赢得明天。

政府在加强人力资本投资时,要特别注意对农村地区进行投资。这里不仅需要真正的义务性基础教育,而且十分需要各种专业技术教育。开平市"以农兴镇"的发展战略能否得到有效实施,关键就在于开平市的农业生产经营者能否很好地掌握现代农业科学知识,掌握市场经济规律。开平市应该尽快培养出一批具有创新意识和创新能力的农业企业家和农业产业就业人员。只有当农村劳动力很好地掌握了现代农业技术知识,掌握了现代农业的管理和市场运作规律,提高开平市的农业发展质量才充满希望。

5. 落实户籍制度改革政策,还农民以自由迁居的权利

2000 年 6 月,中共中央国务院出台了新的《关于促进小城镇健康发展的若干意见》,明确提出"要改革小城镇户籍管理制度。从今年起,凡在县级市市区、县人民政府驻地镇及县以下小城镇有合法固定住所、稳定职业或生活来源的农民,均可根据本人意愿转为城镇户口,并在子女入学、参军、就业等方面享受与城镇居民同等待遇,不得实行歧视政策。对在小城镇落户的农民,各地区、各部门不得收取城镇增容费或其他类似费用。对进镇落户的农民,可根据本人意愿,保留其承包土地的经营权,也允许依法有偿转让。"① 与 1998 年国务院批转的《公安部关于解决当前户口管理工

---

① 转引自《中共中央、国务院出台〈关于促进小城镇健康发展的若干意见〉》,参见 2000 年 7 月 4 日人民日报网(http://www.peopledaily.com)。

作中几个突出问题的意见》相比,这个文件对于农民进入城镇的条件进一步放宽,没有再明确要转为城镇户口的农民必须"在城市投资、兴办实业、购买商品房"。[①]当前开平市正在执行的农民进入城镇落户的条件是根据1998年政府的政策制定的,这些条件是:本地居民在城镇购买住房,外地居民在城镇投资(一般是50万元)。这些条件实际上等于在农民面前构筑了一条新的进入城镇的门槛——用人民币衡量的门槛。因此,需要尽快落实新的政策,拆除城市化的门槛。

这里,可以灵活处理的是"有合法固定住所",许多地方通常理解为必须购买住房。我们认为该政策实际上意味着进入城镇的居民不买房,租房也行。如果开平市一定要对进入城镇的农民有所限制的话,我们建议不要设置资金障碍,可以对他们的文化水平有一定的要求。既然城市是先进生产要素的集聚,那么我们就以"先进性"来构筑门槛:本地居民高中毕业就可迁入城镇落户,与城镇居民一样可以从事任何产业劳动(高中文化水平被发达国家认为是胜任现代化产业的基本素质);外地居民可以要求接受过一定的专业技术教育(如中专以上文化水平),或者已经成为本地企业的技术骨干或管理干部,即便是租房,也完全可以吸纳其成为开平市的合法城镇居民。这样经过一定时间的努力,开平市本地居民为了进入城镇,会努力地学习,认真完成12年基础教育。不久的将来,开平市就会具备一支素质较好的劳动力队伍,不再存在"劳动力素质差"的问题,开平市还会成为周边各市中各种专业技术人员

[①]　国务院法制办公室信息中心:《中国法律法规全库》(CD – ROM),中国法制出版社1999年版。

最集中、密度最高的地区之一,而这本身又将构成开平市最好的投资环境和持久的发展动力。

因此我们建议开平市户籍改革的基本准则要由"嫌贫爱富"转变为"鼓励进步"。

6. 建立社会保障制度,消除进城农民的后顾之忧

要真正稳步推进城市化进程,就必须建立良好的社会保障机制。当前,开平市的社会综合保险正在推广,走在全国许多地区的前列。但是,还需要加快建立规范的医疗保险、失业保险、最低生活保障制度,并在广泛宣传,赢得大部分居民的理解和支持的基础上,实行法制化管理,强制执行。

附表 1.1　中国城市化历程及城乡人口的增长

	城镇人口 (万人)	乡村人口 (万人)	城镇人口 比重(%)	城镇人口 增长率(%)	乡村人口 增长率(%)	城镇人口增长 规模(万人)	乡村人口增长 规模(万人)
1952	7163	50319	12.46				
1953	7826	50970	13.31	9.26	1.29	663	651
1954	8249	52017	13.69	5.41	2.05	423	1047
1955	8285	53180	13.48	0.44	2.24	36	1163
1956	9185	53643	14.62	10.86	0.87	900	463
1957	9949	54704	15.39	8.32	1.98	764	1061
1958	10721	55273	16.25	7.76	1.04	772	569
1959	12371	54836	18.41	15.39	-0.79	1650	-437
1960	13073	53134	19.75	5.67	-3.10	702	-1702
1961	12707	53152	19.29	-2.80	0.03	-366	18
1962	11659	55636	17.33	-8.25	4.67	-1048	2484
1963	11646	57526	16.84	-0.11	3.40	-13	1890
1964	12950	57549	18.37	11.20	0.04	1304	23
1965	13045	59493	17.98	0.73	3.38	95	1944
1966	13313	61229	17.86	2.05	2.92	268	1736
1967	13548	62820	17.74	1.77	2.60	235	1591
1968	13838	64696	17.62	2.14	2.99	290	1876
1969	14117	66554	17.50	2.02	2.87	279	1858
1970	14424	68568	17.38	2.17	3.03	307	2014
1971	14711	70518	17.26	1.99	2.84	287	1950
1972	14935	72242	17.13	1.52	2.44	224	1724
1973	15345	73866	17.20	2.75	2.25	410	1624
1974	15595	75264	17.16	1.63	1.89	250	1398
1975	16030	76390	17.34	2.79	1.50	435	1126
1976	16341	77376	17.44	1.94	1.29	311	986
1977	16669	78305	17.55	2.01	1.20	328	929
1978	17245	79014	17.92	3.46	0.91	576	709
1979	18495	79047	18.96	7.25	0.04	1250	33
1980	19140	79565	19.39	3.49	0.66	645	518
1981	20171	79901	20.16	5.39	0.42	1031	336
1982	21480	80174	21.13	6.49	0.34	1309	273
1983	22274	80734	21.62	3.70	0.70	794	560
1984	24017	80340	23.01	7.83	-0.49	1743	-394
1985	25094	80757	23.71	4.48	0.52	1077	417
1986	26366	81141	24.52	5.07	0.48	1272	384
1987	27674	81626	25.32	4.96	0.60	1308	485
1988	28661	82365	25.81	3.57	0.91	987	739
1989	29540	83164	26.21	3.07	0.97	879	799
1990	30191	84142	26.41	2.20	1.18	651	978
1991	30543	85280	26.37	1.17	1.35	352	1138
1992	32372	84799	27.63	5.99	-0.56	1829	-481
1993	33351	85166	28.80	3.02	0.43	979	367
1994	34301	85549	28.62	2.85	0.45	950	383
1995	35174	85947	29.04	2.55	0.47	873	398
1996	35950	86439	29.37	2.21	0.57	776	492
1997	36989	86637	29.92	2.89	0.23	1039	198
1998	37942	86868	30.4	2.58	0.27	953	231

资料来源:国家统计局人口和社会科技统计司:《中国人口统计年鉴1999》,中国统计出版社 1999 年版。

附表 2.1 中国产业结构的演变轨迹

	占 GDP 比重(%)			就业比重(%)			轻重工业结构(%)	
	第一产业	第二产业	第三产业	第一产业	第二产业	第三产业	轻工业	重工业
1952	50.5	20.9	28.6	83.5	7.4	9.1	64.5	35.5
1953	45.9	23.4	30.7	83.1	8.0	8.9	62.7	37.3
1954	45.6	24.6	29.8	83.1	8.6	8.2	61.6	38.4
1955	46.3	24.4	29.3	83.3	8.6	8.2	59.2	40.8
1956	43.2	27.3	29.5	80.6	10.7	8.7	57.6	42.4
1957	40.3	29.7	30.0	81.2	9.0	9.8	55.0	45.0
1958	34.1	37.0	28.9	58.2	26.6	15.2	46.4	53.6
1959	26.7	42.8	30.5	62.2	20.6	17.2	41.5	58.5
1960	23.4	44.5	32.1	65.7	15.9	18.4	33.4	66.6
1961	36.2	31.9	31.9	77.2	11.2	11.7	42.5	57.5
1962	39.4	31.3	29.3	82.1	7.9	9.9	47.2	52.8
1963	40.3	33.0	26.7	82.5	7.7	9.9	44.8	55.2
1964	38.4	35.3	26.3	82.2	7.9	9.9	44.3	55.7
1965	37.9	35.1	27.0	81.6	8.4	10.0	51.6	48.4
1966	37.6	38.0	24.4	81.5	8.7	9.8	49.0	51.0
1967	40.3	34.0	25.7	81.7	8.6	9.7	53.0	47.0
1968	42.2	31.2	26.6	81.7	8.6	9.7	53.7	46.3
1969	38.0	35.6	26.4	81.6	9.1	9.3	50.3	49.7
1970	35.2	40.5	24.3	80.8	10.2	9.0	46.1	53.9
1971	34.1	42.2	23.7	79.7	11.2	9.1	43.0	57.0
1972	32.9	43.1	24.0	78.9	11.9	9.2	42.9	57.1
1973	33.4	43.1	23.5	78.7	12.3	9.0	43.4	56.6
1974	33.9	42.7	23.4	78.5	12.6	8.9	44.4	55.6
1975	32.4	45.7	21.9	77.2	13.5	9.3	44.1	55.9
1976	32.8	45.4	21.8	75.8	14.4	9.7	44.2	55.8
1977	29.4	47.1	23.5	74.5	14.8	10.7	44.0	56.0
1978	28.1	48.2	23.7	70.5	17.3	12.2	43.1	56.9
1979	31.2	47.4	21.4	69.8	17.6	12.6	43.7	56.3
1980	30.1	48.5	21.4	68.1	18.2	13.1	47.1	52.9
1981	31.8	46.4	21.8	68.1	18.3	13.6	51.5	48.5
1982	33.3	45.0	21.7	68.1	18.4	13.4	50.2	49.8
1983	33.0	44.6	22.4	67.1	18.7	14.2	48.5	51.5
1984	32.0	43.3	24.7	64.0	19.9	16.1	47.4	52.6
1985	28.4	43.1	28.5	62.4	20.8	16.8	47.4	52.6
1986	27.1	44.0	28.9	60.9	21.9	17.2	47.6	52.4
1987	26.8	43.9	29.3	60.0	22.2	17.8	48.2	51.8
1988	25.7	44.1	30.2	59.3	22.4	18.3	49.3	50.7
1989	25.0	43.0	32.0	60.1	21.6	18.5	48.9	51.1
1990	27.1	41.6	31.3	60.1	21.4	18.9	49.4	50.6
1991	24.5	42.1	33.4	59.7	21.4	19.8	47.4	52.6
1992	21.8	43.9	34.3	58.5	21.7	21.2	47.2	52.8
1993	19.9	47.4	32.7	56.4	22.4	23.0	44.0	56.0
1994	20.2	47.9	31.9	54.3	22.7	24.8	47.1	52.9
1995	20.5	48.8	30.7	52.2	23.0	26.0	48.1	51.9
1996	20.4	49.5	30.1	50.5	23.5	26.4	46.3	53.7
1997	18.7	49.2	32.1	49.9	23.7	26.7	43.3	56.7
1998	18.4	48.7	32.9	49.8	23.5	26.7	42.9	57.1

注:资料来源:《中国统计年鉴 1998》,中国统计出版社 1999 年版。

附表 2.2　中日经济增长的对比

	GDP(当年价,亿美元)		GDP 增长率(%)	
	中国	日本	中国	日本
1952	203.9	173.9		9.1
1953	247.5	196.1	15.6	6.3
1954	258.0	217.5	4.2	5.8
1955	273.3	239.5	6.8	8.8
1956	308.7	270.1	15.0	7.3
1957	316.8	308.1	5.1	7.5
1958	387.7	320.3	21.3	5.6
1959	426.9	359.9	8.8	8.9
1960	432.2	432.2	- 0.3	13.3
1961	361.9	528.7	- 27.3	14.5
1962	377.9	591.9	- 5.6	7.0
1963	405.5	676.2	10.2	10.5
1964	478.1	807.1	18.3	13.1
1965	616.0	906.3	17.0	5.1
1966	670.5	1048.0	10.7	10.5
1967	636.7	1230.3	- 5.7	10.4
1968	618.5	1475.3	- 4.1	12.5
1969	695.6	1735.5	16.9	12.1
1970	915.8	2046.4	19.4	10.9
1971	986.5	2560.5	7.0	4.3
1972	1023.7	3068.8	3.8	8.4
1973	1106.2	4018.6	7.9	7.6
1974	1134.2	4452.6	2.3	- 0.8
1975	1522.4	4855.6	8.7	2.9
1976	1495.2	5679.8	- 1.6	4.2
1977	1626.3	7730.8	7.6	4.8
1978	2232.9	10480.5	11.7	5.0
1979	2488.0	9246.6	7.6	5.6
1980	3023.0	11792.7	7.8	3.5
1981	2851.7	11687.5	5.2	3.4
1982	2797.6	11503.1	9.3	3.4
1983	3003.7	12158.5	11.1	2.8
1984	3081.7	11966.3	15.3	4.3
1985	3052.5	16029.7	13.2	5.2
1986	2954.8	19986.8	8.5	2.6
1987	3213.9	24251.2	11.5	4.3
1988	4010.7	29152.2	11.3	6.2
1989	4490.1	28867.8	4.2	4.7
1990	3877.2	30288.2	4.2	5.5
1991	4061.4	33839.2	9.1	3.4
1992	4830.2	37190.4	14.1	1.1
1993	6010.9	42926.9	13.1	0.5
1994	5425.3	46880.6	12.6	0.7
1995	7002.8	51987.1	10.5	2.4

资料来源:日本总务厅统计局:《日本的统计 1997》、《日本统计年鉴 1991》;国家统计局国民经济核算司:《中国国内生产总值核算历史资料 1952—1995》,东北财经大学出版社 1997 年版。

附表 4.2 浙江省台州市建制镇镇区人口一览

单位:人

镇名	人口	镇名	人口	镇名	人口
临海城关镇	96825	清港镇	1544	尤溪镇	646
黄岩城关镇	68650	头陀镇	1500	牧屿镇	628
太平镇	52607	白鹤镇	1465	小雄镇	626
天台城关镇	35850	箬山镇	1391	石桥头镇	615
仙居城关镇	30645	石粘镇	1329	官路镇	612
海游镇	23080	章安镇	1325	下梁镇	590
坎门镇	21993	涌泉镇	1309	联树镇	568
玉环城关镇	20043	白水洋镇	1296	埠头镇	547
泽国镇	15903	亭旁镇	1272	潘郎镇	540
大溪镇	12108	宁溪镇	1237	沙门镇	515
松门镇	10609	东洋镇	1211	干江镇	511
杜桥镇	10363	蓬街镇	1173	下陈镇	486
金清镇	9835	新桥镇	1161	田市镇	481
楚门镇	9166	街头镇	1095	东山镇	474
新河镇	6538	锦屏镇	1063	石梁镇	456
前所镇	5935	横峰镇	1039	花桥镇	456
箬横镇	5622	横街镇	1028	新中镇	454
鲜迭镇	4311	峰江镇	945	山市镇	442
温峤镇	3376	河头镇	925	红光镇	438
三甲镇	3072	东塍镇	921	澄江镇	437
洪家镇	3045	张家渡镇	911	洪畴镇	428
大田镇	2992	六敖镇	885	桐屿镇	380
院桥镇	2979	珠岙镇	814	新前镇	378
北洋镇	2610	小芝镇	814	新街镇	374
石塘镇	2598	大间镇	779	桃渚镇	329
平桥镇	2542	岙环镇	763	横渡镇	326
健跳镇	2527	邵家渡镇	734	江口镇	301
陈屿镇	2458	淋川镇	733	沙埠镇	293
横溪镇	2028	三合镇	719	水洋镇	285
坦头镇	1831	双港镇	718	芦浦镇	277
下各镇	1825	朱溪镇	714	汛桥镇	271
上盘镇	1676	浬浦镇	685	钓浜镇	209
白塔镇	1627	大陈镇	676	沙柳镇	155
东浦镇	1594	塘下镇	673		
横河镇	1591	长屿镇	655		

注:1.镇区人口是指乡镇总人口减去乡村人口。2.资料来源:《台州市统计年鉴 1999》,
中国统计出版社 1999 年版。

附表 4.1　城市化速度与阶段性目标的预期时间表　　　　　　　　　　　　　　　　　　（单位:%,亿人）

年份	总人口	城市化水平年提高0.5个百分点			城市化水平年提高0.6个百分点			城市化水平年提高0.8个百分点			城市化水平年提高1.0个百分点		
		城市化水平	城镇人口	乡村人口	城市化水平	城镇人口	乡村人口	城市化水平	城镇人口	乡村人口	城市化水平	城镇人口	乡村人口
1999	12.59	30.9	3.90	8.69	30.9	3.90	8.69	30.9	3.90	8.69	30.9	3.90	8.69
2000	12.71	31.4	3.99	8.72	31.5	4.00	8.71	31.7	4.03	8.68	31.9	4.05	8.66
2001	12.82	31.9	4.09	8.73	32.1	4.11	8.70	32.5	4.17	8.65	32.9	4.22	8.60
2002	12.93	32.4	4.19	8.74	32.7	4.23	8.70	33.3	4.30	8.62	33.9	4.38	8.54
2003	13.03	32.9	4.29	8.75	33.3	4.34	8.69	34.1	4.44	8.59	34.9	4.55	8.49
2004	13.14	33.4	4.39	8.75	33.9	4.46	8.69	34.9	4.59	8.56	35.9	4.72	8.42
2005	13.25	33.9	4.49	8.76	34.5	4.57	8.68	35.7	4.73	8.52	36.9	4.89	8.36
2006	13.36	34.4	4.60	8.76	35.1	4.69	8.67	36.5	4.88	8.48	37.9	5.06	8.30
2007	13.47	34.9	4.70	8.77	35.7	4.81	8.66	37.3	5.02	8.44	38.9	5.24	8.23
2008	13.57	35.4	4.81	8.77	36.3	4.93	8.65	38.1	5.17	8.40	39.9	5.42	8.16
2009	13.68	35.9	4.91	8.77	36.9	5.05	8.63	38.9	5.32	8.36	40.9	5.60	8.09
2010	13.79	36.4	5.02	8.77	37.5	5.17	8.62	39.7	5.47	8.32	41.9	5.78	8.01
2011	13.89	36.9	5.13	8.77	38.1	5.29	8.60	40.5	5.63	8.27	42.9	5.96	7.93
2012	14.00	37.4	5.24	8.76	38.7	5.42	8.58	41.3	5.78	8.22	43.9	6.15	7.85
2013	14.10	37.9	5.34	8.76	39.3	5.54	8.56	42.1	5.94	8.17	44.9	6.33	7.77
2014	14.21	38.4	5.46	8.75	39.9	5.67	8.54	42.9	6.09	8.11	45.9	6.52	7.69
2015	14.31	38.9	5.57	8.74	40.5	5.80	8.51	43.7	6.25	8.06	46.9	6.71	7.60
2016	14.41	39.4	5.68	8.73	41.1	5.92	8.49	44.5	6.41	8.00	47.9	6.90	7.51
2017	14.52	39.9	5.79	8.73	41.7	6.05	8.46	45.3	6.58	7.94	48.9	7.10	7.42
2018	14.62	40.4	5.91	8.71	42.3	6.19	8.44	46.1	6.74	7.88	49.9	7.30	7.33
2019	14.73	40.9	6.02	8.70	42.9	6.32	8.41	46.9	6.91	7.82	50.9	7.50	7.23
2020	14.83	41.4	6.14	8.69	43.5	6.45	8.38	47.7	7.07	7.76	51.9	7.70	7.13
2021	14.86	41.9	6.23	8.64	44.1	6.56	8.31	48.5	7.21	7.65	52.9	7.86	7.00
2022	14.90	42.4	6.32	8.58	44.7	6.66	8.24	49.3	7.34	7.55	53.9	8.03	6.87
2023	14.93	42.9	6.41	8.53	45.3	6.76	8.17	50.1	7.48	7.45	54.9	8.20	6.73
2024	14.97	43.4	6.50	8.47	45.9	6.87	8.10	50.9	7.62	7.35	55.9	8.37	6.60
2025	15.03	43.9	6.59	8.42	46.5	6.98	8.03	51.7	7.75	7.25	56.9	8.54	6.47
2026	15.03	44.4	6.68	8.36	47.1	7.08	7.95	52.5	7.89	7.14	57.9	8.70	6.33
2027	15.07	44.9	6.77	8.30	47.7	7.19	7.88	53.3	8.03	7.04	58.9	8.88	6.19
2028	15.10	45.4	6.86	8.25	48.3	7.29	7.81	54.1	8.17	6.93	59.9	9.05	6.06
2029	15.14	45.9	6.95	8.19	48.9	7.40	7.73	54.9	8.31	6.83	60.9	9.22	5.92
2030	15.17	46.4	7.04	8.13	49.5	7.51	7.66	55.7	8.45	6.72	61.9	9.39	5.78
2031	15.18	46.9	7.12	8.06	50.1	7.60	7.57	56.5	8.58	6.60	62.9	9.55	5.63
2032	15.19	47.4	7.20	7.99	50.7	7.70	7.49	57.3	8.70	6.48	63.9	9.70	5.48
2033	15.19	47.9	7.28	7.92	51.3	7.79	7.40	58.1	8.83	6.37	64.9	9.86	5.33
2034	15.20	48.4	7.36	7.84	51.9	7.89	7.31	58.9	8.95	6.25	65.9	10.02	5.18
2035	15.21	48.9	7.44	7.77	52.5	7.99	7.22	59.7	9.08	6.13			
2036	15.18	49.4	7.50	7.68	53.1	8.06	7.12	60.5	9.19	6.00			
2037	15.16	49.9	7.56	7.59	53.7	8.14	7.02	61.3	9.29	5.87			
2038	15.13	50.4	7.63	7.51	54.3	8.22	6.92	62.1	9.40	5.74			
2039	15.11	50.9	7.69	7.42	54.9	8.29	6.81	62.9	9.50	5.60			
2040	15.08	51.4	7.75	7.33	55.5	8.37	6.71	63.7	9.61	5.47			
2041	15.05	51.9	7.81	7.24	56.1	8.45	6.61	64.5	9.71	5.34			
2042	15.03	52.4	7.87	7.15	56.7	8.52	6.51	65.3	9.81	5.21			
2043	15.00	52.9	7.94	7.07	57.3	8.60	6.41						
2044	14.98	53.4	8.00	6.98	57.9	8.67	6.30						
2045	14.95	53.9	8.06	6.89	58.5	8.75	6.20						
2046	14.92	54.4	8.12	6.81	59.1	8.82	6.10						
2047	14.90	54.9	8.18	6.63	59.7	8.89	6.00						
2048	14.87	55.4	8.24	6.63	60.3	8.97	5.90						
2049	14.85	55.9	8.30	6.55	60.9	9.04	5.80						
2050	14.82	56.4	8.36	6.46	61.5	9.11	5.71						

附表 4.3　1996年中国城市现代化水平的综合指标评价

	权重 %	单位	全部城市		不同规模等级的城市					三大地带城市		
			目标值	实际值	超大城市	特大城市	大城市	中等城市	小城市	东部	中部	西部
一、经济结构现代化得分	35			14.43	22.10	19.98	17.68	13.77	12.19	17.25	13.94	13.44
1. 人均 GDP	17	元/人	32000	9139	15812	14457	13061	8400	6281	11392	6921	6397
2. 第三产业增加值占 GDP 比重	9	%	65	37.2	49.3	43.8	38.8	34.1	29.2	38.1	34.7	37.2
3. 第三产业就业比重	9	%	60	29.5	45.8	41.6	35.8	30.6	32.1	39.5	36.4	32.6
二、基础设施现代化得分	30			7.88	15.94	14.17	12.66	7.17	4.18	8.82	6.96	6.65
4. 人均铺装道路面积	8	平方米	8	2.9	4.5	4.7	4.9	3.0	1.7	3.3	2.6	2.2
5. 百人拥有电话机数	10	部	50	11	28	19	17	9	5	14	8	7
6. 万人拥有公共汽车数	5	辆	20	2.8	7.5	6.6	4.5	2.3	1	2.8	2.7	3.2
7. 万人拥有医生数	7	人	80	23.7	45.3	45.9	37.0	20.5	14.1	23.1	23.8	25.7
三、人的现代化得分	35			15.03	24.50	24.26	19.39	12.71	7.88	14.80	13.74	12.92
8. 万人拥有在校大学生数	9	人	150	60.1	221.0	196.3	96.7	33.3	7.4	58.6	58.1	69.2
9. 人均拥有公共图书馆藏书	8	册	2.80	0.43	1.31	1.13	0.53	0.24	0.19	0.50	0.31	0.43
10. 人均绿地面积	8	平方米	20	12.5	19.3	22.2	27.5	13.9	5.1	13.0	13.5	8.6
11. 人均居住面积	10	平方米	15	7.8	6.0	6.0	6.1	6.7	7.3	7.0	6.0	6.2
总得分	100			37.34	62.54	58.41	49.74	33.65	24.26	40.88	34.64	33.01

资料来源：《中国城市统计年鉴 1997》，中国统计出版社 1997 年版。

参 考 文 献

1. 中共中央文献研究室:《十三大以来重要文献选编(上、中、下)》,人民出版社 1991、1991、1993 年版。

2. 中共中央文献研究室:《十四大以来重要文献选编(上、中、下)》,人民出版社 1996、1997、1999 年版。

3. 中共中央文献研究室:《十五大以来重要文献选编(上)》,人民出版社 2000 年版。

4. 国家统计局:《中国统计年鉴》1981—2000 各期,中国统计出版社。

5. 张敦富:《中国投资环境》,香港吴兴记书报社 1994 年版。

6. 李成勋:《1996—2050 年中国经济社会发展战略》,北京出版社 1997 年版。

7. 叶裕民:《中国区域开发论》,中国轻工业出版社 2000 年版。

8. 世界银行:《世界发展报告》1986—1998/99 各期,中国财政经济出版社。

9. 世界银行:《世界发展指标 1998》,中国财政经济出版社 1999 年版。

10. 国家统计局综合司:《全国各省、自治区、直辖市历史统计资料汇编 1949—1989》,中国统计出版社 1990 年版。

11. 国家统计局国民经济核算司:《中国国内生产总值核算历史资料》(1952—1995),东北财经大学出版社 1997 年版。

12. 国家统计局城市社会经济调查总队:《中国城市统计年鉴》,1985—1998 各期,中国统计出版社。

13. 刘洪:《国际统计年鉴》1985—1999 各期,中国统计出版社。

14. 浙江省统计局:《浙江统计年鉴 1999》,中国统计出版社 1999 年版。

15. 台州市统计局:《台州统计年鉴 1999》,中国统计出版社 1999 年版。

16. 广东省统计局:《广东统计年鉴 1999》,中国统计出版社 1999 年版。

17. 开平市统计局:《开平统计年鉴 1999》。

18. 《日本的统计 1997》,〔日〕总务厅统计局 1997 年版。

19. 《世界的统计 1997》,〔日〕总务厅统计局 1997 年版。

20．保罗·A.萨缪尔森：《经济学》,中国发展出版社 1992 年版。

21．阿瑟·刘易斯：《二元经济论》,北京经济学院出版社 1989 年版。

22．张宇燕：《经济发展与制度选择》,中国人民大学出版社 1992 年版。

23．郭克莎：《中国:改革中的经济增长与结构变动》,上海三联书店 1993 年版。

24．〔美〕R.多恩布什等：《如何开放经济》,经济科学出版社 1999 年版。

25．〔英〕A.P.瑟尔瓦尔：《增长与发展》,中国人民大学出版社 1992 年版。

26．〔日〕青木昌彦：《政府在东亚经济发展中的作用》,中国经济出版社 1998 年版。

27．金碚：《中国工业国际竞争力》,经济管理出版社 1997 年版。

28．陈淮：《工业化——中国面临的挑战》,中国人民大学出版社 1993 年版。

29．陈淮：《日本产业政策研究》,中国人民大学出版社 1991 年版。

30．刘伟：《工业化进程中的产业结构研究》,中国人民大学出版社 1995 年版。

31．周振华：《体制变革与经济增长》,上海三联书店、上海人民出版社 1999 年版。

32．郭克莎：《工业增长质量研究》,经济管理出版社 1998 年版。

33．杨杜：《企业成长论》,1996 年版。

34．西蒙·库兹涅茨：《各国的经济增长》,商务印书馆 1985 年版。

35．黄顺基等：《科学技术哲学引论》,中国人民大学出版社 1991 年版。

36．黄也平：《世界百年富国》,东北师范大学出版社 1997 年版。

37．李余庆：《美国现代化道路》,人民出版社 1994 年版。

38．〔美〕迈克尔·德托佐斯等：《美国制造》,科学技术文献出版社 1997 年版。

39．滕藤：《登上阳光灿烂的高地——德国百年强国历程》,黑龙江人民出版社 1998 年版。

40．〔日〕都留重人：《日本经济奇迹的终结》,商务印书馆 1992 年版。

41．程极明：《大国经济发展比较研究》,人民出版社 1997 年版。

42．王永生：《技术进步及其组织——日本的经验与中国的实践》,中国发展出版社 1999 年版。

43．沙莲香：《一个贫困村的变迁》,中国人民大学出版社 1997 年版。

44．张鸣：《乡土心路八十年》,上海三联书店 1997 年版。

45．林毅夫等：《中国的奇迹:发展战略与经济改革》,上海三联书店、上海人民出版社 1994 年版。

46．马洪:《中国市场发展报告》,中国发展出版社 1999 年版。

47．马德普等:《中国公共政策》(上、下),中国经济出版社 1998 年版。

48．H.钱纳里等:《工业化和经济增长的比较研究》,上海三联书店、上海人民出版社 1996 年版。

49．郭熙保:《发展经济学经典论著选》,中国经济出版社 1998 年版。

50．朱铁臻:《中国城市手册》,经济科学出版社 1987 年版。

51．曹洪涛:《当代中国的城市建设》,中国社会科学出版社 1990 年版。

52．周一星:《城市地理学》,商务印书馆 1995 年版。

53．胡序威:《区域与城市研究》,科学出版社 1998 年版。

54．王章辉:《欧美农村劳动力的转移与城市化》,社会科学文献出版社 1999 年版。

55．李玉江:《农业剩余劳动力转移区域研究》,山东人民出版社 1999 年版。

56．国务院研究室课题组:《小城镇发展政策与实践》,中国统计出版社 1994 年版。

57．王春光:《中国城市化之路》,云南人民出版社 1997 年版。

58．朱宝树:《从离土到离乡》,华东师范大学出版社 1996 年版。

59．刘景华:《城市转型与英国的勃兴》,中国纺织出版社 1994 年版。

60．王颖:《新集体主义:乡村社会的再组织》,经济管理出版社 1996 年版。

61．王旭:《城市社会的变迁》,中国社会科学出版社 1998 年版。

62．朱庆芳:《世界大城市社会指标比较》,中国城市出版社 1997 年版。

63．美国加州大学伯克利分校:《现代城市管理》(1、2、3),中央广播电视大学出版社 1997 年版。

64．刘家强:《中国人口城市化》,西南财经大学出版社 1997 年版。

65．王嗣均:《中国城市化区域发展问题研究》,高等教育出版社 1996 年版。

66．郑弘毅:《农村城市化研究》,南京大学出版社 1998 年版。

67．刘传江:《中国城市化的制度安排与创新》,武汉大学出版社 1999 年版。

68．张健仁:《第三产业经济学》,中国人民大学出版社 1998 年版。

后　　记

　　我生于农村,长于农村,从很小的时候起就深深地感受到城乡之间的分割和巨大差别,并从内心深处自然萌发出对城市的向往、期盼和追求。现在,我虽然有幸生活在首都,站在了中国人民大学神圣的讲台上,但是,我的很多亲人、朋友、同学仍然在为了实现自己的城市梦而不懈努力。他们中不乏真正意义上的农民,不乏打工仔,不乏农民企业家。他们为了改变自己的境遇,在默默地承受,艰辛地劳作。城市化过程中的悲喜剧每天都真实地在我身边发生着,我痛苦着他们的痛苦,快乐着他们的快乐。我对城市化的许多直接感受来源于这些活的源泉。

　　作为城市化问题的研究者,十余年来我有幸多次参加各类实地考察,走过祖国的许多山山水水、城镇乡村,切实体味着中国这场波澜壮阔的历史性变革的现实过程;我曾经多次有机会作为咨询者,与地方政府官员们一起探索、交流正在困扰着他们、也困扰着中国的城市化问题,有机会了解他们的感觉、认识和各种行动的背景及内在涵义。

　　呈现给读者的这本著作,是在我博士学位论文的基础上修改而成的。在本书交付出版之际,我真诚感谢我的导师张敦富教授。多年来,张老师一直对我的学习、成长关爱有加。在我师从他攻读博士学位之后,更是得到他的精心指导、谆谆教诲和热情鼓励。在本书即将脱稿时,他又欣然拨冗作序。同时,在我的论文答辩和本书写作过程中,还得到李成勋研究员、胡序威研究员、陈栋生研究员、郭振淮教授、胡兆量教授、祝诚教授、姚建华研究员、陈秀山教授、李秉仁高级规划师、钟朋荣教授等老师的热情指导和无私帮助,对此我衷心地表示感谢。

　　拙作出版在即,但中国城市化的路程还很遥远。衷心祝愿中国的城市化道路越来越平坦,越来越宽广。

叶　裕　民

2000 年 10 月 18 日

于北京魏公村路 8 号院